Gardner · Kabarett der Täuschungen

Martin Gardner

Kabarett der Täuschungen

Unter dem Deckmantel
der Wissenschaft

Ullstein

Verlag Ullstein GmbH · Berlin · Frankfurt/Main · Wien

© 1981 by Martin Gardner
Titel der Originalausgabe *Sciene. Good, Bad And Bogus*
erschienen 1981 bei Prometheus Books, Buffalo, N.Y.
© der deutschen Ausgabe by Verlag Ullstein GmbH
Berlin · Frankfurt/Main · Wien
Die deutsche Ausgabe ist gegenüber der Originalausgabe gekürzt
Übersetzer Gerd Bartmann
Alle Rechte vorbehalten · Printed in Germany 1983
Satz: Otto Gutfreund, Darmstadt
Druck und Einband: May & Co, Darmstadt

ISBN 3-550-07718-1

Inhalt

Einleitung

Wörter wie ›Pseudowissenschaft‹, ›Hirngespinste‹ und ›Spinner‹ können von niemandem exakt definiert werden. Der Grund dafür ist einfach. Es gibt keine präzise Methode, Dinge außerhalb der reinen Mathematik und Logik zu definieren, und sogar dort sind einige Begriffe äußerst unscharf.

Wir alle wissen, daß sich die größten Wissenschaftler dann und wann über Ideen lustig machten, die sich später als richtig erwiesen. Wir alle wissen, daß bedeutende Wissenschaftler in Bereichen inner- und außerhalb ihrer Spezialgebiete an Ideen festhielten, die sich später als hoffnungslos falsch erwiesen. Doch wir wollen nicht die Zeit mit bekannten Tatsachen verschwenden, und wir dürfen auch nicht vergessen, daß es für jedes Beispiel eines Spinners, der später zum Helden wurde, Tausende gibt, die für immer Spinner blieben. Des weiteren dürfen wir nicht vergessen, daß für jede Außenseitertheorie, die durch wissenschaftliche Erkenntnisse zu einer angesehenen Theorie emporstieg, Tausende verrückter Theorien existierten, die für immer verworfen wurden.

Ich betrachte wissenschaftliche Hypothesen als Vermutungen, denen Wissenschaftler und Laien gleichermaßen, ihrer Überzeugung entsprechend, Werte zwischen Eins und Null zuordnen. Extrem ausgedrückt: die heutige wissenschaftliche Welt – das »Establishment«, wenn man diesen Begriff vorzieht – schreibt der Theorie, daß die Erde hohl, an den Polen offen und im Innern bewohnt ist, eine bei Null liegende Wahrscheinlichkeit zu. Niemand würde zögern, jeden Verfechter dieser Theorie einen Spinner zu nennen. Der Theorie, daß die Venus schon vor der Entwicklung menschlichen Lebens ein Planet war, schreibt die wissenschaftliche Welt eine bei Eins liegende

Wahrscheinlichkeit zu. Dagegen verletzt die Hypothese, daß die Venus ursprünglich ein Komet war, der aus dem Jupiter schoß und sich vor weniger als viertausend Jahren in seiner heutigen Bahn niederließ, so viele oft bestätigte Fakten und Theorien, daß das »Establishment« den verstorbenen Begründer dieser Hypothese, Immanuel Velikovsky, ohne Bedenken für einen Spinner hält.

Spinner glauben ihre Theorien, Scharlatane nicht, aber das schützt keinen davor, beides, Spinner und Scharlatan zugleich zu sein. Es handelt sich hierbei um eine vertraute Kombination in der Geschichte von Pseudowissenschaft und Okkultismus.

Ich bin, weiß Gott, nicht der Meinung, Spinner sollten durch irgendeine Art der Gesetzgebung zum Verstummen gebracht werden. In einer freien Gesellschaft hat jeder das Recht, angehört zu werden. Dank der Freiheit der Presse und der elektronischen Medien sind die Stimmen der Spinner oft lauter und klarer als die Stimmen ernsthafter Wissenschaftler. Bücher dieser Art – über das Sprechen zu Pflanzen, über die Heilung von Gebrechen durch Reiben der Füße, über die Anwendung von Horoskopen auf Haustiere und von außersinnlichen Wahrnehmungen auf geschäftliche Entscheidungen – finden weit größeren Absatz als die meisten Bücher seriöser Wissenschaftler.

Ich glaube nicht, daß Bücher über wertlose Hypothesen, für die geschäftstüchtige Verleger Werbekampagnen starten, der Gesellschaft großen Schaden zufügen, ausgenommen auf Gebieten wie Medizin, Gesundheit und Anthropologie. Es gibt Leute, die vollkommen unnötigerweise frühzeitig gestorben sind, weil sie überzeugungskräftige Bücher gelesen hatten, die gefährliche Diäten und falsche medizinische Heilmethoden anpriesen. Obwohl ich gegen jede Art von Gesetz bin, das einem Verleger oder einem Film- oder Fernsehproduzenten vorschreibt, was nicht herausgebracht werden darf, behalte ich mir doch das Recht der moralischen Entrüstung vor, sowohl als Individuum als auch als Mitglied einer Pressure-group.

Ich war einer von vier Repräsentanten des Committee for the Scientific Investigation of Claims of the Paranormal, das sich im Jahre 1977 mit einer Gruppe von Vertretern der amerikanischen Fernsehgesellschaft NBC traf, um gegen die verabscheuungswürdigen Pseudo-Dokumentationen über die Wunder des Okkultismus zu protestieren. Einer der Vertreter rief wütend: »Ich werde alles produzieren, was hohe Einschaltquoten bringt!« Ich dachte bei mir: das sollte auf seinem Grabstein stehen. Natürlich meinte er es nicht so. Eine Dokumentation über die Seitensprünge des amerikanischen Präsidenten John F. Kennedy zum Beispiel würde phantastische Quoten erreichen. Es wäre alles wahr, und man könnte leicht argumentieren, daß damit dem amerikanischen Wähler, der ständig durch sorgfältig ersonnene Images der politischen Führer getäuscht wird, ein Dienst erwiesen wird. Warum produziert NBC nicht eine solche Sendung? Weil das geschmacklos wäre, und es auf lange Sicht gesehen dem öffentlichen Ansehen von NBC schaden würde. Es war traurig aber wahr, daß nicht ein einziger NBC-Verteter bei unserem Treffen genügend wissenschaftliche Kenntnisse besaß, um im entferntesten zu begreifen, wieweit sich ihre geistesschwachen Sendungen über das Paranormale schon im Bereich der Geschmacklosigkeit bewegten.

Fast zur gleichen Zeit fragte mich eine Nachbarin telefonisch um Rat. Ein etablierter Arzt hatte ihrer Tochter, die zu jener Zeit in einer Gemeinde in Arkansas wohnte, zu einer baldigen Operation geraten. Aber die junge Dame hatte entschieden, daß man orthodoxen Medizinern nicht trauen könne. Sie wollte auf die Philippinen fliegen, wo sie schmerzlos und billig von einem mit übernatürlichen Kräften ausgestatteten Chirurgen »operiert« werden könne, über den in einer NBC-Sendung äußerst wirkungsvoll berichtet worden war. Darüber hinaus hatte sie Bücher gelesen, die diese »Chirurgen« priesen – Scharlatane, die wundersame Operationen durchführen, ohne ein Skalpell zu benutzen. Alle Bücher waren von sonst seriösen Verlagen herausgebracht worden. (›Roots of Consciousness‹ von Jeffrey Mishlove, herausgegeben von Random House, enthält einen reißerischen Abschnitt über dieses Thema, der auch Farbphotographien enthält. Im Jahre 1980 erhielt Mishlove von der Universität von Kalifornien in Berkeley den Doktorgrad in Parapsychologie!)

Die Mutter war verzweifelt, als sie mich anrief. Was konnte sie ihrer Tochter zu lesen geben, um deren Meinung zu ändern? Das Beste, das ich mir denken konnte, war ein desillusionierendes Kapitel über diese philippinischen Quacksalber in Dr. William Nolens hervorragendem Buch ›Healing‹. Aber würde die Tochter Dr. Nolen Glauben schenken? War er nicht schließlich Teil des verhaßten medizinischen Establishments? Dies sind die Tragödien, die sich aus der Verherrlichung der Pseudomedizin durch die Medien ergeben.

Bei der Beschäftigung mit extremen Erscheinungen des Unorthodoxen in der Wissenschaft scheint es mir Zeitverschwendung zu sein, rationale Argumente anzuführen. Diejenigen, die mit mir übereinstimmen, brauchen keine Belehrung über solche trivialen Angelegenheiten, und der Versuch, diejenigen aufzuklären, die sich nicht in Übereinstimmung mit mir befinden, ist gleichbedeutend mit dem Versuch, auf dem Wasser zu schreiben. Menschen können nicht durch Argumente dazu gebracht werden, kindischen Glauben aufzugeben; entweder sie geben ihn nie auf, oder aber sie entwachsen ihm. Wenn ein protestantischer Fundamentalist davon überzeugt ist, daß die Erde vor sechstausend Jahren erschaffen wurde, wird nichts, was man dagegen sagt, auch nur den geringsten Effekt auf seine ignorante Einstellung haben. Der beste Rat, den man denjenigen geben kann, die sich über die Evolution noch keine feste Meinung gebildet haben (und das sind Millionen), ist der, zu einer Universität zu gehen und einige Einführungskurse in Geologie zu belegen. Ohne dieses Grundwissen werden sie die wichtigsten Argumente nicht einmal verstehen. Können Sie sich einen berufsmäßigen Geologen vorstellen, der sich mehrere Tage lang mit Herbert Armstrong oder Oral Roberts hinsetzt und jeden dieser beiden Prediger davon überzeugt, daß die Beweise für die Evolution überwältigend sind? Aus diesem Grund habe ich, als ich über extrem exzentrische Erscheinungen der Wissenschaft schrieb, H. L. Menckens weisen Rat angenommen: Ein lautes Gelächter ist soviel wert wie zehntausend Vernunftschlüsse. Was die weniger extremen Behauptungen angeht, wie die der Parapsychologie, so habe ich gelegentlich auf die ungenügende experimentelle Ausstattung und die häufigen Schwindeleien und Betrügereien hingewiesen; aber das konnte nicht den geringsten Eindruck auf die wahren Gläubigen machen.

Mehrere Kapitel dieses Buches haben Themen zum Inhalt, die für mich nicht zur Pseudowissenschaft gehören, die aber meiner Meinung nach exzentrische Auswüchse darstellen. Schwarze Löcher sind ganz bestimmt hoch angesehene theoretische Modelle, die, so wie sie sind, auf der klassischen Relativitätstheorie beruhen. Trotzdem gibt es darüber unverantwortliche Spekulationen von Wissenschafts-Journalisten aus der Schule der Sensationsreporter. Auch bei den sprechenden Affen handelt es sich für mich nicht um Pseudowissenschaft, aber ich gehe darauf ein, weil vieles aus Oberflächlichkeit unseriös publiziert wurde. Die Katastrophentheorie ist keine Pseudomathematik – sie ist elegante Mathematik –, aber ich füge ihre Besprechung hinzu, weil ich glaube, daß sie in unzulässiger und unverantwortlicher Weise auf die Verhaltensforschung angewandt wurde.

Im Jahre 1872 schrieb der britische Mathematiker Augustus De Morgan ein zweibändiges Werk mit dem Titel ›A Budget of Paradoxes‹. Es enthält unzählige Male lautes Gelächter über die Clownerien seiner Zeit, hauptsächlich auf dem Gebiet der Mathematik und ihrer Anwendung. Ich weiß von keiner in De Morgans Buch verspotteten Theorie, die sich später als lebensfähig erwiesen hätte. Da ich meinen Schläger fast ohne Ausnahme gegen nichtmathematische Behauptungen schwinge, werde ich vielleicht keinen so guten Durchschnitt erreichen, aber vielleicht werde ich ihm nahekommen.

KAPITEL 1

Eremiten der Wissenschaft

»Die Entwicklung der ›Dianetik‹ ist ein Meilenstein für die Menschheit, vergleichbar mit der Entdeckung des Feuers und bedeutender als die Erfindung des Rades und des Bogens.« So lautet der bescheidene Eröffnungssatz von L. Ron Hubbards Buch ›Dianetik: Die moderne Wissenschaft der geistigen Gesundheit‹.

Hubbard, Ingenieur und Science-Fiction-Autor, ohne jegliche Ausbildung in Psychiatrie, hat all das, was er und seine Getreuen als die revolutionäre Wissenschaft der Psycho-Therapie betrachten, selbst entwickelt. Doch schon droht die Dianetik, speziell in Los Angeles, ein Kult großen Ausmaßes zu werden, und kein geringerer Gelehrter als Frederick L. Schuman, Professor für politische Wissenschaften am Williams College, ließ sich voller Begeisterung bekehren. In einem Brief an den ›New Republic‹ (11. September 1950), mit dem er gegen eine ungünstige Besprechung von ›Dianetik‹ protestierte, schrieb Schuman: »Nicht das Buch, sondern die Besprechung ist ›kompletter Unsinn‹, ein ›paranoisches System‹ und eine ›phantastische Absurdität‹. Alle Dianetik-Experten haben diese selbst getestet, und alle, die dies getan haben, hegen keinerlei Zweifel mehr, wer hier irrt.«

Wir brauchen hier nicht in die seltsame Mischung von Mythen einzudringen, die den Kern von Hubbards Buch bilden. Es sei nur darauf hingewiesen, daß es die antike Vorstellung wieder zum Leben erweckt, daß die Erfahrungen der Mutter schon am Tage nach der Empfängnis eine Spur im Gehirn des Fötus hinterlassen können. »Wo kommt jener chronische Husten her?« So fragt Hubbard in seinem

Aus ›Antioch Review‹, Winter 1950–51.

ersten veröffentlichten Artikel über die Dianetik (›Astounding Science Fiction‹, Mai 1950). Seine Antwort lautet: »Das ist Mamas Husten, der das Baby zusammenpreßte und sich so, fünf Tage nach der Empfängnis, im Unterbewußtsein festsetzte (Hubbards Bezeichnung für Unterbewußtsein lautet ›anaten‹, hergeleitet von ›analytical‹ = analytisch und ›attenuation‹ = Abschwächung)... Was ist Arthritis? Ein Schaden, der am Fötus oder am Embryo entstanden ist.« Und so weiter ›ad nauseam‹.

Einige Monate vor Hubbards Enthüllung veröffentlichte die Macmillan Company Dr. Immanuel Velikovskys Buch ›Welten im Zusammenstoß‹, eine wirre Sammlung von Daten, die die absurde Theorie unterstützen sollen, daß einst ein gigantischer Komet aus dem Planeten Jupiter ausbrach, zweimal dicht an der Erde vorbeiflog und sich dann als Venus niederließ. Der erste Erdbesuch dieses unberechenbaren Kometen fand genau zu der Zeit statt, als Moses seine Hand ausstreckte und das Rote Meer dazu brachte, sich zu teilen. Das Manna, das kurz danach vom Himmel fiel, war ein, glücklicherweise genießbarer, Niederschlag, bestehend aus Elementen, die aus dem Schwanz des himmlischen Besuchers stammten. Die spätere Rückkehr des Kometen fällt mit Josuas erfolgreichem Versuch zusammen, Sonne und Mond zum Stillstand zu bringen. Die von Moses und Josua vollbrachten Wunder waren, wie Velikovsky uns mitteilt, das Ergebnis einer zeitweiligen Einstellung der Erdrotation.

Obwohl Velikovskys Werk ein Gespinst von Absurditäten darstellt, und auch von jedem Geologen und Astronomen Amerikas als solches erkannt wurde, ist es erstaunlich, wie viele von denen, die dieses Buch besprochen haben, von der überzeugenden Rhetorik des Autors überrumpelt wurden. John J. O'Neill, wissenschaftlicher Redakteur des ›New York Herald Tribune‹, beschrieb das Buch als »einen hervorragenden Beitrag zur wissenschaftlichen Geschichtsforschung«. Horace Kallen, ein Dozent und Autor von hohem Rang, schrieb: »Die Lebendigkeit der wissenschaftlichen Vorstellungskraft, die Kühnheit der Konstruktion, die Breite der Untersuchung und der hohe Grad an Information erfüllen mich mit Bewunderung.« Ted Thackrey, Redakteur beim ›New York Compass‹, regte an, daß Velikovskys Entdeckungen »ihm in der gegenwärtigen und zukünftigen Geschichte einen Platz neben Galilei, Newton, Kepler, Darwin,

14

Einstein... sichern dürften«. Schließlich erhielt das Buch die enthusiastische Billigung von Clifton Fadiman und Fulton Oursler.

Im Hinblick auf die erstaunlichen Verkaufserfolge von Velikovskys und Hubbards Büchern, beide ohne jegliche wissenschaftliche Verdienste, dürfen wir uns die Frage stellen, ob wir in eine Ära sensationslüsterner und verantwortungsloser wissenschaftlicher Berichterstattung zurückgleiten. Ein Anzeichen dieses Trends ist die gegenwärtig weitverbreitete Anerkennung der Hypothese, daß fliegende Untertassen Raumschiffe fremder Planeten sind. Die ›True‹ platzte mit der Neuigkeit heraus, daß die Untertassen von Marsbewohnern gesteuert werden, aber Frank Scullys kürzlich erschienener Bestseller ›Behind the Flying Saucers‹, liefert detaillierte Argumente für die Behauptung, daß sie mit Lichtgeschwindigkeit von Bewohnern der Venus geflogen werden, die nur etwa einen Meter große Abbilder der Erdbewohner sind.

Man könnte Herausgeber und Redakteure dafür tadeln, daß sie einen solchen unglaublichen Unsinn abdrucken, ohne vorher das Urteil kompetenter Wissenschaftler einzuholen. Doch es gibt ein leichtgläubiges Publikum, das nach sensationellen Nachrichten aus den Gebieten der Wissenschaft verlangt. Die plötzlichen Erfolge in der Kernforschung, bis dahin Hauptgegenstand der Science-Fiction-Literatur, sind sicherlich ein ausschlaggebender Faktor für diesen Trend. Nachdem es gelungen ist, das Atom zu spalten, scheint es, als ob keine Überraschungen mehr zu erwarten wären. Auch scheint die weitverbreitete Furcht vor einem Atomkrieg zusammen mit anderen Ängsten die Hinwendung unzähliger Menschen zu Religion oder Psychotherapie zu begründen. Es fällt nicht schwer, die Massenanziehungskraft der Dianetik zu verstehen, die eine schnelle, relativ billige und schmerzlose Abart der Psychoanalyse anbietet. Ähnliches gilt für das weitverbreitete Interesse an Velikovskys Theorien, die die historische Wahrheit des Alten Testamentes für orthodoxe Katholiken, Protestanten und Juden wiederherstellen.

Wie steht es aber mit den Autoren dieser beiden Meisterwerke der Pseudowissenschaft? Führen sie die Leser absichtlich hinters Licht, nur darauf aus, viel Geld auf unehrliche Weise zu verdienen, oder glauben sie ernsthaft an ihre eigenen Theorien? Bei Velikovsky ist ganz ohne Frage das letztere der Fall. Gelegentlich aber hat ein sorgfältig geplanter Streich die Öffentlichkeit eine Zeitlang zum Narren gehalten, wie z. B. der berühmte Mond-Scherz der ›New York Sun‹ im Jahre 1835. Diese Scherze sind kurzlebig und werden bald preisgegeben. Von ganz anderer Art ist dagegen das Werk des selbsternannten Wissenschaftlers, der auf seinem Gebiet inkompetent ist, jedoch die Illusion von eigener Größe und Bedeutung hegt und von dem unbewußten Drang getrieben wird, vom Pfade abweichende Theorien von unglaublicher Komplexität und Findigkeit zu erschaffen.

Als die Wissenschaftler der Renaissance begannen, sich von den metaphysischen Einflüssen zu befreien, war es für diese couragierten Pioniere eher die Regel als die Ausnahme, daß ihrem Werk von den Kollegen mit Hohn und Spott begegnet wurde.

Galilei hatte nicht nur mit den Autoritäten der Kirche, sondern auch mit den zeitgenössischen Wissenschaftlern zu kämpfen, die sich mehr mit der Lehre des Aristoteles beschäftigten als mit der experimentellen Bestimmung der tatsächlichen Gegebenheiten der Welt. Als die wissenschaftliche Autorität des Aristoteles jedoch verblaßte, beschränkte sich der Widerstand gegen neue Ideen mehr und mehr auf Gebiete, in denen sich die Wissenschaft mit christlichen Doktrinen nicht vereinbaren ließ. Seit der Jahrhundertwende ist dieser Konfliktbereich bemerkenswert klein geworden, und man trifft nur noch selten auf einen Widerstand der Wissenschaftler gegen eine legitimierte Theorie, die auf nachprüfbaren Beweisen und stichhaltigen Argumenten beruht. Für einen zeitgenössischen Wissenschaftler ist der schnellste Weg zum Ruhm oft der Umsturz einer gemeinhin anerkannten Theorie. Einsteins Werk über Relativität ist das beste Beispiel dafür, wie leicht sich eine revolutionäre Hypothese mit fast sofortiger ernsthafter Resonanz, sorgfältigen Versuchen und endgültiger Anerkennung verbinden kann. Es gibt natürlich Ausnahmen, und es gibt immer Grenzgebiete, wo bestätigende Beweise so strittig bleiben, daß der Disput um so manche exzentrische Theorie hierdurch legitimiert wird (z. B. Sheldons Werk über Körpertypen und weite Gebiete der Psychiatrie). Aber die heutige Wissenschaft lehnt sich leicht zurück in wohlwollender Betrachtung bizarrer Hypothesen.

Außerhalb und ausgeschlossen von dem kooperativen Prozeß der

Kommunikation und der Experimente, der ständig in jedem Zweig der Wissenschaft stattfindet, gibt es einsame, isolierte, einsiedlerhafte Wissenschaftler. Ist deren Wissen mager und ihr I. Q. niedrig – wie im Falle des verstorbenen Wilbur Glenn Voliva aus Zion City, Illinois, der glaubte, daß die Erde die Form eines Pfannkuchens habe –, gewinnen sie in der allgemeinen Öffentlichkeit selten ein Gefolge und werden sofort als Hirngespinstler erkannt. Sind sie Opfer ausreichend starker paranoider Zwänge, können sie in Heilanstalten eingewiesen werden, wo sie ihre Tage damit verbringen, sich selbst antreibende Maschinen oder Methoden zur Winkeldreiteilung zu entwikkeln, oder aber sie schreiben unverständliche, mit eigenen Wortschöpfungen versehene Abhandlungen über die inneren Geheimnisse des Universums.

Gelegentlich aber verbindet sich eine milde Form der Paranoia mit einem brillanten, kreativen Intellekt. In diesem Fall schließt der Glaube des selbsternannten Wissenschaftlers an seine eigene Größe, gepaart mit der Tendenz, Mangel an Anerkennung als eine Form der Verfolgung durch eine engstirnige und von Vorurteilen belastete Fachwelt zu interpretieren, ihn völlig vom sozialen Geben und Nehmen aus. Er zieht sich, einem Einsiedler gleich, in sein Laboratorium oder Studierzimmer zurück, um dann später mit gewaltigen, höchst gelehrten Wälzern wieder zu erscheinen, die gewöhnlich in einem komplizierten Jargon aus erfundenen Begriffen und Phrasen geschrieben sind. Um den Meister wird sich eine Gruppe glühender Bewunderer scharen – entweder Jünger, die sich in ihren eigenen psychologischen Bedürfnissen mit denen des Meisters identifizieren können, oder einfach naive Kultisten, die nicht das nötige Wissen haben, um den Selbstbetrug ihres Meisters zu durchschauen.

Die klassischen Werke aus dem Genre der Pseudowissenschaft lassen sich grob in zwei Gruppen einteilen. Da sind jene, deren Hauptanliegen die Rationalisierung eines religiösen Dogmas ist (wie z. B. Velikovskys Verteidigung der orthodoxen jüdischen Interpretation der Geschichte des Alten Testamentes), und da sind die nichtreligiösen Theorien (Beispiel Hubbard), die das reine Produkt des Irrglaubens des Autors an die eigene wissenschaftliche Kompetenz sind. Da die phantastischen Theorien Velikovskys und Hubbards andernorts verrissen worden sind, und es wohl auch in Zukunft werden, mag es von Interesse sein, das Werk zweier weiterer Wissenschaftler aus der Klasse der Einsiedler (einer religiös, einer nichtreligiös) zu betrachten, deren Theorien aus derselben Zeit stammen und denen Hubbards und Velikovskys in vieler Hinsicht ähneln, die aber noch ausgezeichnetere Beispiele für wissenschaftliche Selbsttäuschung sind. Bei der Betrachtung dieser Theorien werden wir vielleicht etwas von der hochtrabenden Atmosphäre und dem paranoiden Flair einfangen können, die solche Werke kennzeichnen.

Das allerbeste Beispiel für die Art der Rationalisierung religiöser Dogmen durch diese Einsiedler-Wissenschaftler sind die eindrucksvollen geologischen Spekulationen von George McCready Price. Nach ›Who's who‹ ist Price gegenwärtig emeritierter Geologieprofessor am Walla Walla College, einer Seventh Day Adventist Schule in Washington. Er ist stolz auf den Ruf, der letzte, vielleicht der größte protestantische Gegner der Evolution zu sein.

Prices Ansichten werden in dem 1923 veröffentlichten, gewichtigen College-Lehrbuch ›The New Geology‹ lang und breit dargelegt. Dieses Buch ist so sorgfältig durchdacht, daß Tausende protestantischer Fundamentalisten es heute als das letzte Wort zu diesem Thema betrachten, und sogar dem skeptischen Leser wird es ohne fundiertes geologisches Hintergrundwissen schwerfallen, es zu widerlegen.

Der Kern von Prices Einwänden gegen die traditionelle Paläontologie läßt sich in wenigen Worten wiedergeben. Er weist darauf hin, daß der Hauptbeweis für die Evolution auf der Tatsache beruht, daß Fossilien von einfachen zu komplizierteren Formen übergehen, wenn man sich von den älteren zu den jüngeren geologischen Schichten hin bewegt. Leider existiert keine Methode, das Alter der Schichten zu bestimmen, außer eben durch die darin enthaltenen Fossilien. Es handelt sich also um einen Teufelskreis. Die Evolutionstheorie bildet somit die Grundlage für eine Klassifikation der Fossilien in evolutionsmäßiger Reihenfolge. Die Fossilien werden zur Datierung ihrer Umgebung benutzt. Dann wird die Reihenfolge der Fossilien von »alten« zu »jungen« Schichten als »Beweis« für die Evolution angeführt.

Price ist nun der Meinung, daß sämtliche Einbettungen der Fossilien zur gleichen Zeit durch die in der ›Genesis‹ beschriebene Sintflut zustande kamen, die wiederum durch eine astronomische Störung ausgelöst wurde, die eine riesige Flutwelle um die Erde sandte. Fossilien sind die Dokumente vordiluvialer Flora und Fauna. (Die Fluttheorie von der Entstehung von Fossilien hat, nebenbei gesagt, eine lange, angesehene Geschichte und wurde von Kapazitäten wie Philo, Chrysotom, Tertullian, St. Augustin, St. Jerome, Martin Luther und unzähligen Wissenschaftlern des achtzehnten und neunzehnten Jahrhunderts verteidigt. Addison widmete ihr einst eine Ode in lateinischer Sprache.) Wenn dies wahr wäre, dann würde man an zutage tretenden Stellen, an denen viele Fossilienbetten gefunden werden, die Fossilien mit gleicher Häufigkeit in einer der Evolutionstheorie entgegengesetzten wie in einer dieser Theorie entsprechenden Reihenfolge erwarten können. Genau dies ist, so erklärt uns Price, der Fall, und er widmet große Teile seines Buches der Beschreibung »entgegengesetzter« Gebiete. Als Erklärung für die »peinlichen« Fossilienbetten behauptet Price, würden die traditionellen Geologen nicht existierende Verwerfungen und Falten erfinden. Das folgende Zitat zu diesem Punkt ist ein Beispiel für Prices amüsanten Stil:

… es gibt kaum einen der in den letzten Jahren künstlich geschaffenen geologischen Abschnitte, der nicht einen oder mehrere dieser »Verwerfungen« oder »Verschiebungen« enthält. Aber es ist tatsächlich wichtiger, sich in diesem Zusammenhang daran zu erinnern, daß diese Art Hilfsmittel einzig und allein als notwendig angesehen wird, weil die Fossilien in der falschen Reihenfolge angetroffen werden – Hilfsmittel, die, wie schon für ähnliche Hilfsmittel zur Wegdiskussion von Beweisen gesagt wurde, es verdienen, den gleichen Rang einzunehmen wie die berühmten »Epizykeln« von Ptolemäus, und es eines Tages auch tun werden.

Es wäre ein Fehler zu glauben, die wissenschaftlichen Kenntnisse von Price würden sich auf einer Ebene mit denen von, sagen wir, William Jennings Bryan, bewegen. Es war tatsächlich Price, der von Bryan während der berühmten ›Scopes-Verhandlung‹ als führende geologische Kapazität zitiert wurde. Seine Bücher sind gut geschrieben, voll von beeindruckender Gelehrsamkeit und unbestreitbaren Beweisen richtiger geologischer Information. Sie sind natürlich Rationalisierungen der protestantisch-fundamentalistischen Interpretation des Alten Testamentes, so wie Velikovskys Buch eine Rationalisierung des traditionellen Judaismus ist; aber das religiöse Motiv ist kaum ausreichend, um einen Mann von Prices Intelligenz in die kuriose Rolle zu drängen, die er gespielt hat. Andere Zwänge treten zutage, wenn er sich auf seine traurige Aufgabe bezieht, »die Wissenschaft der Geologie fast im Alleingang reformieren zu müssen« und auch in Passagen wie:

Vor fünfundzwanzig Jahren, als ich meine ersten revolutionären Entdeckungen in der Geologie machte, stand ich vor dem Problem, wie ich diese neuen Ideen der Öffentlichkeit präsentieren sollte. Und erst nachdem ich herausgefunden hatte, daß die regulären Publikationskanäle mich verleugneten, entschied ich mich, andere Türen zu benutzen, die weit offen standen. Vielleicht habe ich einen Fehler gemacht. Vielleicht hätte ich der Etikette der wissenschaftlichen Pedanterie mehr Aufmerksamkeit schenken sollen und demütig mit dem Hut in der Hand vor den Türen der Verleger stehen sollen, die sie mir mehr als einmal vor der Nase zugeschlagen hätten. Aber ich habe mich für einen anderen Weg entschieden und war mir der Konsequenzen voll bewußt; und bis jetzt habe ich noch keinen Grund anzunehmen, daß ich wirklich einen Fehler gemacht habe. Eines Tages wird es vielleicht ans Licht kommen, daß die »angesehenen« Wissenschaftler zu keiner Zeit ein Monopol auf die Wahrheit in der Natur gehabt haben.

Aber genug von Price. Wir wollen uns nun einem schillernderen Wissenschaftler zuwenden, dessen Werk erst kürzlich zu einem lebendigen Kult unter den Intellektuellen der Bohème von New York und anderswo geworden ist – dem Psychiater Wilhelm Reich. Wie Hubbards Dianetik hat Reichs »Orgontherapie« keinerlei Verbindung zu religiösen Dogmen und wird ganz einfach als revolutionäre Entdeckung in Biologie und Psychologie präsentiert.

Reich startete seine kuriose Karriere in Österreich als orthodoxer Freudianer[1], brach aber später mit der Psychoanalyse und gründete 1931 in Deutschland einen eigenen Verlag. Fünf Jahre später eröffnete Reich ein Institut in Oslo, wo er auf die wütenden Attacken skandinavischer Biologen stieß, die darauf bestanden, daß sein Wissen noch geringer wäre als das eines Laien. Aus Norwegen ausgewiesen, kam er 1939 auf Einladung von Dr. Theodore P. Wolfe, außerordentlicher Professor für Psychiatrie an der Columbia-Universität, nach New York und hielt für kurze Zeit Vorlesungen an der New Yorker New School for Social Research. Er unterhielt nun einen Verlag in Greenwich Village und Forschungslaboratorien in Forest Hills in New York und in Organon in Maine.

In Reichs bekanntestem Werk ›Die Funktion des Orgasmus‹ vergleicht er sich selbst mit Peer Gynt: unkonventioneller Genius, nicht im Gleichschritt mit der Gesellschaft, unverstanden, verlacht. Die Gesellschaft wird solange lachen, bis sich erweisen wird, daß die Peer Gynts im Recht sind. In seiner letzten, 1949 erschienenen Veröffentlichung ›Listen, Little Man‹ sieht Reich eine Verbindung von sich zu so verfolgten Figuren wie Jesus und Karl Marx. »Was immer ihr mir angetan habt oder mir in Zukunft antun werdet«, so erklärt er, »ob ihr mich als Genie verherrlichen oder in eine Heilanstalt stecken werdet, ob ihr mich als Erlöser feiern oder als Spion hängen werdet, früher oder später wird die Notwendigkeit euch dazu bringen einzugestehen, daß ›ich die Gesetze des Lebens entdeckt habe‹...«.

Ein Pamphlet von Dr. Wolfe, 1948 durch Reichs Orgon-Institut veröffentlicht, hat den Titel ›Emotional Plague Versus Orgone Biophysics‹. Der Zweck dieser Broschüre wird schon auf dem Umschlag klargemacht:

Eine teuflische Verleumdungs- und Verdrehungskampagne gegen Wilhelm Reich begann Anfang des Jahres 1947. Noch weiß niemand, wohin sie führen wird. Diese Kampagne beschränkt sich nicht nur auf Zeitschriften- und Zeitungsartikel, sondern auch eine Abteilung der Regierung der Vereinigten Staaten ist mit hineingezogen worden.

Hauptanzeichen für diese »Gefühlsseuche« (Reichs Ausdruck für die Verleumdungskampagne) sind zwei Artikel von Mildred Brady. Einer davon erschien in ›Harper's‹ (April 1947), der andere in ›The New Republic‹ (26. Mai 1947). Die Regierungsabteilung ist die Food and Drug Administration, die zu jener Zeit Reichs »Orgon-Akkumulatoren« untersuchte. Das sind große, kistenförmige Behälter, die innen aus Metall und außen aus Holz sind. Die Patienten mieten diese Behälter vom Institut und setzen sich hinein, um ihr Orgonpotential zu verstärken, indem sie die ungewöhnlich hohe Konzentration von Orgonenergie in dem Behälter absorbieren (eine nichtelektromagnetische Strahlungsenergie, die aus dem Weltraum kommt und 1939 von Reich in Norwegen entdeckt wurde). »Der Orgon-Akkumulator ist ohne Ausnahme die bedeutendste Einzelentdeckung in der Geschichte der Medizin«, schreibt Wolfe.

Der folgende, in dem Pamphlet veröffentlichte Paragraph aus einem der Briefe Reichs enthüllt:

Es ist eine alte Geschichte. Sie ist älter als die alten Griechen, die für uns Träger einer blühenden Kultur waren... Zweitausend Jahre später hatte sich nichts geändert. Giordano Bruno, der für die wissenschaftliche Lehre und gegen astrologischen Aberglauben kämpfte, wurde von der Inquisition zum Tode verurteilt. Es ist die gleiche übernatürliche Pestilenz, die Galilei der Inquisition auslieferte, Kopernikus im Elend sterben ließ, Leeuwenhoek zum Einsiedler machte, Nietzsche in den Wahnsinn, Pasteur und Freud ins Exil trieb. Es ist die schmutzige, abscheuliche Haltung der Zeitgenossen zu allen Zeiten. Das mußte ein für allemal deutlich gesagt werden. Man darf nicht aufgeben vor solchen Erscheinungen der Pestilenz.

Ein Wort über die Orgonenergie. Für Reich ist ihre Entdeckung vergleichbar mit der Revolution durch Kopernikus. Der Grund für ihre Nichtanerkennung seitens anderer Psychiater ist, natürlich, im »Widerstand gegen ein neues Konzept«[2] begründet. In ›Charakteranalyse‹ interpretiert er Freuds »Es« als die Wirkungsweise der Orgonenergie im Körper. Die Energie liefert die biologische und physikalische Basis für die Psychiatrie, und der Versuch, mit den alten Freudschen Trieben zu arbeiten, ist, wie Reich behauptet, gleich dem Versuch, aus dem Spiegelbild eines mit Wasser gefüllten Glases zu trinken. In ›Die Funktion des Orgasmus‹ gibt er die Farbe der Orgonenergie mit Blau an (Wolfe teilt uns mit, daß sie auf einem Farbfilm aufgenommen wurde) und fügt hinzu, daß sie für das Nordlicht, das Sankt Elmsfeuer, Blitze, das Himmelsblau, elektrische Störungen während der Sonnenflecken-Aktivitäten und die blaue Färbung sexuell erregter Frösche verantwortlich ist. »Wolkenformationen und Gewitter«, so schreibt er, » – Phänomene, die bis zum heutigen Tage unerklärt geblieben sind – hängen von Veränderungen der Konzentration des atmosphärischen Orgons ab.« 1947 maß Reich die Energie mit einem Geigerzähler.

Es ist interessant, daß Reich auch das Flackern der Sterne der

22

Orgonenergie zuschreibt. Ein weiterer Eremit der Wissenschaft, Dr. William H. Bates, hat in seinem medizinischen Opus ›Cure of Imperfect Eyesight by Treatment Without Glasses‹ zum gleichen Thema folgendes zu sagen:

Der Gedanke, daß die Sterne funkeln, ist in vielen Liedern und Geschichten in Worte gekleidet worden und wird allgemeinhin als Teil der natürlichen Ordnung der Dinge anerkannt, aber es kann bewiesen werden, daß dieses angenommene Funkeln nur die Illusion des Geistes ist. Wenn auch Menschen mit ungenügender Sehkraft die Sterne funkeln sehen, so tun sie dies nicht zwangsläufig. Aus diesem Grund ist es offensichtlich, daß die Anstrengung, die das Funkeln erzeugt, eine andere ist, als die Anstrengung, die den Irrtum bei der Brechung erzeugt. Wenn man einen Stern betrachtet und versucht, das Funkeln nicht zu sehen, funkelt er auch nicht... Auf der anderen Seite kann man mit der nötigen Anstrengung einen Planeten oder sogar den Mond funkeln lassen.

Von Reichs erstaunlichster Entdeckung wird in der Novemberausgabe 1942 seiner Zeitschrift ›International Journal of Sex, Economy and Orgone Research‹ in dem Artikel »The Natural Organization of Protozoa from Orgone Energy Vesicles« berichtet. In diesem Aufsatz beschreibt Reich, begleitet von Mikrophotographien, seine Beobachtung, wie sich Protozoen spontan aus Bionenansammlungen bildeten. Das Bion ist eine weitere Entdeckung Reichs. Es ist die Einheit der lebenden Materie, bestehend aus einer Membrane, die eine Flüssigkeit umgibt und in der Orgonenergie pulsiert. Bionen entstehen in der Natur ständig durch den Zerfall von sowohl organischer als auch anorganischer Materie. Unter seinem Mikroskop beobachtete Reich, wie sich Bionen zusammengruppierten und so verschiedene Typen von Protozoen bildeten, und er hat die Photographien, um dies zu beweisen. Krebszellen sind übrigens Protozoen, die sich aus Gewebebionen entwickelt haben.[3] Auf den kritischen Einwand, daß die Protozoen aus der Luft in seine Kulturen gelangten, oder in Form ruhender Zysten bereits in seinem zerfallenen Material vorhanden waren, gab Reich einfach die Antwort, daß dies nicht so wäre. Er liefert aber keine Beweise dafür, daß er ausreichende Vorsichtsmaßnahmen gegen jede dieser Möglichkeiten getroffen hatte.

Anhänger Reichs verteidigen ihn gelegentlich mit den Worten: »Zugegeben, sein biologisches Werk ist höchst suspekt; man kann jedoch nicht leugnen, daß er einen bedeutenden Beitrag auf dem Gebiet der Psychotherapie geleistet hat.« Das mag stimmen. Aber es ist ihnen irgendwie die gleiche Plausibilität zu eigen wie folgender Aussage: »Zugegeben, Professor Ludwig von Hoofenmeister irrte in seiner Theorie, daß die Sterne nichts anderes sind als Löcher in einer undurchlässigen Schicht, die die Erde umgibt; man muß aber eingestehen, daß er bei seinem Studium der kosmischen Strahlung großartige Entdeckungen gemacht hat.«

Der Leser wird sich vielleicht wundern, warum kein einziger kompetenter Wissenschaftler eine detaillierte Widerlegung von Reichs absurden Spekulationen veröffentlicht. Die Antwort ist, daß diese Spekulationen den informierten Wissenschaftler nicht kümmern, und er nur seinem guten Ruf schaden würde, wenn er einer solchen undankbaren Aufgabe seine Zeit widmen würde.[4] Aus dem gleichen Grund hat kaum ein einziger Klassiker auf dem Gebiet der modernen Kuriositäten eine angemessene Erwiderung hervorgerufen. Die einzige Ausnahme ist das Werk des russischen Genetikers Lysenko, das eigentlich unwichtig und doch insofern von größerer Bedeutung ist, als es die kulturelle Paranoia und die dramatischen Höhepunkte im Konflikt zwischen einer relativ freien und der strikt kontrollierten Wissenschaft verstärkt.

Der Eremit der Wissenschaft wird gewöhnlich ignoriert. Kein führender Wissenschaftler macht sich die Mühe, Ignatius Donnellys ›Ragnarok‹[5] oder sein noch rührigeres Werk über Atlantis zu widerlegen. Niemand hat Piazzi Smyths brillanten Band über die Große Ägyptische Pyramide, Captain John Symmes Hohlheitstheorie oder Philip Gosses ›Omphalos‹ widerlegt. Letzteres, von Edmund Gosses Vater stammende Werk, führt an, daß genauso, wie Adam und Eva mit einem Nabel erschaffen wurden, der ein vergangenes, doch nie geschehenes Ereignis anzeigt, die Welt mit fossilen Zeugen einer längst vergangenen, doch nie stattgefundenen geologischen Geschichte erschaffen wurde. Diese Theorie ist in der Tat unwiderlegbar und konsequenterweise vernünftiger als die Theorien von Velikovsky oder Price. Und sie hat Bertrand Russell einige geglückte Illustrationen epistemologischer Prinzipien geliefert.

Gelegentlich läßt sich ein Philosoph oder ein Schriftsteller von dem Werk eines brillanten Eremiten einfangen und produziert ein Buch oder einen Essay zu dessen Verteidigung (z. B. wurde Aldous Huxleys ›The Art of Seeing‹ von 1942 zur Verteidigung des Dr. Bates geschrieben). Der professionelle Wissenschaftler aber zieht es doch vor, ein solches Werk zu ignorieren oder vielleicht mit tolerantem Amüsement zu lesen. Diese Art der Mißachtung aber verstärkt natürlich die Überzeugung des selbsternannten Genies. »Meine letzte größere Abhandlung über dieses Thema«, so schreibt Price in dem späteren Werk ›The Phantom of Organic Evolution‹, »ist unbeantwortet geblieben. Sie wird auch nicht beantwortet werden. Sie wurde ignoriert und wird es wahrscheinlich auch in Zukunft werden, denn sogar von den Männern der Wissenschaft haben immer weniger die Geduld, sorgfältig und genau einer neuen Linie von Argumenten zu folgen, die auf unvertrauten Fakten beruhen.« Und Velikovsky bemerkt herablassend (›New York Times‹, Buchbesprechung vom 2. April 1950, S. 12): »Hätte ich keine psychoanalytische Ausbildung genossen, dann hätte ich meinen Kritikern einige harsche Worte zu sagen.«

Aus diesem Grund wird wahrscheinlich kein Wissenschaftler von Rang der verdutzten Öffentlichkeit Beweise dafür liefern, daß die Erde in alttestamentlichen Zeiten nicht zweimal in ihrer Bewegung innehielt, oder daß Neurosen keinerlei Verbindung zu den Erfahrungen des Embryos im Mutterleib haben.

Der augenblickliche Wirbel um Velikovsky und Hubbard wird sich bald gelegt haben, und ihre Bücher werden in den Regalen der Büchereien verstauben. Vielleicht wird Tiffany Thayer sie zu Ehrenmitgliedern der Forteau Society ernennen, die der Frustration der Wissenschaft geweiht und Hafen für verlorene Ambitionen ist.

Anmerkungen

1. Siehe Koestlers Bezug auf Reich in seinem Beitrag zu ›Ein Gott, der keiner war‹, herausgegeben von Richard Crossman, 1949, S. 43.
2. Auch Hubbard betrachtet Opposition gegen seine Ideen als unbewußten Widerstand. Er schreibt: »Jeder, der versucht, ein Individuum von einer Dianetik-Therapie abzuhalten, will die Verwirrungen dieses Individuums ausnutzen oder hat irgend etwas zu verbergen.«
3. Sowohl Reich als auch Hubbard beschäftigen sich mit der Krebs-Therapie. Hubbard schreibt: »Zum gegenwärtigen Zeitpunkt ist die dianetische Forschung so angelegt, daß sie Krebs und Diabetes miteinschließt. Es gibt viele Gründe für die Annahme, daß die Ursache dieser beiden Leiden engrammatisch ist (»Engramm« ist Hubbards Bezeichnung für die Spur, die eine bewußt verdrängte Erfahrung im Gehirn hinterlassen hat). Dies gilt insbesondere für bösartigen Krebs.
4. Es sollte betont werden, daß die Isolation eines Wissenschaftlers, die Neuheit seiner Theorie oder die psychologische Motivation, die hinter seiner Forschung steht, absolut keinen Grund für die Ablehnung seines Werkes durch andere Wissenschaftler bietet. Die Ablehnung muß einzig und allein im Mangel seines Werkes begründet sein, dem wissenschaftlichen Standard nicht zu genügen. Es liegt jedoch nicht in den Möglichkeiten dieses Artikels, die fachlichen Kriterien zu untersuchen, die den Hypothesen einen hohen, niedrigen oder negativen Bestätigungsgrad verleihen. Wir wollen hier einfach einen Blick auf verschiedene Beispiele einer Art wissenschaftlicher Aktivität werfen, die dem wissenschaftlichen Standard in keiner Weise entsprechen; aber zur gleichen Zeit gewinnen diese verworrenen geistigen Aktivitäten die Anerkennung vieler Laien, die nicht in genügender Weise informiert sind, um die Inkompetenz des Wissenschaftlers zu erkennen. Obwohl es ganz offensichtlich keine scharfe Trennlinie zwischen kompetenter und inkompetenter Forschung gibt, und es existieren Fälle, in denen die wissenschaftliche »Orthodoxie« die Annahme einer neuen Idee verschieben muß, bleibt jedoch die Tatsache bestehen, daß der Abstand zwischen dem Werk kompetenter Wissenschaftler und den Spekulationen eines Voliva oder Velikovsky so groß ist, daß sich ein qualitativer Unterschied ergibt, der die Bezeichnung »Pseudowissenschaft« rechtfertigt. Von der Zeit Galileis an bewegt sich die Geschichte der Pseudowissenschaft so weit außerhalb der Geschichte der Wissenschaft, daß sich die beiden Strömungen nur in den seltensten Fällen berühren.

5. Aus Velikovskys kurzer Fußnote zu diesem Buch wird nicht ersichtlich, wie ähnlich es seinem eigenen Werk ist. Donnelly vertritt die These, daß die Eiszeit und frühere Epochen des Diastrophismus aus Zusammenstößen mit Kometen resultieren. Über 200 Seiten werden Legenden gewidmet, die für Donnelly wie für Velikovsky Erinnerungen an den letzten Zusammenstoß sind. Über das Wunder des Josua schreibt Donnelly: »Und sogar der wunderbare Augenblick, über den heutzutage nur gespottet wird, der Stillstand der Sonne auf Josuas Befehl hin, mag letztendlich auf die Katastrophe zurückgehen... In amerikanischen Legenden können wir lesen, daß die Sonne stillstand, und Ovid berichtet, ›daß ein Tag verloren war‹. Wer soll es uns erklären, welche Umstände ein Ereignis begleiteten, das gewaltig genug war, den Globus selbst mit inneren Rissen zu versehen? Es ist zumindest eine kuriose Tatsache, daß in Josua (Kapitel X) der Stillstand der Sonne davon begleitet war, daß Steine vom Himmel fielen, durch die eine Vielzahl von Menschen erschlagen wurde.«

Nachwort

Das war mein erster Artikel über Pseudowissenschaft. Er veranlaßte den Vertreter eines Verlages dazu, mich sofort anzurufen, um mich zu überreden, das Thema auf ein Buch auszudehnen, ›In the Name of Science‹, erschienen bei Putnam im Jahre 1952. Das Buch wurde schnell zum Ladenhüter und von Dover als Taschenbuch mit dem Titel ›Fads and Fallacies in the Name of Science‹ neu herausgebracht. Die Dover-Ausgabe wurde so etwas wie ein Bestseller, hauptsächlich wegen der von Gästen der ›Long John Nebel radio talk-show‹ wiederholt ausgesprochenen Attacken gegen das Buch. Ich kann mich noch daran erinnern, wie ich die Sendung eines Morgens um 3 Uhr einschaltete, als ich meinem neugeborenen Sohn die Flasche gab. Erschrokken hörte ich eine Stimme sagen: »Mr. Gardner ist ein Lügner.« Es war John Campbell, Jr., Herausgeber von ›Astounding Sience Fiction‹, der seinen Ärger über das im Buch enthaltene Kapitel über Dianetik zum Ausdruck brachte.

Ich hatte mit meiner Prophezeiung, daß das Interesse an Velikovsky und Hubbard »bald versiegen« würde, vollkommen unrecht. Heute, dreißig Jahre später, hat der verstorbene Immanuel Velikovsky noch immer eine loyale Schar trotteliger Gefolgsleute, und die Dianetik, die zu einem Bestandteil von Hubbards neuer »Religion«, der Scientology, wurde, ist das Rückgrat eines der größten Cockamamie-Kultes der Nation. Schon viele Bücher haben die Scientology angegriffen, und diese Kirche hat ihr Bestes getan, sie in Mißkredit zu bringen und ihre Autoren zu diffamieren.

In der ›New York Times‹ vom 22. Januar 1979 und in Eugene H. Methvins Artikel »Scientology: Anatomy of a Frightening Cult« (Reader's Digest, Mai 1980) können wir die schreckliche, unglaubliche Geschichte nachlesen, wie diese Kirche gegen Paulette Cooper intrigierte, um sie für ihr Taschenbuch ›The Scandal of Scientology‹ zu bestrafen. Der Kult zieht auch weiterhin Leute aus dem Showbusiness, wie John Travolta, an, die von Wissenschaft noch weniger Ahnung haben als Ronald Reagan.

Da die Scientologen an die Reinkarnation und an paranormale Kräfte glauben, werden von diesem Kult am stärksten selbsternannte Medien und Erforscher der Psi-Kraft angesprochen. Ingo Swann und der verstorbene Pat Price, zwei der von Harold Puthoff und Russell Targ am ›Stanford Research International‹ »authentifizierten« Top-Medien waren glühende Scientologen (Swann ist es immer noch). Puthoff seinerseits war einst aktiver Scientologe und ließ sich auch kirchlich trauen. Jetzt, da dieser Kult ernsthafte Schwierigkeiten mit der US-Regierung und mit anderen Regierungen auf der Welt hat (in Frankreich liegt ein Haftbefehl gegen Hubbard vor), versucht Puthoff, seinen früheren Enthusiasmus abzubauen.

Obwohl der Name George M. Price den meisten Menschen nicht geläufig ist, stützen sich die neuen Bücher protestantischer Kreationisten doch weiterhin auf seine infantilen geologischen Ideen. ›The Genesis Flood‹ von John C. Whitcomb, Jr., und Henry M. Morris (1961) liefert dafür ein hervorragendes Beispiel. Diese Ehrfurcht bietende, 518 Seiten umfassende Monographie ist durch und durch Price, obwohl sie fast nie mit ihm in Zusammenhang gebracht wird.

Velikovsky war von Price ungeheuer beeindruckt, und die beiden Hirngespinstler korrespondierten miteinander. In ›Welten im Zusammenstoß‹ findet sich eine Reihe von Zitaten aus dem törichten Buch von Price. Die meisten Leser würden annehmen, daß Velikovsky einen angesehenen Wissenschaftler zitierte. Price hatte keine offizielle Ausbildung in Geologie. Er begann seine Karriere als Hausmeister und Hausdiener am Adventist College in Loma Linda, Kalifornien, wo er half, Bausteine für das Gebäude zu legen. Von diesem College wurde ihm dann der Grad eines B. A. (Bachelor of Arts) verliehen. Die beste biographische Bezugnahme, die ich hier angeben kann, ist ›Crusader of Freedom‹ von Harold W. Clark, erschienen 1966 bei der Pacific Press der scientologischen Kirche.

Es wäre von Interesse zu wissen, was Velikovsky über die Evolution dachte. Seine Bücher enthalten nur vage Hinweise. Vielleicht wird es eines Tages eine posthume Veröffentlichung seiner gewichtigen Ansichten auf

diesem Gebiet geben. Velikovskys Bewunderer erheben lautes Protestge-
schrei, wann immer auch ich die Meinung äußere, daß sein orthodoxer
Judaismus eine Rolle bei der Ausgestaltung seiner Theorien gespielt hat,
aber ich finde immer noch, daß seine Motivation der von Price bemerkenswert ähnlich ist. Marcello Truzzi präsentiert in der Aprilausgabe 1979 (Nr. 3–
4) seiner ›Zetetic Scholar‹ einen von zehn Autoren geführten »Dia-
log« über Velikovsky. Einige dieser Autoren verteidigen Velikovsky, einige
greifen ihn an. Man könnte aus dieser Gelehrten-Debatte schließen, daß
Velikovsky für die wissenschaftliche Gemeinde auch heute noch eine bedeutende Herausforderung darstellt.

Reichs Orgonomie-Kult scheint im Schwinden zu sein (ich kann mich auch
irren), obwohl die meisten seiner Bücher wieder im Druck sind, und man
unter Literaten, Künstlern und Leuten aus dem Showbusiness (wie Orson
Bean) noch immer auf Anhänger seiner Lehre trifft. Auch zahlreiche Bücher,
zustimmende und ablehnende, sind in den vergangenen Jahren über ihn
geschrieben worden. Seine Tochter Eva Reich, eine Kinderärztin aus Han-
cock in Maine, hält Vorträge über Orgonomie. In ihrem Vorgarten steht das
Regenmacher-Gerät ihres Vaters, riesige Röhren, die Orgonenergie in die
Wolken spritzen. Eine Zeitlang benutzte sie Orgonenergie-Akkumulatoren
in einem Harlemer Krankenhaus für Frühgeburten zur Behandlung der
Babies, aber nachdem sie vom Direktor vor die Alternative gestellt worden
war, damit aufzuhören oder zu kündigen, wählte sie letztere Möglichkeit.

Eva ist fest davon überzeugt, daß es sich bei der menschlichen Aura um
Orgonenergie handelt. Siehe Lynn Franklins langes, trauriges Interview
»Like Father, Like Daughter« im ›Maine Sunday Telegram‹ vom 22. Juni
1980. Die ›Newsweek‹ schreibt am 13. Dezember 1976: »Seit nunmehr zwanzig Jahren versteckt Eva Reich Mikrofilme bestimmter Partien von Reichs
Aufzeichnungen in einer Höhle in den Catskill Mountains. Sofern die Gerich-
te nicht intervenieren, so sagt sie, werde sie der Welt diese Geheimnisse
zugänglich machen.«

Ein albernes Buch ist mir gerade auf meinen Schreibtisch gekommen: ›The
Quest for Wilhelm Reich‹ von Colin Wilson (Doubleday, 1981). Armer
Colin. Er galt in Großbritannien als vielversprechender junger Schriftsteller,
bevor er in seinen Ansichten über das Paranormale überschnappte. Reich ist
für Wilson verrückt, aber trotzdem ein Genie, dessen Entdeckung der
Orgonenergie ihm einen Platz neben Semmelweis, Mendel und all den
anderen großen Wissenschaftlern sichert, die zu ihrer Zeit nicht beachtet
oder nicht gewürdigt wurden. Es gibt kein Buch über Reich, das es weniger
lohnt zu lesen.

KAPITEL 2

Einige Trends in der Pseudowissenschaft

John Campbell, Herausgeber von ›Analog Science Fiction‹, kurbelt den Absatz seiner Zeitschrift von Zeit zu Zeit ganz gerne durch das Vorstellen neuen wissenschaftlichen Unsinns an. Seine Leser saugen diesen (wenn wir Campbells eigenen Umfragen trauen dürfen) förmlich auf. Zuerst war es L. Ron Hubbards Dianetik. Dann war es die Psionik; elektronische Maschinen, die das Kunststück der außersinnlichen Wahrnehmung beherrschen. Nachdem er die psionische Effekthascherei ausgeschöpft hatte, wandte sich Campbell dem ›Deanschen Raumvorstoß‹ zu. Dieses wunderliche Gerät läßt Gewichte so rotieren, daß dadurch, wie behauptet wird, ein Vorstoß in den Raum erfolgt. Wenn das Gerät auf eine Badezimmerwaage gelegt und angestellt wird, scheint es an Gewicht zu verlieren: ein wahrer »Abheber«, wie Campbell es nannte. Das Ding war von Norman L. Dean erfunden worden, einem Mann, der für eine Verwaltungsstelle in Washington Hypotheken schätzte, und wurde der Öffentlichkeit von Campbell in einem Artikel der Juniausgabe 1960 von ›Analog‹ vorgestellt. »Ich bestehe nicht darauf, unbestreitbar im Recht zu sein«, so schrieb Campbell in einem unüblichen Ausbruch von Bescheidenheit, »aber ich bin der Meinung...«, und er fährt fort, daß es gleichbedeutend mit der Aufgabe des Sonnensystems wäre, wenn die amerikanische Regierung es ablehnen würde, die Dean-Maschine ernst zu nehmen.

Aus ›The Quid‹, Winter 1963–64

Oh, die Dean-Maschine, die Dean-Maschine,
Legt man sie in ein Unterseeboot,
Dann fliegt es so hoch, daß es dem Blick entschwindet,
Die wundervolle, wundervolle Dean-Maschine!
schrieb Damon Knight in einer Zeitschrift für Science-Fiction-Anhänger. (Der Rest des Gedichtes macht sich über andere der von Campbell enthusiastisch vertretenen Ideen lustig.) Campbells loyale Leser werden vielleicht immer noch meinen, die orthodoxe Wissenschaft sei zu unflexibel, um die Tatsache zu akzeptieren, daß Newtons Bewegungsgesetze revidiert werden müssen. Aber auch Campbell selbst hat in letzter Zeit über den Deanschen Vorstoß so gar nichts verlauten lassen, daß man den Verdacht hegen könnte, er wäre zu der Überzeugung gelangt, er funktioniere nicht.[1] Die momentane Flaute in ›Analog‹ verheißt nichts Gutes. Worauf wird sich Campbell als nächstes versteifen?

Auf dem Gebiet der Medizin ist das sensationellste neueste Ereignis, das für unser Thema relevant ist, die Entdeckung der Food and Drug Administration, daß Krebiozen, die vielgepriesene Krebsdroge, nichts anderes ist als Kreatin. Kreatin ist eine billige Chemikalie, von der ein Gramm ca. 0,75 DM kostet. Die meisten der 5000 Patienten, die K., wie es genannt wird, während der letzten 13 Jahre eingenommen haben, »spendeten« rund 25,00 DM pro Dosis, wobei jede Dosis ein Hunderttausendstel Gramm enthielt. Vor einigen Jahren machten die Förderer von K. der US-Regierung den Vorschlag, je Gramm $ 170000 anzusetzen. Ein Durchschnittsmensch hat ungefähr 120 Gramm Kreatin in seinem Körper, und frühere Untersuchungen haben gezeigt, daß die Chemikalie keinerlei Wirkung auf Krebszellen hat. Die Förderer von K. bestehen jedoch auch weiterhin darauf, daß K. *nicht* Kreatin ist, aber die Argumente von seiten der Regierung scheinen hieb- und stichfest zu sein. Der sich einer Diät unterziehende bekannte Radio-Kommentator »Dr.« Carlton Fredericks setzte sich schon 1963 voll und ganz für K. ein. Ich habe ihm nie zugehört, und so kann ich hier nicht berichten, wie seine Antwort auf die Entdeckung des FDA lautete. (Ich habe den »Dr.« in Anführungszeichen gesetzt, weil die meisten seiner Anhänger glauben, daß er einen akademischen Grad in Medizin oder wenigstens in Ernährungswissenschaften besitzt. Sein Doktortitel aber ist philosophischen Ursprungs und stammt von der New York University School of Education für eine Abhandlung über die Reaktion weiblicher Zuhörer auf seine eigene Radiosendung.[2]

Der größte Skandal der letzten Jahre auf dem Gebiet der Neuerscheinungen war Simon and Schusters Werbung für Dr. Herman Tallers wertlosen Bestseller ›Fett macht schlank!‹. Die Redakteure von S&S, die in dem Manuskript eine finanzielle Goldgrube witterten, waren vorsichtig genug, dieses Manuskript keinem einzigen Experten zur Überprüfung zuzusenden (ein Verfahren, das bei Büchern wissenschaftlichen Charakters normalerweise üblich ist). Es wurde von Roger Kahn, einem freiberuflichen Autor auf dem Gebiet des Sports, gekonnt überarbeitet. Schlimmer aber war, daß der Assistent von einem der Redakteure damit beauftragt wurde, in das Manuskript Hinweise auf Safloröl-Kapseln einzufügen und zu erwähnen, daß man diese bei Cove Pharmaceuticals, einer New Yorker Firma, erwerben könne. Zwei Vizepräsidenten von S&S waren Aktionäre dieser Firma.

Die Kapseln wurden von der FDA als wertlos gebrandmarkt. Da das Kopplungsgeschäft von Buch und Kapseln einer Falschetikettierung eines Produkts gleichkam, beschlagnahmte die FDA alle Exemplare des Buches zusammen mit dem Nachschub an Kapseln. Seit diesem Vorfall hat S&S die Hinweise auf Cove Pharmaceuticals entfernt, aber das Buch verkauft sich immer noch sehr gut als Taschenbuch und führt Zehntausende übergewichtiger Leser in die Irre, die nun denken, sie könnten ohne Einschränkung der Kalorienzufuhr eine Gewichtsabnahme erreichen. Der Gynäkologe Dr. Taller machte ein Vermögen mit diesem Buch, so daß Sie sich vorstellen können, wie hoch der Gewinn für S&S war. Es war ihr profitreichstes Buch im Jahre 1962.

Die jüngste Offenbarung wissenschaftlicher Unreife findet sich in der Zeitschrift ›Harper's Magazine‹. Im Jahre 1950 hat Eric Larrabee, zu jener Zeit einer der Redakteure dieser Zeitschrift, die Öffentlichkeit mit den bizarren kosmologischen Phantasien Immanuel Velikovskys konfrontiert. Velikovskys erstes Buch ›Welten im Zusammenstoß‹ war mit viel Trara von Macmillan herausgebracht worden. Später gab Macmillan das Buch unter dem Druck von Wissenschaftlern an Doubleday ab. Dreizehn Jahre später verkündete eine ganzseitige Anzeige in ›New York Times Book Review‹ (28. Juli 1963), daß Larrabee wieder am Ball war. In einem Artikel der Augustausgabe behauptete er, daß, obwohl die orthodoxen Wissenschaftler (diese starrköpfigen, voreingenommenen Seelen, die sich weigern, Velikovsky ohne Vorurteile zu lesen) Velikovskys Theorie noch nicht anerkannt haben, einige angesehene Wissenschaftler anfangen, Teile davon ernst zu nehmen. Der Artikel ist ein Meisterstück schwer zu fassender Behauptungen.

Auf Grund seiner in Kapitel 1, S. 14 geschilderten Hypothesen schließt Velikovsky nun, daß es zu diesem Zeitpunkt zu einer Umkehrung der Erdmagnetpole kam.

Die Geologen haben nie abgestritten, daß sich in der geologischen Vergangenheit der Erde Katastrophen aller Art (einschließlich vieler Umkehrungen der Magnetpole) zugetragen haben. Was Velikovskys Auffassung so unsinnig und absurd macht, ist das für die Theorie so absolut lebenswichtige Beharren auf dem Zeitpunkt der Katastrophe, nämlich nicht vor 1500 v. Chr. Ich will nur ein Beispiel für Larrabees Technik anführen. Er zitiert einen Paragraphen aus einem Artikel über Erdmagnetismus, der im ›Scientific American‹ im September 1955 erschien. Der Autor S. K. Rankin schreibt, daß sich die Magnetpole der Erde in der Vergangenheit tatsächlich verschiedene Male umkehrten. Was Larrabee dem Leser verschämt verschweigt, ist die Tatsache, daß sich Rankin mit Ereignissen im Erdzeitalter des Tertiär beschäftigt, das er auf die Zeitspanne zwischen 60–1 Millionen Jahre vor der heutigen Zeit datiert!

Die Annahme, daß um 1500 v. Chr. eine weltweite seismische Katastrophe in dem von Velikovsky geforderten Ausmaß stattgefunden haben könnte, wird durch das geologische Beweismaterial so vollkommen ausgeschlossen, daß nicht ein einziger seriöser Geologe sie ernst genommen hat. Und doch verteidigt hier ›Harper's‹, eine Zeitschrift, die, wie man annehmen könnte, von gebildeten Amerikanern gemacht und gelesen wird, eine geologische Theorie, die sich so weit außerhalb alles Erdenklichen befindet, daß noch nicht einmal John Campbell für sie Begeisterung aufbringen konnte.

Die Redakteure von ›Harper's‹ gestatteten dem Harvard-Astronomen Donald Menzel in ihrer Dezemberausgabe freundlicherweise die Erklärung, warum die Astronomen Velikovsky ignorieren, aber Larrabee behielt auf dieser Seite von Gegenargumenten das letzte Wort. Dieselbe Ausgabe enthält einen Artikel von Upton Sinclair mit dem Titel »My Anti-Headache Diet«. Es scheint, als ob Sinclair fünfzig Jahre lang von Kopfschmerzen geplagt wurde. Um sich von diesen Kopfschmerzen zu befreien, war er zuerst Vegetarier und dann Naturkost-Anhänger geworden. Doch ein Buch von jemandem namens Salisbury überzeugte ihn davon, daß die Naturkost einen »yeastpot« (was immer das auch sein mag) aus seinem Magen machen würde; so probierte er Salisburys Wunderdiät aus frischem, gemahlenem Rindfleisch. Kein Wunder geschah. Dann wandte er sich einer »Fastenkur« zu und lebte elf Tage lang von Wasser und Orangensaft. Auch das brachte keinen Erfolg. Er las irgendwo, daß die Soldaten des Königs Cyrus jeden Tag schwitzen mußten. So versuchte er es mit einer »Schwitzkur«. Schließlich hörten seine Kopfschmerzen im Alter von 76 Jahren auf. Natürlich schreibt Sinclair (dessen Kenntnisse in Ernährungswissenschaft mit denen Larrabees in Geologie auf einer Stufe stehen) diese »Heilung« seinen damaligen Essensgewohnheiten zu: einer Diät aus braunem Reis und frischen Früchten. Er beschreibt seine Wunder vollbringende Diät und empfiehlt sie allen Lesern von ›Harper's‹, die an Kopfschmerzen leiden.

Bücher über Okkultismus und übersinnliche Phänomene erscheinen auch weiterhin bei den größten und angesehensten Verlagen Amerikas. In den letzten Jahren hat sich bei den amerikanischen Psychoanalytikern ein deutlicher Trend zum Okkultismus herausgebildet. Freud selbst glaubte an geistige Telepathie und war viele Jahre lang von der Seriosität der numerologischen Ideen seines engsten Freundes, Dr. Wilhelm Fliess, überzeugt. Jungs okkulter Glaube ist heute allseits bekannt. Die Sommerausgabe 1963 des ›Psychoanalytic Review‹ enthält einen Artikel des Okkultisten Nandor Fodor (eines Mitglieds des redaktionellen Stabes der Zeitschrift), in dem dieser behauptet, Jung hätte manchmal die mediale Fähigkeit gehabt, Poltergeist-Phänomene heraufzubeschwören. In England hat Mark Hansel, Professor für Psychologie an der Universität von Manchester, klassische ESP-Tests untersucht, die in den Vereinigten Staaten von J. B. Rhine und in England von S. G. Soal überwacht wurden.[3] Hansels Studien lieferten überzeugende Indizienbeweise für vorsätzlichen Betrug in vielen Fällen, in denen man Schwindel ausgeschlossen hatte. Man hätte erwartet, daß alle Zeitungen und Zeitschriften der USA über Enthüllungen dieser Art berichtet hätten. Warum taten sie es nicht? Die Antwort ist einfach. Negativem Beweismaterial gegen ESP fehlt im Gegensatz zum positiven der dramatische Neuigkeitswert.

So ist es nun einmal. Es wird noch lange Zeit dauern, bis der durchschnittliche Bürger genügend Informationen über die Wissenschaft hat, um Werbekampagnen für populärwissenschaftlich geschriebene, pseudowissenschaftliche Bücher unprofitabel zu machen. Solange diese profitabel sind, kann man sicher sein, daß sie geschrieben und gedruckt werden.

Anmerkungen

1. Bibliographien von Artikeln, die sich mit dem ›Dean-Vorstoß‹ beschäftigen, findet man in »Detesters, Phasers and Dean Drives« von G. Henry Stine in ›Analog Science Fiction‹, Juni 1976 und in »In Search of the Bootstrap Effect« von Russell E. Adams, Jr., ebda, April 1978. Der Vorstoß taucht auch in Stines Artikel in ›Destinies‹ vom Oktober 1979 auf. Auch in Milton Rothmans Artikel »On Designing an Interstellar Spaceship« in ›Isaac Asimov's Science Fiction Magazine‹ vom September 1980 finden wir eine amüsante Betrachtung des Vorstoßes.
2. Vor einigen Jahren hörte ich zufällig eine von Fredericks Rundfunksendungen. Er stand Laetrile als Krebsmittel völlig unkritisch gegenüber. Zu meinem Erstaunen hatte er seine frühere Verteidigung von Krebiozen aufgegeben und sagte, daß ihm die Verteidigung von Laetrile gegen das medizinische Establishment das intensive Gefühl eines ›Déjà-vu‹-Erlebnisses gebe. Das Gefühl hatte ich auch.
3. Führende Parapsychologen waren über Hansels Beweismaterial entrüstet, das er in verschiedenen Artikeln enthüllt hatte, und das beweisen sollte, daß sich Soal seine Daten aus den Fingern gesogen hatte. Erst als Betty Markwich von ihren sensationellen Entdeckungen berichtete (siehe Kapitel 7), gaben sie zu, daß Soals gesamtes Werk jetzt suspekt ist.

KAPITEL 3

Hautsehen

Wissenschaftsreportagen in amerikanischen Zeitungen und Zeitschriften sind genauer und freier von Sensationsmache als jemals zuvor; Pseudowissenschaft bleibt zum größten Teil auf Bücher beschränkt. Die genau entgegengesetzte Situation besteht in der Sowjetunion. Mit Ausnahme der Bücher, die Lysenkos Theorien verteidigten, ist die sowjetische Literatur außerordentlich frei von Pseudowissenschaft, und heutzutage, wo Lysenko seine Macht verloren hat, findet die westliche Genetik sehr schnell Eintritt in russische Biologiebücher. Doch währenddessen machen die russischen Zeitungen und populären Zeitschriften die Wissenschaft in dem gleichen Maße zur Sensation, wie es unsere Sonntagsblätter in den zwanziger Jahren taten. Dem Sowjetbürger wurden erst kürzlich Berichte von Fischen präsentiert, die nach 5000 Jahren im gefrorenen Zustand wieder zum Leben erweckt wurden, von Tiefseemonstern, die gigantische Spuren auf dem Meeresgrund hinterlassen haben, von absurden Perpetuum-Mobile-Geräten, von außerirdischen Wissenschaftlern, die mit Hilfe von Laserstrahlen einen gigantischen Krater in Sibirien schufen, und Unmengen ähnlicher Geschichten.

Im großen und ganzen hat die US-Presse dieses Genre sowjetischer Wissenschaftsberichterstattung nie recht ernst genommen. Aber in den Jahren 1963 und 1964 schenkte sie ihre Aufmerksamkeit dem plötzlich in der russischen Presse stattfindenden Wiederauflebenlassen der antiken Behauptung, daß bestimmte Personen mit der Fähigkeit gesegnet sind, mit ihren Fingern »sehen« zu können.

Aus ›Science‹, 11. Februar 1966

Am Anfang dieser Wiedererweckung stand ein Bericht der Swerdlowsker Zeitung ›Uralskij Rabochij‹ vom Sommer 1962. Isaac Goldberg vom Ersten Krankenhaus in Nieder-Tagil hatte entdeckt, daß eine an Epilepsie leidende Patientin, eine 22jährige Frau namens Rosa Kuleschowa, Gedrucktes lesen konnte, indem sie ganz einfach die Fingerspitze über die Zeile führte. Rosa wurde in Moskau weiteren Tests unterzogen, und in der ›Iswestija‹ und in anderen Zeitungen und Zeitschriften erschienen sensationelle Berichte über ihre Fähigkeiten. Der erste Bericht in den Vereinigten Staaten erschien am 25. Januar 1963 in der ›Time‹.

Als ich die Photographie in der ›Time‹ zum ersten Mal sah, auf der Goldberg Rosa beobachtet, die eine Augenbinde trägt, und deren Mittelfinger über eine Zeitungsseite gleitet, brach ich in schallendes Lachen aus. Um dieses Lachen zu erklären, muß ich ein bißchen weiter ausholen. Mein liebstes Hobby ist seit 30 Jahren die Zauberei. Ich liefere auch Beiträge für Zeitschriften dieses Metiers, schreibe über Kartenmanipulationen, erfinde Tricks und bin, kurz gesagt, mit allen Zweigen dieser kuriosen Art des Betruges vertraut, einschließlich einem Zweig, der »Mentalismus« genannt wird.

Ein halbes Jahrhundert lang haben professionelle darstellende Mentalisten wie z. B. Joseph Dunninger, der sich ungewöhnlicher geistiger Fähigkeiten rühmt, ihr Publikum mit der Vorführung des »Sehens ohne Augen« unterhalten. Für gewöhnlich bittet der Mentalist zuerst Leute aus dem Publikum, seine Augen mit Klebestreifen zu verschließen. Über jedes Auge wird etwas Undurchsichtiges, wie z. B. eine Puderquaste oder ein Silberdollar, geklebt. Dann wird ein großes schwarzes Tuch als Augenbinde über die Augen gelegt. Kuda Bux, ein aus Kaschmir stammender Mohammedaner, ist vielleicht der bekannteste der heute agierenden Entertainer, der einen solchen Akt vorführt. Er läßt sich große Teigklumpen auf beide Augen legen, und dann wird ein mehrere Meter langer Stoffstreifen wie ein Turban so um seinen Kopf gebunden, daß er sein gesamtes Gesicht vom oberen Rand seiner Stirn bis hin zur Spitze seines Kinns bedeckt. Und doch ist Kuda Bux in der Lage, Bücher zu lesen, mathematische Aufgaben an einer Tafel zu lösen und Gegenstände zu beschreiben, die ihm vor das Gesicht gehalten werden.

Ich habe hier nicht den Wunsch, meinen Stand in der magischen

Bruderschaft durch zuviele Enthüllungen in Gefahr zu bringen, aber lassen Sie mich sagen, daß Kuda Bux und andere Mentalisten, die Sehen ohne Augen vorführen, durch Trick zu einer Möglichkeit des Sehens gelangen. Es sind schon viele geniale Methoden ans Licht gekommen, aber die älteste und einfachste, die überraschenderweise fast nur Zauberkünstlern bekannt ist, ist in dem Gewerbe als »nose peek« bekannt. Wenn der Leser an diesem Punkt innehält und jemanden bittet, ihm die Augen so zu verbinden, daß er nichts mehr sehen kann, wird er überrascht feststellen, daß dies ohne Verletzung der Augen nicht möglich ist, da das Anlegen einer Augenbinde nicht verhindern kann, daß zu jeder Seite der Nase ein winziger Spalt entsteht, durch den auf jedes Auge Licht fallen kann. Richtet man die Augen nach unten, kann man mit jedem Auge einen kleinen Bereich unterhalb der Nase sehen, der sich in einem Winkel von 30–40 Grad von der Senkrechten nach vorn ausdehnt. Auch eine Schlafmaske kann die Augen nicht besser abschließen; sie liegt nicht eng genug an der Nase an. Zusätzlich dazu hebt ein leichter Druck oben auf die Maske, unter dem Vorwand ausgeführt, sich die Stirn zu reiben, die unteren Enden der Maske etwas ab, womit ein noch größeres Blickfeld entsteht.

Der große französische Magier Robert Houdin (nachdem Houdini sich nannte) erzählt in seinen Memoiren,[1] wie er einem anderen Zauberkünstler, dessen Augen verbunden waren, bei der Vorführung eines Kartentricks zusah. Die Augenbinde, so schreibt Robert Houdin, »war eine nutzlose Vorsichtsmaßnahme...., denn wie sorgfältig man auch immer vorgeht, um eine Person auf diese Weise am Sehen zu hindern, durch die Form der Nase bleibt immer ein Bereich, der ausreicht, klar sehen zu können«. Auch das Zustopfen der beiden Spalten mit Watte oder Stoff bringt nichts. Man kann unter dem Vorwand, die Augenbinde zurechtzurücken, mit dem Daumen einen winzigen Freiraum unter der Watte bilden. Die Watte kann in der Tat eingesetzt werden, um einen Spalt zu erreichen, der noch größer ist, als er es ohne Watte wäre. Ich will nicht noch tiefer in die subtilen Methoden eindringen, die gegenwärtig von Mentalisten benutzt werden, um so scheinbare Hindernisse wie überkreuz über die Augenlider geklebtes Klebeband, Teigbälle usw. zu überwinden.

Wenn der Mentalist seine Informationen mit Hilfe des »nose

peeks« (es gibt noch andere Methoden) erhält, muß er sich sorgsam vor der sogenannten »Schnief«-Haltung hüten. Befindet sich der Kopf einer Person mit verbundenen Augen in normaler Haltung, dann deckt ein Blick an der Nase herab alles ab, was unweit vom Rand des Tisches liegt, an dem die Person sitzt. Um jedoch das Blickfeld weiter nach vorn auszudehnen, muß die Nase leicht angehoben werden, so als ob man schnieft. Geübte Vorführer vermeiden die Schnief-Haltung, indem sie den Kopf leicht, unter dem Deckmantel einer bestimmten Geste, zur Seite neigen, d. h. indem sie z. B. als Antwort auf eine Frage nicken, sich am Hals kratzen oder andere geläufige Gesten ausführen.

Eines der großen Geheimnisse bei der erfolgreichen Arbeit mit einer Augenbinde liegt in dem Versuch, wieder mit Hilfe einer Geste, einen kurzen Blick im voraus zu erhalten, sich all das zu merken, was immer man auch an Informationen erhaschen kann und dann später – vielleicht viele Minuten später – diese Informationen auszubeuten, wobei man vorgibt, sie gerade erst erhalten zu haben. Wer könnte von einem Beobachter erwarten, daß er sich genau daran erinnert, was fünf Minuten zuvor geschehen ist? Und in der Tat würde nur ein geübter Mentalist, der als Beobachter fungiert, genau wissen, worauf er achten müßte.

Es erfordert viel Cleverness und Erfahrung, den »Schnief« zu verbergen. In einer Fernsehsendung in den USA im Jahre 1964 wurde ein Mädchen, das sich der Fähigkeit des Sehens ohne Augen rühmte, gebeten, das Erscheinungsbild eines Fremden zu beschreiben, der vor ihr stand. Sie begann mit den Schuhen, ging dann über zu den Hosen, zum Hemd und dann zur Krawatte. So wie sich ihre Beschreibung nach oben hin bewegte, bewegte sich auch ihre Nase. Die Photographie in der ›Time‹ zeigt Rosa, die eine gewöhnliche Augenbinde trägt. Sie sitzt dort, eine Hand auf einer Zeitung, und schnieft. Die gesamte Zeitungsseite liegt bequem im Blickfeld eines einfachen »nose peeks«.

Nach dem Rummel um Rosa tauchten Russinnen aller Art auf, die noch sensationellere Kunststücke des Sehens ohne Augen vollführten. Die größte Publicity unter ihnen erlangte Ninel Kulagina. Die Leningrader Zeitung ›Smena‹ berichtete am 16. Januar 1964 von ihrer bemerkenswerten öffentlichen Demonstration am psycho-neurologischen Institut des Lenin-Kirowsk-Distrikts. Mitglieder des Komitees, das Ninels Augenbinde untersuchte, waren S. G. Fajnberg (Ninels Entdecker), A. T. Alexandrow, Rektor der Leningrader Universität, und Leonid Wassiliew, dessen Laboratorium an dieser Universität das Zentrum der parapsychologischen Forschung in Rußland ist. Zauberkünstler waren natürlich nicht anwesend. Während ihre Augen »sicher verbunden« waren, las Ninel aus einer Zeitschrift vor und vollbrachte weitere sensationelle Leistungen. Wassiliew soll ihre Demonstration als »ein großes wissenschaftliches Ereignis« beschrieben haben.

Es gibt noch Dutzende anderer, die die Fähigkeit des Hautsehens für sich in Anspruch nehmen. Die Zeitschrift ›USSR‹ widmete in ihrer Februarausgabe 1964 einigen von ihnen vier Seiten.[2] Experimente mit Rosa, so sagt der Artikel, machten unmißverständlich klar, daß ihre Finger auf gewöhnliches Licht reagieren und nicht auf infrarote Wärmestrahlung. Es wurden Filter benutzt, die entweder das Licht oder die Wärme abhalten konnten. Rosa war nicht in der Lage zu »sehen«, wenn das Licht (aber nicht die Wärme) blockiert wurde. Sie »sah« deutlich, wenn die Wärmestrahlung (aber nicht das Licht) blockiert wurde. »Die Finger besitzen eine Netzhaut«, soll der Biophysiker Mikhail Smirnow gesagt haben. »Die Finger ›sehen‹ Licht.«

Auch in wissenschaftlichen Publikationen erschienen Berichte über diese Frauen. Goldberg schrieb 1963 einen Bericht über seine Arbeit mit Rosa für ›Worpressij Psikhologij‹. Der Biophysiker N. D. Nijuberg schrieb im Mai 1963 einen Artikel über Rosa für die ›Priroda‹. Nijuberg berichtet, daß Rosas Finger, gleich dem menschlichen Auge, für drei Farben empfänglich sind, und daß Rosa nach einem Spezialtraining am neurologischen Institut »auch ihre Zehen dazu bringen konnte, zwischen schwarz und weiß zu unterscheiden«. Weitere Berichte über Rosas Heldentaten erschienen in sowjetischen Philosophie- und Psychologiezeitschriften.

Rosa konnte mit ihren Fingern nicht nur Gedrucktes lesen, sondern sie beschrieb auch Abbildungen in Zeitschriften, auf Zigarettenschachteln und auf Briefmarken. Ein ›Life‹-Korrespondent berichtete, daß sie seine Visitenkarte durch Berührung mit ihrem Ellenbogen gelesen habe. Sie las auch Geschriebenes unter Glas oder Cellophan.

In einem Test, zu dem ihre Augen »sicher verbunden« waren, legten die Wissenschaftler ein grünes Buch vor sie hin und überfluteten es mit rotem Licht. Rosa rief aus: »Das Buch hat die Farbe gewechselt!« Die Professoren waren sprachlos. Rosas Auftritt in einer Fernsehsendung namens »Botschaft« rief neue Rivalen auf den Plan. Nedelija, die Beilage der ›Iswestija‹, fand ein neunjähriges Mädchen aus Kharkow, Lena Blizmowa, die eine Gruppe von Wissenschaftlern damit verblüffte, daß sie (mit »sicher verbundenen« Augen) Gedrucktes lesen konnte und die Finger dabei einige Zentimeter *über* der Seite hielt. Darüber hinaus konnte Lena genauso leicht mit ihren Zehen und Schultern lesen. Sie trennte ohne einen einzigen Fehler die weißen von den schwarzen Schachfiguren. Sie beschrieb ein Bild, das unter einem dicken Bücherstapel verborgen war (siehe meine Bemerkungen über das Ausnutzen von schon vorher eingeprägten Informationen).

In den Vereinigten Staaten veröffentlichte ›Life‹ am 12. Juni 1964 einen langen, unkritischen Artikel von Albert Rosenfeld,[3] dem Berichterstatter, dessen Karte Rosa mit ihrem Ellenbogen gelesen hatte. Die russische Arbeit wird zusammengefaßt und als bedeutender wissenschaftlicher Durchbruch gefeiert. Auf einer Seite wurden farbige Symbole abgedruckt, so daß sich der Leser selbst einem Hautseh-Test unterziehen konnte. Gregory Razran, Leiter des psychologischen Fachbereichs am Queens College in New York, soll gesagt haben, daß vielleicht »eine ganz neue Art der Kraft oder Strahlung« entdeckt worden sei. Razran erwartete »einen explosiven Ausbruch der Forschung auf diesem Gebiet... Ohne Augen zu sehen – man stelle sich einmal vor, was das für die Blinden bedeuten könnte!«

Wir wollen hoffen, daß Razran bei seiner Forschung die Hilfe erfahrener Mentalisten einholen wird. Auf einer im ›Life‹-Artikel gezeigten Photographie, die bei einem seiner Hautseh-Tests aufgenommen wurde, trägt die Versuchsperson eine gewöhnliche Schlafmaske mit den üblichen Schlitzen. Sie greift durch ein Loch in der Mitte einer aus Stoff bestehenden Trennwand und betastet eine von zwei verschiedenfarbigen Platten. Aber nichts hindert sie daran, die andere Hand auszustrecken, den Stoff an ihrem Handgelenk ein wenig zu lockern und dann einen »nose peek« durch die Öffnung zu werfen.

Das amüsanteste an Versuchsanordnungen dieser Art ist die Tatsache, daß es eine einfache, doch nie genutzte Möglichkeit gibt, jegliche visuellen Anhaltspunkte hundertprozentig sicher auszuschließen. Jede Art von Augenbinde ist vollkommen nutzlos, man kann aber einen leichten Aluminiumkasten bauen, der den Kopf der Versuchsperson umschließt und dann auf deren gepolsterten Schultern ruht. Zum Atmen können oben und hinten Löcher eingeschnitten werden, aber das Metall muß das Gesicht und die Seiten bedecken, bis unter das Kinn reichen und wie angegossen am vorderen Teil des Halses anliegen. Ein solcher Kasten macht mit einem Schlag die Augenbinde, die unhandliche Trennwand mit Armlöchern, verschiedene latzartige Vorrichtungen, die bis unter das Kinn gehen, und andere schwerfällige Apparaturen überflüssig, die von Psychologen entworfen wurden, die mit den Methoden der Mentalisten nicht vertraut sind. Kein Versuch, der ohne diesen Kasten über dem Kopf der Versuchsperson durchgeführt wurde, verdient es, ernst genommen zu werden. Es ist die einzige mir bekannte Möglichkeit, visuelle Anhaltspunkte vollkommen auszuschließen. Es bleiben natürlich andere Betrugsmethoden, aber diese sind wesentlich komplizierter, und es ist unwahrscheinlich, daß sie außerhalb des Kreises professioneller Mentalisten bekannt sind.

In ihrer Geschichte aus dem Jahre 1964 versäumt die Zeitschrift ›Life‹ es, ihre Leser an die drei Seiten zu erinnern, die sie 1937 Pat Marquis, »dem Jungen mit den Röntgenaugen«,[4] gewidmet hatte. Pat war zu jener Zeit 13 Jahre alt und lebte in Glendale, Kalifornien. Der ansässige Physiker Cecil Reynolds hatte entdeckt, daß Pat »sehen« konnte, nachdem seine Augen zugeklebt und mit einer Augenbinde bedeckt worden waren. Pat wurde sorgfältig von Reportern und Professoren getestet, sagte ›Life‹, die keinen Schwindel entdecken konnten. Es existieren Photographien von Pat, der mit »fest verbundenen Augen« Tischtennis und Poolbillard spielt und ähnliche Kunststücke vorführt. Natürlich konnte er auch lesen. Reynolds soll gesagt haben, er glaube, der Junge würde mit Lichtrezeptoren in seiner Stirn »sehen«. Pats Fähigkeiten wurden damals auch durch andere Publikationen an die Öffentlichkeit gebracht. Der Junge stimmte schließlich einem Test durch J. B. Rhine von der Duke-Universität zu, der ihn des Schwindels mit Hilfe des »nose peeks« überführte.[5]

Die Wahrheit ist, daß die Behauptung vom Sehen ohne Augen mit ungefähr der gleichen Regelmäßigkeit auftaucht wie die Mär von Seeschlangen. Im Jahre 1898 veröffentlichte der russische Psychiater A. N. Khowrin eine Abhandlung über »eine seltene Form der Hyperästhesie der höheren Sinnesorgane«,[6] in der er die Hautseh-Leistung einer Russin namens Sophia beschreibt. Es existieren noch viele frühere Berichte von Blinden, die Farben mit den Fingern angeben konnten, aber der Begriff »Blindheit« ist relativ, und es gibt keine Möglichkeit mehr festzustellen, wie blind diese Leute wirklich waren. Es ist bezeichnend, daß es in letzter Zeit keinen Fall gab, in dem eine erwiesenermaßen völlig blinde Person sich der Fähigkeit gerühmt hat, mit ihren Fingern Gedrucktes lesen oder sogar Farben ermitteln zu können, obwohl es doch wahrscheinlich wäre, daß ein Blinder diese Talente, wenn sie möglich wären, als erster entdecken und entwickeln würde.

Kurz nach dem Ersten Weltkrieg führte der französische Romanschriftsteller Jules Romains, der sich für das, wie er es nannte, »paraoptische Sehen« interessierte, eine ausgedehnte Reihe von Tests mit Französinnen durch, die trotz einer Augenbinde lesen konnten. Sein Buch ›Vision Extra-Rétinienne‹ sollte von jedem Psychologen sorgfältig gelesen werden, der versucht ist, die russischen Behauptungen ernst zu nehmen,[7] denn aus der Versuchsbeschreibung läßt sich erkennen, daß sich die ehemaligen Tests in nichts von denen unterscheiden, die heutzutage in Rußland durchgeführt werden. Die Überwachung ist genauso mangelhaft, die Methoden der Mentalisten werden ebenfalls ignoriert, es entstehen die gleichen Spekulationen über das Erkennen neuer wissenschaftlicher Grenzen, die gleichen unüberwachten Voraussagen über Möglichkeiten, wie Blinde eines Tages »in der Lage sein werden zu sehen«, und es wird in gleicher Weise über diejenigen gespottet, die skeptisch bleiben. Romains fand heraus, daß das Hautsehen am stärksten in den Fingern auftrat, aber auch in der Haut allgemein und überhaupt in jedem Körperteil präsent war. Romains ist gleich heutigen russischen Verfechtern des Hautsehens davon überzeugt, daß die Haut lichtempfängliche Organe enthält. Seine Versuchspersonen schnitten bei schwachem Licht schlecht ab und konnten bei völliger Dunkelheit überhaupt nicht sehen. Romains glaubte, daß die Nasenschleimhaut besonders farbempfindlich wäre, denn bei schwachem Licht, als die Farben kaum zu erkennen waren, zeigten seine Versuchspersonen die ausgeprägte Tendenz zum »spontanen Schniefen«.

Romains Technik beim Augenverbinden ähnelt der der heutigen Forscher. Klebeband wird über Kreuz über die geschlossenen Augen geklebt. Dann wird ein schwarzes, rechteckiges Seidentuch gefaltet und als Augenbinde benutzt. Manchmal wird in die Spalten an der Nase Watte gestopft, manchmal ein schützender Latz unter das Kinn gelegt (niemals aber ein Kasten über den Kopf gestülpt). Anatole France war zeitweiliger Beobachter bei Romains Arbeit und deren wohlwollender Berichterstatter. Man kann Mitleid für den Schriftsteller empfinden, wenn er sich bei einem amerikanischen Reporter darüber beklagt, daß sowohl die russischen als auch die amerikanischen Psychologen seine Entdeckungen ignoriert hätten und nur »ein Zwanzigstel der von mir gemachten und beschriebenen Entdeckungen wiedergegeben« hätten.[8]

Es war Romains Buch, das die Zauberkünstler in den Vereinigten Staaten wahrscheinlich dazu brachte, sich Darbietungen des Sehens ohne Augen auszudenken. Im Augenblick sind Amateurzauberer auf der ganzen Welt Nutznießer des neu aufgekommenen Interesses am Hautsehen. In meinen Akten befindet sich ein Bericht über Ronald Coyne, einen Jungen aus Oklahoma, der sein rechtes Auge im Alter von sieben Jahren durch einen Unfall verlor. Wenn sein linkes Auge »fest verbunden« ist, liest seine rechte leere Augenhöhle ohne Zögern Gedrucktes. Der junge Coyne ist schon auf vielen Erweckungsveranstaltungen aufgetreten, um das Wunder zu zeigen. »Seit dreizehn Jahren kann er ohne Unterbrechung dort sehen, wo kein Auge mehr vorhanden ist«, steht in einer Anzeige für eine Assembly-of-God-Versammlung in einer Miamier Zeitung. »Man muß wahrhaft sagen: ›Meine Augen haben die Herrlichkeit Gottes gesehen‹.«

Die in den amerikanischen Medien am häufigsten erwähnte Person mit angeblichen Hautseh-Fähigkeiten ist Patricia Stanley. Richard P. Youtz vom psychologischen Fachbereich am Barnard College unterhielt sich eines Tages bei einem Essen der Fakultät über die sowjetische Hautseh-Forschung. Ein ehemaliger Dozent der High School von Owensboro, Kentucky, erinnerte sich, daß Patricia, zu jener Zeit Studentin, jeden mit ihrer Fähigkeit in Erstaunen versetzt hatte, Gegenstände und Farben trotz Augenbinde identifizieren zu können. Youtz verfolgte Patricias Spur bis Flint, Michigan, und 1963 besuchte er sie mehrere Male in Flint, testete sie ungefähr sechzig Stunden lang und erhielt sensationelle Ergebnisse. Diese Resultate wurden von der Presse und von Okkultismus-Zeitschriften wie z. B. ›Fate‹ veröffentlicht.[9] Der nüchternste Bericht, von Wissenschafts-Berichterstatter Robert K. Plumb, erschien am 8. Januar 1964 in der ›New York Times‹.[10] Mrs. Stanley las keine Schrift, schien aber in der Lage zu sein, die Farbe von Testkarten und Stoffstücken durch Reiben mit den Fingern zu identifizieren. Die Arbeit von Youtz lieferte, zusammen mit der der Russen, die Grundlage für Leonard Wallace Robinsons Artikel »We have more than five senses«, in ›New York Times Magazine‹ vom Sonntag, dem 15. März 1964.

Die erste Testrunde von Youtz war meiner Meinung nach zu schlecht angelegt, um visuelle Anhaltspunkte auszuschließen. Ihre Hände wurden durch schwarze Samtärmel mit Gummizug am Handgelenk in einen schwarzen Sperrholzkasten geführt. Der Kasten konnte zum Einlegen des Testmaterials auf der anderen Seite geöffnet werden. Nichts hielt Mrs. Stanley davon ab, eine Testkarte oder ein farbiges Stück Stoff aufzunehmen, eine Ecke davon unter den Gummizug eines Ärmels zu schieben und mit einem einfachen »nose peek« die freigelegte Ecke zu betrachten.

Ein ›New York Times‹-Reporter, der als Beobachter bei Mrs. Stanleys Vorstellung zugegen war, berichtete folgendes: »Mrs. Stanley konzentrierte sich während der Experimente sehr... Manchmal brauchte sie drei Minuten, bis sie sich entscheiden konnte. Sie legte ihre Stirn unter der Augenbinde gegen den schwarzen Kasten, so als ob sie ihn zu durchdringen versuchte. Ihre Kiefernmuskeln arbeiteten, während sie sich konzentrierte.«[11] Während der Konzentration hält sie ein Gespräch mit den Beobachtern aufrecht, wobei sie um Hinweise für ihr eigenes Verhalten bittet.

Youtz kehrt in den letzten Januartagen 1964 für einen zweiten Test nach Flint zurück. Dieses Mal ist er mit größeren Kenntnissen über das Umgehen von Augenbinden (worüber wir mehrere Briefe ausgetauscht hatten) und Plänen für eine bessere Kontrolle gerüstet.[12] Ich konnte ihn leider nicht davon überzeugen, meine Idee von einem Aluminiumkasten über dem Kopf zu übernehmen, aber auch ohne diese Vorsichtsmaßnahme kamen die Ergebnisse nicht über Zufallsergebnisse hinaus. Ein Bericht über diese negativen Resultate erschien nur in der ›New York Times‹, aber in keiner anderen Zeitung oder Zeitschrift, die die positiven Resultate der ersten Testrunde veröffentlicht hatten. Youtz war enttäuscht, aber er schrieb das Versagen dem kalten Wetter zu.[13]

Eine dritte Testrunde wurde am 20. April vor einem aus vier Wissenschaftlern bestehenden Beobachterkomitee durchgeführt. Das Ergebnis war wieder negativ. Im warmen Juniwetter testete Youtz Mrs. Stanley ein viertes Mal über eine Zeitspanne von drei Tagen. Wieder bewegte sich die Vorführung auf der Zufallsebene. Youtz begründet dieses Versagen mit Mrs. Stanleys Müdigkeit.[13] Er ist immer noch davon überzeugt, daß Mrs. Stanley die Fähigkeit hat, mit ihren Fingern Farben zu erkennen, und vermutet, daß sie dies durch die Wahrnehmung winziger Temperaturunterschiede tut.[14] Obwohl die russischen Forscher dies als Erklärung für Rosas Fähigkeiten ausgeschlossen hatten, glaubt Youtz, daß seine Arbeit mit Mrs. Stanley und später dann mit weniger geschickten Barnarder Studenten seine Hypothese letztlich bestätigen wird. Er lehnt es ab, das Phänomen »Sehen« zu nennen. Keine seiner Versuchspersonen offenbarte auch nur die geringste Fähigkeit zum Lesen mit den Fingern.

In der UdSSR haben besser kontrollierte Tests mit Rosa klar den »nose peek« bewiesen, worüber in verschiedenen Artikeln berichtet wurde. Ninel Kulagina, Rosas Hauptrivalin, wurde am Bekkteriw Psychoneurologischen Wissenschafts-Forschungs-Institut in Leningrad sorgfältig getestet. B. Lewedew, Leiter des Instituts, und seine Mitarbeiter fassen ihre Ergebnisse wie folgt zusammen.[15]

Kulagina erhielt im wesentlichen die gleichen Aufgaben wie zuvor, aber unter strengen Kontrollbedingungen und gemäß einem schon vorbereiteten Plan. Der Plan lautet: Experimente, bei denen die Frau die Möglichkeit zum Schmulen und Lauschen hatte, sollten mit Experimenten abwechseln, bei denen jeder Schwindel unmöglich war. Die Frau wußte das natürlich nicht. Wie zu erwarten war, traten nur im ersten Fall außerordentliche Fähigkeiten auf. Im zweiten Fall (unter Kontrolle) konnte Kulagina weder Formen noch Farben unterscheiden...

So wurden die sensationellen »Wunder« durch sorgfältige Kontrollmaßnahmen entlarvt. Es gab keine Wunder irgendwelcher Art, sondern nur ganz gewöhnlichen Betrug.

In einem Brief an ›Science‹ berichtete Joseph Zubin, Biometrie-Forscher am New York State Department of Mental Hygiene, von seinen negativen Testergebnissen mit einem Jugendlichen, der »fließend lesen« konnte, nachdem die Ränder seiner Augenbinde mit Klebeband befestigt worden waren.[16] Frühere Tests bei verschiedenen Wissenschaftlern hatten keine Beweise für visuelle Anhaltspunkte erbracht. Es offenbarte sich jedoch, daß die Versuchsperson die Muskeln im Bereich der Augenbinde anspannte, bis »ein winziger Spalt am Rand entstand. Wurde vor dem Spalt eine undurchsichtige Scheibe angebracht, wurde die Versuchsperson vom Lesen abgehalten. Das geschah aber nicht sofort. Sie hatte ein ausgezeichnetes Gedächtnis und fuhr für ein oder zwei Sätze lang mit dem Lesen fort, nachdem die Sicht zum Material versperrt worden war.« Das Auftragen von Zinksalbe auf die Kleberänder brachte nur zeitweiligen Erfolg, da ein Anspannen der Muskeln neue Spalten hervorrief (die durch die weiße Salbe leichter zu entdecken waren). An den Untersuchungen nahm, wie Zubin berichtet, ein professioneller Magier teil. Zubin nennt ihn nicht namentlich, aber es war James Randi. Die Mehrheit der Psychologen, sowohl in den Vereinigten Staaten als auch in der Sowjetunion, haben sich von dem erneuten Interesse am Hautsehen nicht beeindrucken lassen. Das Versagen der Versuchspersonen, wenn sorgfältige Vorsichtsmaßnahmen durchgeführt wurden, um das Schmulen durch winzige Spalte zu verhindern und das Fehlen angemessener Vorsichtsmaßnahmen in Tests, bei denen positive Resultate erzielt wurden, scheinen die herrschende Skepsis in starkem Maße zu rechtfertigen.

Anmerkungen

1. J. E. Robert-Houdin, ›Confidence d'un Prestidigitateur‹ (Blois, 1858), Kap. 5; ›König der Zauberer‹ (Hg. Alexander Adrian), Düsseldorf 1969).
2. ›USSR 89‹, 32 (1964).
3. A. Rosenfeld, »Seeing color with the fingers«, ›Life 1964‹ 102–13 (12. Juni 1964).

4. »Pat Marqis of California can see without his eyes.« ›Life 1937‹, 57–59 (19. April 1937).
5. J. B. Rhine, ›Parapsychol. Bull. 66‹ 2–4 (Aug. 1963).
6. A. N. Khowrin, in ›Contributions to Neuropsychic Medicine‹ (Moskau, 1898).
7. J. Romains, ›Vision Extra-Rétinienne‹ (Paris, 1919).
8. J. Davy, ›Observer‹, 2. Feb. 1964.
9. P. Saltzman, ›Fate 17‹, 38–48 (Mai 1964).
10. R. K. Plumb, »Woman who tells color by touch mystifies psychologist«, in ›New York Times‹, S. Jan. 1964; siehe auch Plumbs Folgeartikel »6th Sense is hinted in ability to ›see‹ with fingers«, ebda., 26. Jan. 1964. Auch die ›Times‹ veröffentlichte ein Wort des Herausgebers, »Can fingers ›see‹?«, 6. Feb. 1964.
11. »Housewife is unable to repeat color ›readings‹ with fingers«, ›New York Times‹, 2. Feb. 1964.
12. Veröffentlichte Briefe finden sich bei M. Gardner, ›New York Times Magazine‹, 5. Apr. 1964 und bei R. P. Youtz, ebda. 26. Apr. 1964.
13. R. P. Youtz, »The Case for Skin Sensitivity to Color: with a Testable Explanatory Hypothesis«, photokopiert für die Psychonomic Society, Niagara Falls, Ontario, 9. Okt. 1964.
14. Siehe R. P. Youtz, Brief, ›Sci. Amer. 212‹, 8–10 (Juni 1965).
15. B. Lebedew, ›Leningradskaija Prawda‹, 15. März 1964.
16. J. Zubin, ›Science 147‹, 985 (1965).

Nachwort

Das Hautsehen wird auch heute noch von den Anhängern des Paranormalen in den USA und anderswo ernst genommen.

In der UdSSR ist Ninel Kulagina zu noch sensationelleren Demonstrationen ihrer Psi-Fähigkeit übergegangen und ist nun Rußlands am häufigsten erwähntes Medium. Rosa Kuleschowa starb im Jahre 1978, nachdem sie eine Zeitlang in einem Zirkus aufgetreten war. Ihr Ruhm war durch den Ninels in den Schatten gestellt worden.

Vor einigen Jahren aß ich mit Albert Rosenfeld zu Mittag, der zu jener Zeit Wissenschaftsredakteur des ›Saturday Review‹ war. Obwohl wir nicht über seinen ›Life‹-Artikel sprachen, war er doch fest von Uri Gellers Fähigkeit überzeugt, mit Hilfe der Psychokinese Metall biegen und brechen zu können. Gregory Razran starb 1972.

Ronald Coyne, der einäugige Evangelist aus Tulsa, der mit seiner Augenhöhle sieht, ist auf Rundreisen der Pfingstbewegung noch immer gut im Geschäft. Mehr über ihn erfahren Sie in dem 77 Seiten umfassenden Buch ›When God Smiled on Ronald Coyne‹, das von seiner Mutter, Mrs. R. R. Coyne, verfaßt wurde. Es wurde 1952 in Tulsa zum ersten Mal veröffentlicht. Es gibt auch eine Langspielplatte, auf der Coyne seine Geschichte erzählt. 1966 konnte man Buch und Schallplatte vom ›Centre of Evangelism‹, Box 640, Cloverdale, British Columbia, Canada und von Ronald Coyne Revivals, Tulsa, Oklahoma, beziehen.

Eine UPI-Nachricht vom 15. Februar 1980 berichtet von einem Ausbruch des ›Sehens ohne Augen‹ in China. »Mit unseren derzeitigen wissenschaftlichen Kenntnissen«, so sagt die chinesische Zeitschrift ›Natur‹, »können wir ein Phänomen dieser Art noch nicht erklären.« Der Artikel sprach von der Fähigkeit zweier Pekinger Schwestern, Wang Bingn, 11, und Wang Qiang, 13, chinesische Schriftzeichen auf Papier zu erkennen, indem sie sich das Papier unter die Achseln klemmen. In Shanghai, so berichtete der Artikel weiter, gibt es Kinder, die entziffern können, was auf einem Stück Papier steht, das in ihr Ohr gesteckt wurde.

Das israelische Medium Uri Geller führte häufig die von Zauberkünstlern so benannte »Fahrt mit verbundenen Augen« vor – ein Auto wird mit verbundenen Augen gesteuert –, und er benutzt in seiner Standard-Zaubervorführung bei der Darbietung mit der Augenbinde noch immer den primitiven »nose peek« (siehe ›Further Confessions of a Psychic‹ von Uriah Fuller, 1980). In einem, in der Herbstausgabe 1980 von ›Metascience Quarterly‹ veröffentlichten Interview streitet Geller, wie gewöhnlich, ab, jemals Zaubertricks zu benutzen. Als er nach seinen Autofahrten mit verbundenen Augen gefragt wurde, antwortete er: »Es war eine Form der Telepathie. Ich habe damit aufgehört, weil es so leicht von Zauberkünstlern nachgemacht werden kann.« Carl Sagan und ich werden als »niederträchtige Personen« hingestellt.

Der Reverend Richard Ireland aus Tucson, Arizona, führt schon seit Jahrzehnten einen primitiven Akt des »Sehens ohne Augen« vor, wobei er das gewohnte Klebeband über den Augen und eine »sichere« Augenbinde benutzt. Nur der ›National Enquirer‹ hatte ihm Aufmerksamkeit geschenkt, bis er dann im Dezember 1980 plötzlich als das »Medium« auftauchte, das dem Ölhändler Jerry Conser aus Dallas beim Aufspüren von zwei gewaltigen Ölfeldern geholfen hatte. Mr. Conser, der glaubt, daß das derzeitige Aufwallen der Psi-Kraft das zweite Kommen Christi ankündigt, hat die ›Millennium Foundation‹ mit Sitz in San Francisco ins Leben gerufen, um eine Million Dollar für die parapsychologische Forschung bereitstellen zu können.

KAPITEL 4

Targs ESP-Lehrmaschine

In modernen Experimenten zur außersinnlichen Wahrnehmung (ESP) spielen Wahrscheinlichkeit und Statistik eine unentbehrliche Rolle. Nur mit ihrer Hilfe läßt sich bestimmen, ob ESP-Ereignisse tatsächlich aufgetreten sind. Zuerst werden Ziele aufgestellt, die Versuchspersonen raten verschiedene Male, und dann werden die Ergebnisse analysiert, um eventuelle Abweichungen von der Zufallswahrscheinlichkeit feststellen zu können. Die Ergebnisse werden für gewöhnlich handschriftlich niedergelegt, eine Praxis, die zu hartnäckiger Kritik geführt hat. Da diejenigen, die ESP-Daten zu Papier bringen, fast immer fest an ESP glauben, und ihnen oft auch persönlich viel an einem günstigen Ergebnis liegt, spielt die Möglichkeit eine große Rolle, daß der eigene Glaube das Ergebnis beeinflußt.

Diese Beeinflussung kann natürlich vollkommen unbewußt geschehen. Es ist immer wieder gezeigt worden, daß Menschen mit einer starken Überzeugung bei der Aufzeichnung unwissentlich solche Fehler machen, die ihren eigenen Standpunkt begünstigen. In Psychokinese-(PK-)Tests z. B., in denen Versuchspersonen versuchten, den Fall eines Würfels zu beeinflussen, haben versteckte Kameras gezeigt, daß die von PK-Anhängern stammenden Aufzeichnungen deutliche Fehler zugunsten der PK zeigen, während entsprechende Aufzeichnungen von Leuten, die der PK skeptisch gegenüberstehen, die entgegengesetzte Tendenz aufweisen.

Mit dem Aufkommen der Elektronik und der Computer-Technologie sahen viele ESP-Forscher hier einen Weg, sich vor diesen Gefahren zu schützen: den Prozeß so automatisch wie möglich ablaufen zu

Aus ›Scientific American‹, Oktober 1975

lassen. Die Maschine, die einen Zufallsbringer enthält, sucht die Ziele aus. Die Maschine muß dabei so gestaltet sein, daß sie sowohl die Ziele als auch die Rateversuche ständig und unveränderbar aufzeichnet. Es ist wahr, daß auch eine solche Maschine nicht betrugssicher ist; man denke nur an den Skandal im letzten Jahr, als Walter J. Levy, Jr., Direktor von J. B. Rhines Institute for Parapsychology, zurücktrat, nachdem sich herausgestellt hatte, daß er an den Apparaten herumgebastelt hatte, um die Ergebnisse zu verbessern. Aber abgesehen von ausgemachten Manipulationen, stellt ein elektronischer Apparat doch eine ausgezeichnete Möglichkeit dar, unbewußte Erwartungen auszuschließen.

Schon in den 30er Jahren benutzte man hin und wieder verschiedene, eher primitive Geräte, um ESP nachzuweisen. Die ersten größeren Tests mit einer Maschine aber wurden 1962 durchgeführt. Das System hieß VERITAC und war von einem Arbeiter der Air Force Cambridge Research Laboratories entworfen und gebaut worden. Das System wählt nach dem Zufallsprinzip Ziffern zwischen 0 und 9 aus. Es druckt eine Liste der gewählten Ziffern, der Antworten der Versuchspersonen, dem Zeitpunkt jeden Versuchs und der Länge der Zeitspanne zwischen der Auswahl des Ziels und dem Rateversuch aus. Zähler auf der Kontrollkonsole ermöglichen ein sofortiges Zurückgehen auf Ergebnisse. Die Zähler können auf Wunsch aber auch ausgeschaltet werden. Nach jedem Versuchsdurchlauf wird VERITAC solange gesperrt, bis ein Fernschreiber die Daten ausdruckt.

Die Maschine hat drei verschiedene Programme. Beim Hellseh-Programm muß die Versuchsperson die Ziffer erraten, nachdem diese ausgesucht wurde. Beim Präkognitions-Programm geht der Rateversuch der Auswahl der Ziffer voraus. Und beim Programm für allgemeine außersinnliche Wahrnehmung wird das Ziel von jemandem beobachtet, der als telepathischer Sender zu einer Versuchsperson in einem anderen Raum fungiert. Ein Treffer kann also das Ergebnis von Telepathie, Hellseherei oder beidem sein.

In dem Experiment aus dem Jahre 1962 durchlief jede Versuchsperson fünf Runden mit jeweils 100 Versuchen, und das bei jedem der drei Programme, was insgesamt 55 500 Rateversuche ergibt. Bei der Analyse der Ergebnisse zeigte sich weder für die gesamte Gruppe noch für einzelne Individuen eine Abweichung von der Zufallswahrscheinlichkeit. Auch zwischen Anhängern und Nichtanhängern konnten keine bedeutenden Unterschiede festgestellt werden.

C. E. M. Hansel, der dieses historische Experiment in dem Buch ›ESP: A Scientific Evaluation‹ (Scribner's, 1966) schildert, weist darauf hin, daß VERITAC durch seine sofortige Rückmeldung der Ergebnisse an die Versuchsperson eine ideale Lehrmaschine darstellte. »Mit der VERITAC-Maschine könnten die Versuchspersonen lange Übungsstunden durchführen, so daß jede möglicherweise vorhandene ESP-Fähigkeit verstärkt werden könnte. Hiermit hätten die Parapsychologen sowohl eine Test- als auch eine Trainingsmaschine. Die Maschine könnte auch so abgewandelt werden, daß sie nach jedem Treffer eine Belohnung und nach jedem Fehlversuch eine Bestrafung, z. B. einen leichten elektrischen Schlag, liefert. In diesem Fall wäre sie dann eine Konditionierungs-Maschine...«

»Wenn eine zwölfmonatige Forschung mit VERITAC die Existenz von ESP nachweisen kann«, so schreibt Hansel auf der letzten Seite seines Buches, »wird die geleistete Forschungsarbeit nicht umsonst gewesen sein. Wird ESP nicht nachgewiesen, können weitere Mühen erspart werden, und die Energie vieler junger Wissenschaftler könnte auf sinnvollere Nachforschungen gelenkt werden.«

Die meisten Parapsychologen standen dieser Art von ESP-Tests nicht gerade wohlwollend gegenüber. Eine Ausnahme bildete Russell Targ, der zur damaligen Zeit als Physiker bei Sylvania Electric Products arbeitete und auf Laser- und Plasmaforschung spezialisiert war. 1966, also in dem Jahr, in dem Hansels Buch erschien, war in einer kurzen Notiz in ›Electronics‹ (26. Dezember, S. 36) zu lesen, daß Targ an einem von David B. Hurt (Techniker bei Fairchild Camera and Instrument) entworfenen ESP-Lehrkasten arbeitete. Die Versuchsperson muß erraten, welcher von vier Knöpfen aufleuchten wird, steht in der Notiz, und der Kasten »gibt sowohl durch Strafe als auch durch Belohnung Verstärkung«.

Fünf Jahre später entwarfen und bauten Targ und Hurt mit einem Zuschuß der Parapsychology Foundation (die von dem bekannten spiritistischen Medium Eileen J. Garrett gegründet wurde) ein fortschrittlicheres Gerät zum Lehren von ESP. 1972 wurde Targ von den Electronics and Bioengeneering Laboratories des Stanford Research Institutes (SRI) angestellt. Seit dieser Zeit beschäftigen er und sein

52

Mitarbeiter Harold E. Puthoff, ein Physiker und Scientologe, der ein Jahr zuvor zum SRI-Stab gekommen war, sich mit Parapsychologieforschung. Ihre Versuche mit einer ESP-Lehrmaschine sind der zweite Meilenstein in dem Versuch, die Existenz von ESP-Fähigkeiten beim Menschen mit einem elektronischen Apparat nachzuweisen.

Die Forschung wurde durch einen 80000-Dollar-Zuschuß der National Aeronautics and Space Administration ermöglicht, wobei das Jet Propulsion Laboratory des California Institute of Technology die Organisation übernahm. Der 61 Seiten umfassende Abschlußbericht wurde im August letzten Jahres unter dem Titel »Development of Techniques to Enhance Man/Machine Communication« vom SRI veröffentlicht. Die Autoren sind Targ, Phyllis Cole und Puthoff. Da Targ Senior der Gruppe war, werde ich von nun an nur noch seinen Namen benutzen.

Der Bericht wurde nicht für geheim erklärt. Auf seiner Titelseite steht, daß er zum Zwecke der Verteilung erstellt worden sei, »im Interesse des Informationsaustausches«. Da die Arbeit mit öffentlichen Geldern finanziert wurde, ist jeder daran Interessierte berechtigt, das SRI um ein Exemplar zu bitten. Die Adresse ist Menlo Park, Calif. 94075. Mir wurde gesagt, daß von diesem Bericht nur 50 Exemplare gedruckt wurden, die schon längst verteilt sind, daß das SRI aber die Genehmigung habe, jederzeit weitere Kopien herstellen zu lassen. Wir wollen nur hoffen, daß von dieser Möglichkeit Gebrauch gemacht wird, denn es handelt sich um einen wichtigen Bericht, zu dem jeder ernsthaft an der Parapsychologie Interessierte Zugang haben sollte.

Wir wollen nun einen Blick auf Targs Maschine werfen. Modelle dieser Maschine werden von Aquarius Electronics in Alboin, Kalifornien, gebaut. (Ähnliche und kompaktere Modelle werden auch von anderen Firmen hergestellt.) Auf der Maschine sind vier quadratförmige Felder, von denen jedes eine farbige, transparente Fläche zeigen kann. Bevor jedoch ein Bild freigegeben wird, wählt ein Zufallsbringer in der Maschine eines der vier Bilder als Ziel aus. Die Versuchsperson versucht, das Ziel zu erraten und zeigt ihre Wahl durch Drücken des dem Feld am nächsten liegenden quadratischen Knopfes an. Sobald die Versuchsperson ihre Wahl anzeigt, geht hinter dem korrekten Zielbild ein Licht zum Feedback und zur Verstärkung an. Bei einem Treffer klingelt es. Ein Zählwerk zur Rechten der Felder zeigt die Anzahl der Versuche (von 1 bis 25) an. Ein zweites Zählwerk zeigt die Anzahl der Treffer.

Wenn eine Versuchsperson das Gefühl hat, den richtigen Knopf nicht zu »wissen«, kann sie einen »Pass«-Knopf unter den Feldern drücken, und es wird kein Versuch aufgezeichnet. Ein weiterer Knopf zur Rechten des »Pass«-Knopfes setzt das Zählwerk auf Null zurück. Über den Feldern befinden sich fünf »Ermutigungsfenster« zur zusätzlichen Verstärkung. Die erste Inschrift »Guter Start« leuchtet nach sechs Treffern auf und erlischt beim achten Treffer. Die zweite Inschrift »ESP-Fähigkeit vorhanden« leuchtet bei acht Treffern auf. »Nützlich in Las Vegas« erscheint beim zehnten Treffer. Zwölf Treffer lassen »Außergewöhnliche ESP-Fähigkeit« aufleuchten und vierzehn Treffer »Übersinnliche Kräfte, Medium, Seher«.

Zur Linken der Felder liegt ein Drehschalter. Während des gesamten NASA-Projekts war die Maschine auf Hellsehen gestellt. Der Schalter kann auch auf Präkognition und Telepathie gestellt werden. Für Telepathie-Tests muß man ein »Telepathie-Zwischenstück« in die Output-Vorrichtung des Modells stecken. Dieser Nebenkasten, der mit der Lehrmaschine durch ein ca. 10 cm langes Kabel verbunden ist, übermittelt das Ziel an einen telepathischen Sender in einem anderen Raum, der das Ergebnis sieht, bevor die Versuchsperson ihre Wahl trifft. Ein Bericht von Puthoff und Targ, der als Kapitel 22 der von dem Astronauten Edgar D. Mitchell und von John White verfaßten Anthologie ›Psychic Exploration‹ (Putnam's, 1974) veröffentlicht wurde, schildert die Arbeit mit einem früheren Modell dieser Maschine in Präkognitionsstellung. Die beiden Autoren präsentieren ihre Theorie, daß jedes Ereignis Wellen aussendet, die sich in der Zeit rückwärts fortpflanzen, aber schnell zerfallen. Je näher das Ereignis der Präkognition ist, um so stärker ist die Präkognition; aus diesem Grund wurde die Maschine so entworfen, daß sie ihr Ziel mit einer Verzögerung von einer Viertel bis einer Sekunde auswählt, nachdem die Wahl getroffen wurde. Die Autoren glauben, daß das »bekannte ›Déjà-vu‹-Phänomen die häufigste Form der Präkognition darstellt«, und es sich hierbei nicht (wie manche Parapsychologen behauptet haben) um die verschwommene Erinnerung einer in einer früheren Inkarnation gemachten Erfahrung handelt. Sie sind eben-

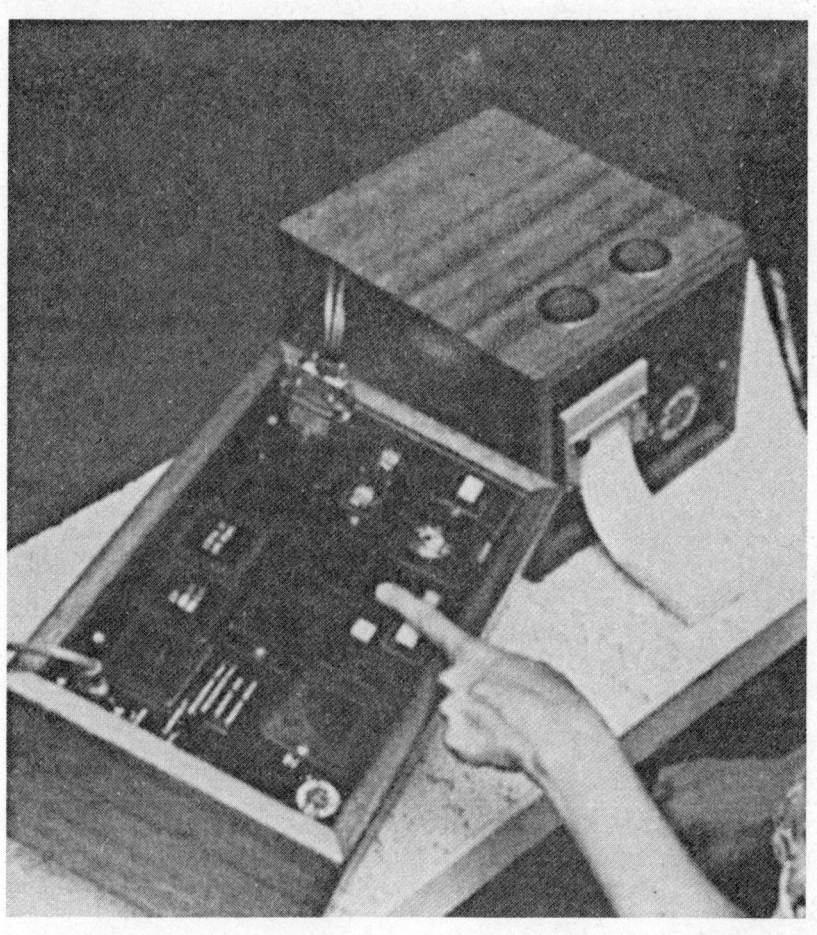

Eine Versuchsperson arbeitet mit Targs ESP-Lehrmaschine

```
0 0 0 0 0 4 —— zurückgestellt
2 5 0 7 2 0
2 4 0 7 1 2
2 3 0 7 0 3
2 2 0 7 3 0
2 1 0 7 0 0 —— Treffer
2 0 0 6 0 3
1 9 0 6 0 1
1 8 0 6 1 0
1 7 0 6 2 2 —— Treffer
1 6 0 5 0 3
1 5 0 5 2 0
1 4 0 5 2 0
1 3 0 5 2 7 —— Pass
1 3 0 5 2 3
1 2 0 5 3 3 —— Treffer
1 1 0 4 3 0
1 0 0 4 2 1
0 9 0 4 2 2 —— Treffer
0 8 0 3 1 3
0 7 0 3 0 0 —— Treffer
0 6 0 2 3 7 —— Pass
0 6 0 2 2 7 —— Pass
0 6 0 2 0 3
0 5 0 2 2 2 —— Treffer
0 4 0 1 0 3
0 3 0 1 2 0
0 2 0 1 1 1 —— Treffer
0 1 0 0 2 1
```

Auf Papierstreifen aufgezeichneter Versuch an einer ESP-Maschine

Versuch Punktzahl   Wahl der Maschine   Wahl der Versuchsperson falls davon überzeugt, daß das Erwachen kurz vor dem Klingeln des Weckers ein weiteres geläufiges Beispiel der Präkognition ist. Da es sich hierbei um ein »wichtiges, pünktlich stattfindendes, unerfreuliches Ereignis handelt, macht seine, sich in der Zeit zurück bewegende Welle einen starken Eindruck auf das schlafende Gehirn.

Zurück zur Hellseherei. In der ersten Phase von Targs NASA-Projekt wurden zwei Individuen unter informellen Bedingungen getestet. Versuchsperson A1, von der nur bekannt gegeben wurde, daß es der Sohn eines SRI-Wissenschaftlers war, arbeitete mit der Maschine zu Hause, wobei sein Vater über die Daten Protokoll führte. Versuchsperson A2, ein nicht am SRI arbeitender Wissenschaftler, arbeitete im Labor mit eigenen handschriftlichen Aufzeichnungen. Versuchsperson A1 machte 9600 Versuche und kam auf eine durchschnittliche Trefferquote von 26,06 zu 100. Das *Gefälle* seiner Lernkurve stieg um den Wert 0,077 an. Versuchsperson A2 erreichte einen Mittelwert von 30,50 Treffern bei 1400 Versuchen und einen Lernerfolg von 0,714. Das waren ermutigende Ergebnisse, aber wegen der fehlenden Kontrollmaßnahmen wurde dieser Abschnitt Phase 0 genannt und stellte nur eine Pilot-Studie dar.

In Phase 1 wurden die Kontrollen durch das Anschließen eines Druckers an die Maschine etwas verschärft. Die Abbildung auf S. 56 zeigt einen typischen Ausdruck. Der Drucker zählt die Anzahl der Versuche von 1 bis 25 (ein »pass« wird nicht mitgezählt), zeichnet die Zielwahl der Maschine (0 bis 9), den Rateversuch und die momentane Gesamtsumme der Treffer auf.

Von den 145 freiwilligen Versuchspersonen von Phase 1 waren 100 »Angestellte, Verwandte oder Freunde« von SRI. (79 Erwachsene und 21 Kinder unter 15 Jahren). Alle arbeiteten allein in einem SRI-Laboratorium und machten ihre eigenen Aufzeichnungen. Jeder von ihnen arbeitete an zwei oder mehr Maschinen an verschiedenen Orten. Zweiundzwanzig Versuchspersonen im Schulalter wurden in einer Privatschule von einem Experimentator überwacht. Die restlichen dreiundzwanzig Versuchspersonen, Schüler einer öffentlichen Schule, von denen einige etwas älter waren, machten die Tests unter Aufsicht ihrer Lehrer.

Das Gesamtergebnis der 145 Versuchspersonen bewegte sich sowohl bei den ESP- als auch bei den Lerntests auf der Zufallsebene.

Ein in einer Privatschule ausgegebener Fragebogen enthüllte, daß 15 von den 22 Versuchspersonen tatsächlich versucht hatten, niedrige Trefferquoten zu erzielen. Targ schreibt: »Die Tendenz, mit verschiedenen Möglichkeiten des Interagierens mit der Maschine zu experimentieren, wurde bei der Aufzeichnung und Auswertung der Daten nicht in Betracht gezogen.« Die Lernkurve von 9 der 145 Versuchspersonen verlief leicht ansteigend, und 11 zeigten bemerkenswerte ESP-Fähigkeiten. Bei keinem war ein Zurückgehen der Leistung zu verzeichnen.

Targ war sich der Tatsache bewußt, daß die Kontrollmaßnahmen der Phase 1 viel zu locker waren, um die Investitionen der NASA zu rechtfertigen. Obwohl er es nicht aussprach, läßt sich doch leicht erkennen, wie sich bestimmte Erwartungshaltungen eingeschlichen haben könnten. Die 100 SRI-Angestellten, -Verwandten und -Freunde wurden nicht überwacht. Man kann annehmen, daß ein großer Teil von ihnen ESP-gläubig war. Auf die weitere Annahme, daß kein bewußter Betrug stattgefunden hat, stellt sich die Frage nach dem Wirken der unbewußten Erwartungen.

Die offensichtlichste Möglichkeit liegt in der Entscheidung, ob ein auf einem Papierstreifen aufgezeichneter Durchlauf von 25 Versuchen gewertet oder verworfen werden sollte. Nehmen wir eine unerwartete Störung an: Jemand betritt den Raum, draußen ertönt eine Feuerwehrsirene, ein Telefon klingelt. Hat der Durchlauf eine geringe Trefferquote, könnte das Gefühl aufkommen, das Geräusch hätte die ESP gestört, und der Durchlauf sollte aus diesem Grund nicht gezählt werden. Oder es könnte eine weitere Störung vorliegen, die die Ungültigkeit des Durchgangs rechtfertigt. Die Füße der Versuchsperson schlafen ein, ihr Kopf beginnt zu schmerzen, störende Gedanken kreuzen auf usw. Ihr Finger könnte umhertasten und ihr den Eindruck vermitteln, den falschen Knopf gedrückt zu haben. Versetzen Sie sich selbst einmal in die Lage einer nicht überwachten Versuchsperson. Stellen Sie sich nun vor, es kommt zu irgendeiner der oben erwähnten Störungen, die ein Grund wäre, den Durchgang nicht zu werten. Sie stellen jedoch fest, daß der Durchgang eine hohe Trefferquote hat. Würden Sie ihn werten oder nicht?

Stellen Sie sich weiterhin vor, Sie würden sich, allerdings vage, für einen Übungslauf entscheiden. Angenommen, Sie sehen nun, daß sich die Treffer auf dem Zähler häufen, wäre es dann nicht einfach, sich selbst weiszumachen, ein Übungslauf wäre überhaupt nicht geplant gewesen? Sie bewahren den Durchgang auf. Wäre die Trefferquote niedrig gewesen, hätten sie ihn verworfen.

All das gilt natürlich auch für die Schüler. Wie genau hat der Experimentator die Schüler in der Privatschule überwacht? Hat er die ganze Zeit über zugeschaut, oder hat er gelegentlich ein Buch gelesen oder den Raum verlassen? Und hätte der Experimentator energisch widersprochen, wenn ein Schüler ihm erklärt hätte, warum er einen Durchlauf nicht gewertet haben möchte?

Wie sorgfältig haben die Lehrer die Schüler in der öffentlichen Schule überwacht? Targ teilt uns mit, daß sich viele Versuchspersonen »über die herrschenden Geräusche und das Durcheinander« beschwert hätten. Und wieder: »Mehrere Dutzend Teilnehmer der Phase 1 beschwerten sich über das Geratter des Druckers, das sie als Ablenkung empfanden.« Es ist keine Vermutung, daß Targ die Papierstreifen mit den Aufzeichnungen zerrissen und als Schnipsel zu Gesicht bekam.

Targ erkennt die Schwächen des experimentellen Aufbaus dieser Phase ganz klar. Es ist der Aufbau eines Physikers, der darin geübt ist, physikalische Gesetze zu untersuchen – Gesetze, die keine psychologischen Marotten zur Schau stellen. Ein Experimentalpsychologe hätte einen Drucker konstruiert, der eine nicht zu verändernde Aufzeichnung aller Versuche gemacht hätte. Die Versuchspersonen hätten mit Versuch 1 zu beginnen bis zu einem vorher festgelegten, sowohl von dem Experimentator als auch von der Versuchsperson anerkannten Limit fortzufahren und dann eine unbeschädigte Aufzeichnung abzuliefern. Man hatte sich bei der Gestaltung von VERITAC große Mühe gegeben, Erwartungshaltungen durch Aufzeichnung einer jeden Versuchsdauer im Keime zu ersticken. Zu Targs Verteidigung sollte erwähnt werden, daß die Phase 1 für ihn nicht mehr war, als ein locker in Szene gesetzter Prozeß zur Ermittlung der Versuchspersonen mit den höchsten Trefferquoten, also eine Vorbereitung auf die Phase 2, in der alle psychologischen Erwartungshaltungen eliminiert werden würden. Zu diesem Zweck wurde ein Fernschreiber so in das System eingeschaltet, daß zusätzlich zum Papierausdruck eine Aufzeichnung aller Versuche auf Lochstreifen festgehalten wurde. Der Lochstreifen war nicht nur zum Festhalten einer Gesamtaufzeichnung notwendig, sondern sollte auch das Lesen und die Analyse durch den Computer vereinfachen. Der Lochstreifen wurde dem Computer auf der Basis Versuch nach Versuch eingegeben. Der Computer analysierte die Daten, während die Entscheidungen getroffen wurden.

Nur die besten Versuchspersonen aus den Phasen 0 und 1 nahmen teil. Es waren insgesamt 12, einschließlich der Versuchsperson A2 aus Phase 0. (Versuchsperson A1, ein Student, hatte die Gegend verlassen, um zum College zurückzukehren.) 11 Versuchspersonen wurden aus Phase 1 ausgewählt. Wegen der Beschwerden über die Geräusche des Druckers in Phase 1 wurde der Drucker zusammen mit dem Fernschreiber in einem anderen Raum aufgebaut, und zwar im Büro des Versuchsleiters, wo sie für die Versuchspersonen unerreichbar waren.

Das endgültige Ergebnis von Phase 2 muß für Targ enttäuschend gewesen sein. Keine einzige Versuchsperson erreichte mehr als Zufallstreffer. Keine Versuchsperson zeigte eine bemerkenswerte Lernkurve. Kurz gesagt, das Experiment war ein Fehlschlag.

Eine Erscheinung in Phase 2 ist von ungewöhnlichem Interesse. Der Versuchsperson A13, »die in anderen, am SRI durchgeführten Tests einige paranormale Fähigkeiten gezeigt hatte«, wurden folgende Belohnungen angeboten: 1 Dollar für 10 Treffer bei 25 Versuchen, 2 Dollar für 11 Treffer, 5 Dollar für 12, 10 Dollar für 13 und 20 Dollar für 14 Treffer.

Rhine hat schon immer seine Überzeugung zum Ausdruck gebracht, daß finanzielle Motivation (unter anderen) die ESP in hohem Maße ansteigen läßt. »Die Motivation der Versuchsperson, eine hohe Punktzahl zu erreichen«, so schrieb er 1964, »ist lange Zeit als die geistige Variable hervorgetreten, die auf das engste mit dem ›Betrag‹ des sich in Testergebnissen zeigenden Psi-Effekts verbunden ist.« Zur Unterstützung seiner Hypothese erinnert Rhine unweigerlich an die berühmte Begebenheit aus dem Jahre 1932, als Hubert Pearce, sein Star, bei einem Durchgang alle 25 ESP-Karten richtig erriet – ein Wunder, legt man statistische Kriterien zugrunde. Rhine hatte Pearce durch das Angebot von 100 Dollar für jeden richtigen Treffer motiviert. Die Endsumme von 2500 Dollar war so hoch, daß er Pearce sagen mußte, er habe es nicht wirklich so gemeint. Das hat auf mich immer den Eindruck eines schmutzigen Tricks gegenüber Pearce gemacht, der in jenen Tagen der Depression wirklich arm war.

Seit damals hat Rhine von vielen weiteren perfekten Durchgängen (25 Treffer) berichtet, die gewöhnlich nach irgendeiner Art von Motivation erzielt wurden. Der beachtenswerteste ist einer aus dem Jahre 1936, bei dem einer von Rhines Mitarbeitern Lillian, eine Neunjährige, testete, die in einer Gruppe von Kindern die höchste Trefferquote erreicht hatte. Rhines Bericht von 1964 lautet:

»Eines Tages, nach einer ungewöhnlich hohen Punktzahl, blickte sie aus dem Fenster, ein glückliches kleines Lächeln auf ihrem Gesicht.

›Sagen Sie nichts‹, sagte sie, ›ich versuche etwas.‹

Der aufmerksam gewordene Experimentator hob die Karten zur Sicherheit noch einmal ab.«

Rhines Bericht von 1964 geht weiter: »Vor dem Durchgang machte das Kind eine Pause, legte die Karten nieder, bewegte mit geschlossenen Augen seine Lippen, als ob es zu sich selbst sprach. Es spielte die Karten aus und schien seinen Blick dabei nicht einmal auf deren Rücken zu richten.«

Offenbar hatte Rhine das Risiko von Bargeld-Offerten erkannt. In diesem Fall waren Lillian vorher 50 Cent versprochen worden, falls sie alle Punkte erreichen würde. Man kann annehmen, daß sie das Geld bekommen hat. In der darauffolgenden Woche in Rhines Laboratorium versagten Lillians Kräfte, als sie versuchte, ESP-Karten in versiegelten Umschlägen zu erraten. Bei einem dieser Tests jedoch kam sie auf 24 Fehlschläge. Rhine betrachtet dies als einen »fast vollkommenen« Beweis von »Psi-Verfehlung« oder ESP-Vermeidung des Ziels.

Es gibt Beispiele von Situationen, in denen Versuchspersonen die Gesamtpunktzahl erreichten, und in denen, wie Rhine glaubt, eine starke Motivation die Hauptrolle spielt. Nicht ein einziges Mal zieht er die Möglichkeit in Betracht, daß starke Motivation clevere Versuchspersonen auch zum Betrug animiert. Magier können uns 20 einfache Wege aufzeigen, wie man einen perfekten Durchlauf mit ESP-Karten erzielt. Sie reichen vom Erkennen der großen, reflektierten ESP-Symbole in den Brillengläsern des Experimentators (unter bestimmten Bedingungen kann man die Reflektion auch in den Pupillen von Leuten sehen, die keine Brille tragen) bis hin zu fast kaum wahrnehmbaren Fingernägelkerben entlang der Kartenränder und noch subtileren Methoden, die ich hier lieber nicht enthüllen möchte (auf die aber jedes findige Kind von allein stoßen wird). Es ist bezeichnend, daß unter strengen Kontrollbedingungen kein einziger fehlerfreier Durchgang (25 Versuche) gelang, trotz Rhines hartnäckiger Überzeugung, daß die Erfolgschancen in den unkontrollierten Fällen tatsächlich bei $1/5^{25}$ oder 1 zu 298 023 223 876 953 125 lagen.

Es besteht nur wenig Zweifel, daß Targs Geldofferte der Versuchsperson A13 einen starken Anreiz gegeben hat. »Er war«, wie Targ es ausdrückt, »sehr, sehr stark motiviert, bei den Versuchen zu gewinnen.« Von über 20 000 Versuchen wurden ungefähr 13 500 unter Zahlungsvereinbarung durchgeführt. Doch leider blieb das Angebot ohne Wirkung. Die Trefferquote der Versuchsperson A13, die genau auf dem unveränderbaren Lochstreifen aufgezeichnet wurde, blieb auf der Zufallsebene. Die Ergebnisse bestätigten zahlreiche Versuche von ESP-Gegnern, die keine Verbindung zwischen Motivation und ESP erbracht haben. Solche Fehlschläge werden im allgemeinen nicht an die Öffentlichkeit gebracht, da sie keinen Neuigkeitswert haben. Richard C. Sprinthall und Barry S. Lubetkin veröffentlichten die Ergebnisse eines solchen Tests im ›Journal of Psychology‹ (Band 60, 1965, S. 313–318). Fünfundzwanzig freiwillige Studenten wurden gebeten, bei einem Durchgang von 25 Versuchen ESP-Karten zu erraten. Fünfundzwanzig weitere Studenten erhielten den gleichen Test, nur wurde ihnen die feste Zusage gemacht, daß jeder, der die Punktzahl 20 erreichte, 100 Dollar erhielt. Die höchste Punktzahl unter den 50 Studenten war 10. Die Gesamttrefferquote bewegte sich auf der Zufallsebene. Der Mittelwert der unmotivierten Gruppe lag mit 5,56 leicht über dem der motivierten mit 5,40.

Wann immer ein bedeutendes Experiment, wie der SRI-Test mit Targs Maschine, zu einem Fehlschlag wird, fühlen die Parapsychologen selber eine starke Motivation, diesen Fehlschlag zu begründen. Wird der Test von einem skeptischen Psychologen überwacht, oder war ein Skeptiker als bloßer Beobachter zugegen, berufen sich die Parapsychologen als Entschuldigung gern auf eine Art Trick 17: Skepsis zerstört die subtilen Methoden von Psi. Dieser Kniff ist nur der Parapsychologie zu eigen. In anderen Wissenschaften wird ein Fehlschlag bei Wiederholung des Experiments durch einen zweifelnden Wissenschaftler als Gegenbeweis gewertet. Da die Psi-Kräfte durch Zweifel nachteilig beeinflußt werden sollen, lassen sich die Parapsychologen jedoch von einem Fehlschlag bei Wiederholungen nicht beeindrucken, es sei denn, einer ihrer Anhänger hätte diesen Fehlschlag erlitten. In diesem Fall war kein Skeptiker anwesend, und so wandte sich Targ Kniff 18 zu.

Kniff 18 behauptet, daß die Psi-Kräfte von Komplexität negativ beeinflußt werden. Rhine drückte es einmal folgendermaßen aus: »... ausgearbeitete Vorsichtsmaßnahmen fordern ihren Tribut. Experimentatoren, die auf diesem Gebiet schon lange gearbeitet haben, konnten beobachten, daß das Erreichen hoher Punktzahlen in dem Maße erschwert wird, in dem das Experiment komplizierter, schwerfälliger und unbeweglicher wird. Vorsichtsmaßnahmen wirken für gewöhnlich, aus ihrer Natur heraus, ablenkend.« Kniff 18 erzielt ein wahrhaft bemerkenswertes Ergebnis. Er macht es unmöglich, die Psi-Kräfte durch Tests nachzuweisen, die auch die Skeptiker überzeugen würden, die die große Mehrheit unter den professionellen Psychologen bilden. Solange informell und unter nachlässigen Kontrollbedingungen getestet wird, erhält man Resultate. Werden die Kontrollen strenger, wird das Experiment unweigerlich komplizierter, und die Trefferquoten fallen.

Wir wollen nun einen Blick auf Targs Darstellung werfen. »Zuerst einmal waren sich die Versuchspersonen voll und ganz darüber im klaren, sich in einer Testsituation zu befinden, trotz aller Versuche, eine ruhige, angenehme, nicht furchteinflößende Atmosphäre zu schaffen. Alle wußten, daß sie wegen ihrer guten Leistung in der Phase 1 ausgewählt worden waren, und dieses Wissen erzeugte Spannungen verschiedensten Grades...

Die Versuchspersonen dieses Experiments haben sich ohne Ausnahme über die neuen experimentellen Bedingungen beschwert, insofern, als ›es ein ganz anderes Gefühl ist, an einen Computer angeschlossen zu sein‹, obwohl die neuen Arbeitsbedingungen im Vergleich zu denen der Pilotstudie wesentlich ruhiger und angenehmer waren. Wir haben eine beträchtliche Zeit mit der Befragung der früheren Versuchspersonen mit hoher Punktzahl verbracht, d. h. mit denen, die sich am besten ausdrücken konnten. Aus dieser Unterhaltung konnten wir schließen, daß der Grad ihres Vertrauens niedriger war, wenn sie mit dem an die Lehrmaschine angeschlossenen Drukker arbeiteten, als wenn sie von einem Experimentator beobachtet wurden. Und sie fühlten sich am stärksten beunruhigt, wenn der Fernschreiber zur Lochstreifenherstellung eingeschaltet wurde. Wir haben keine Nachforschungen angestellt, um diese Wahrnehmungen zu bestätigen, aber sie werden sicherlich durch die Abnahme der Trefferquote unterstützt, die wir beobachten konnten, als wir im Verlauf des Programms nacheinander mit den drei verschiedenen Aufzeichnungstechniken gearbeitet haben.«

Zu keinem Zeitpunkt zieht Targ in Erwägung, daß Phase 2 die Existenz hellseherischer Kräfte verneint. Er fährt fort: »Mit Bezug auf Argumente von E. P. Wigner... können wir die Hypothese aufstellen, daß zunehmende Komplexität im System zur Beobachtung eines Geschehens eben dieses Geschehen in zunehmendem Maße für ›Beobachter‹-Effekte sensibilisiert. Aus diesem Grunde können wir es mit einer Situation zu tun haben, in der der komplexere Aufbau zur Beobachtung der Leistung einer Versuchsperson zu einer verstärkten Unruhe seines Wahrnehmungskanals führt.«

Das ist natürlich die Stimme eines Physikers, der mit Beobachter-Effekten aus der Quantenmechanik vertraut ist. Es ist nicht die Stimme eines Psychologen. In diesem Fall ist der »Beobachter« nicht einmal eine Person. Es ist ein Computer in einem anderen Raum!

Was soll Targ tun? Mit einem wichtigen, ergebnislosen Experiment wäre es verständlich, wenn er einen Weg suchen würde, einige der besten Versuchspersonen aus den beiden Pilotphasen zu »rehabilitieren« (seine Worte). Gibt es eine bessere Möglichkeit, als die »komplexen« Kontrollen der Phase 2 fallenzulassen und zu den fehlenden Kontrollen der Phase 0 zurückzukehren?

Für die Phase 3 wurden acht Versuchspersonen ausgewählt. Von sieben wurden keinerlei Ausdrucke angefertigt; sie wurden lediglich von einem Experimentator beobachtet. Ihre Ergebnisse blieben auf der Zufallsebene. Die achte Versuchsperson, A3 in Phase 1, bat darum, den Drucker benutzen zu dürfen und arbeitete ohne Beobachter. Es wurde ihr gestattet, beliebig viele Übungsdurchläufe zu machen, und in der Tat kam sie auf 4500 Übungsversuche im Gegensatz zu 2500 »richtigen« Rateversuchen. Ihre Trefferquote bewegte sich bei den Übungsdurchläufen auf der Zufallsebene. Ihre »richtigen« Durchläufe zeigten geringe ESP-Werte und eine bescheiden ansteigende Lernkurve.

Diese teilweise rehabilitierte Versuchsperson ist die einzige, deren Identität in dem Bericht enthüllt wird. Es handelt sich um Duane Elgin, einen am SRI arbeitenden Analytiker der politischen Wissenschaften. Der Bericht schließt mit einem Anhang, in dem Elgin seinen festen Glauben an ESP bekundet und eine Betrachtung über seine Reaktion auf den Fehlschlag von Phase 2 anstellt. Am meisten hatte ihn, wie er schreibt, das ständige Durcheinander darüber gestört, ob sich sein Gehirn nun im Zustand des Hellsehens oder in dem der Präkognition befände. Versuchte er bei einem Rateversuch, das gerade ausgewählte Bild zu erraten, oder visierte er im Geist das Bild an, das als nächstes gewählt werden würde? Targ trug viel zu dieser Konfusion bei, die er hofft, in zukünftigen Experimenten mindern zu können. Man fragt sich, warum Elgin sich nicht auch darüber Gedanken machte, daß seine PK-Kräfte den Zufallsbringer veranlassen könnten, als nächstes das von ihm intendierte Bild zu wählen. (Diese Möglichkeit war von Targ nicht übersehen worden. 1972 hatte er angekündigt, daß diese PK-Hypothese Gegenstand einer zukünftigen Untersuchung sein wird.) Elgin schließt mit der Bekundung seiner Überzeugung, daß die Tests eine wertvolle Übung für seine »übersinnlichen Muskeln« waren. Er hat das Gefühl, in »anderen Situationen, in denen er ESP-Fähigkeiten gebrauchen könnte, insbesondere bei Telepathie, Präkognition und bei Hellseherei, viel besser zu sein«.

Die Geschichte vom Fehlschlag dieses kostspieligen Experiments ist fast ein Musterbeispiel für das, was sich in der ESP-Forschung schon viele Male zugetragen hat. Versuchspersonen mit hohen Resultaten werden zuerst durch nur locker kontrollierte Prüfungen ausgewählt, und dann, bei weiteren Tests unter besseren (d. h. komplexeren) Kontrollbedingungen schwinden ihre Psi-Kräfte auf mysteriöse Weise. Zusätzlich zu Trick 17 und Trick 18 haben die Parapsychologen noch einen Haufen guter Tricks auf Lager. Trick 19 besagt, daß Versuchspersonen mit hohen Trefferquoten dazu neigen, ihre Kräfte aus unerfindlichen Gründen zu verlieren. Die Fähigkeit von Versuchsperson A3 kehrte zurück. Trotzdem, und ungeachtet der Tatsache, daß Targ den ausdrücklichen Wunsch hatte, die Tests auf eine Art und Weise zu wiederholen, die die ehrfurchtgebietende Komplexität eines Computers vermeiden sollte, der die Versuche von einem entfernten Ort aus »beobachtet«, entschied die NASA gegen weitere Zuschüsse.

Nachwort

Mein Artikel im ›Scientific American‹ wurde von den wahren Gläubigen verständlicherweise nicht allzugut aufgenommen. Gertrude Schmeidler schrieb den noch freundlichsten Brief, in dem sie mich hauptsächlich dafür rügte, Helmut Schmidts und Charles Tarts Anwendung maschineller Aufzeichnungen nicht erwähnt zu haben. Tart erhitzte sich in erster Linie darüber, daß ich seine eigene Arbeit mit Maschinen nicht erwähnt hatte, und daß ich Puthoff einen Scientologen genannt hatte.

»Heißt das«, fragte Tart, »wir sollten jedem Wissenschaftler argwöhnisch gegenüberstehen, der mit außerhalb der orthodoxen Wissenschaft liegenden Ideen in Verbindung steht? Wenn ja, dann müssen wir mit dem Lesen des ›Scientific American‹ und der meisten wissenschaftlichen Zeitschriften aufhören, denn wie ich aus zuverlässiger Quelle weiß, sind viele Autoren dieser Veröffentlichungen Christen, Juden usw., und glauben damit an alle möglichen, wissenschaftlich gesehen, absurden Dinge!« Tart ist, nebenbei gesagt, frommer Lutheraner, aber ich habe ihm das nie zur Last gelegt. Doch Scientology ist etwas ganz anderes. Im Gegensatz zu den traditionellen Religionen fordert sie einen starken Glauben an Psi-Kräfte und hält an vielen wissenschaftlichen Ideen fest, die absurd sind. Die Aussage, P ist ein Scientologe, ist völlig verschieden von der, Tart ist Lutheraner; sie ähnelt mehr der Aussage, daß ein Physiker Mitglied einer Gesellschaft ist, die die Flachheit der Erde verteidigt.

KAPITEL 5

Magie und Paraphysik

Zaubervorstellungen sollen den Zuschauer, wenigstens meistens, durch die scheinbare Verletzung von Naturgesetzen unterhalten. Auf kuriose Weise ergeben sich hier Gemeinsamkeiten mit dem Verhalten des Universums. Ist jemand von einem guten Zaubertrick verblüfft, dann, weil er nicht entdecken kann, was genau der Zauberer tut. Ist ein Physiker von einer Beobachtung verblüfft, dann, weil er nicht erkennen kann, was das Universum macht.

Der große Unterschied jedoch besteht darin, daß das Universum fair spielt. Seine Tricks beruhen vielleicht auf Prinzipien von unglaublicher Subtilität, die wir vielleicht niemals alle entdecken werden, aber das Universum führt seine Illusionen weiter vor, wieder und wieder, immer mit den gleichen Methoden. Oder es scheint nur so. Versucht ein Wissenschaftler, eine dieser Methoden zu entdecken, geht das Universum, soweit wir sagen können, nicht von seinem Weg ab, diesen Wissenschaftler hinters Licht zu führen. »Gott mag subtil sein, aber er ist nicht grausam«, soll Einstein oft gesagt haben. Oder, wie er es in einem Brief ausdrückte: »Die Natur verbirgt ihre Geheimnisse durch die ihr innewohnende Größe, nicht aber durch Betrug.«

Der Zauberkünstler ist im Gegensatz dazu ein vollendeter Lügner. Seine Prinzipien, die er sich zum Teil aus der Physik und aus der Psychologie ausgeborgt hat, sind durch und durch von bewußten Verfälschungen der verwerflichsten Art durchdrungen. Es ist nicht so sehr, was ein Zauberkünstler sagt, als was er impliziert. Er zeigt die Herz-Königin, legt sie mit dem Bild nach unten auf den Tisch. Er sagt

Aus ›Technology Review‹, Juni 1976

vielleicht sogar: »Nun legen wir die Königin hier hinüber«, wobei er ganz genau weiß, daß die Karte, die er dort hinlegt, nicht mehr die Königin ist. Meistens aber liegt die Irreführung in dem, was der Zauberkünstler tut, und nicht in dem, was er sagt. Er tippt vielleicht auf einen Gegenstand, um zu beweisen, daß dieser fest ist, und dabei ist nur der eine Punkt, auf den er tippt, wirklich fest. Er zeigt gelegentlich vielleicht seine Handfläche, um zu beweisen, daß er dort nichts verborgen hält, während sich irgend etwas an seinem Handrükken befindet.

Jeder Zauberkünstler wird Ihnen sagen, daß sich Wissenschaftler am leichtesten zum Narren halten lassen. Es ist nicht schwer zu verstehen, warum. Die Ausstattung ihrer Laboratorien ist genau das, was sie zu sein scheint. Es gibt keine verborgenen Spiegel, geheimen Fächer oder versteckten Magnete. Wenn ein Mitarbeiter Chemikalie A in ein Glas füllt, tauscht er sie nicht heimlich gegen Chemikalie B aus. Das Denken eines Wissenschaftlers ist rational und basiert auf lebenslanger Erfahrung mit einer rationalen Welt. Die Methoden eines Zauberkünstlers aber sind irrational und liegen vollkommen außerhalb der Erfahrungswelt eines Wissenschaftlers. Die Allgemeinheit hat dies nie verstanden. Die meisten Leute nehmen an, daß ein Mensch mit einem brillanten Geist zum Entdecken von Betrug qualifiziert ist. Das stimmt nicht. Wenn er nicht umfassende Kenntnisse in der dunklen Kunst der Magie besitzt und deren besondere Prinzipien kennt, kann man ihn leichter täuschen als ein Kind.

Auch einige Physiker haben dies nicht begriffen. Ende des neunzehnten und Anfang des zwanzigsten Jahrhunderts waren eine Reihe prominenter Wissenschaftler (Oliver Lodge, William Crokkes, John Rayleigh, Charles Richet, Alfred R. Wallace u. a.) fest davon überzeugt, Medien könnten mit Hilfe »geistiger Kontrolle« Tische schweben und Gegenstände erscheinen lassen und hör- und sogar photographierbare Geister aus der unermeßlichen Tiefe abrufen. Der deutsche Astrophysiker Karl Friedrich Zöllner schrieb ein Buch mit dem Titel ›Transcendental Physics‹ über das amerikanische Medium Henry Slade, das sich darauf spezialisiert hatte, geistlose, mit Kreide geschriebene Botschaften auf Schiefertafeln und Knoten in geschlossenen Kordelschlingen zu produzieren.[1] Zöllner glaubte, Slade könne die Kordel in die vierte Dimension und wieder zurückbringen. Niemand konnte Zöllner davon überzeugen, daß ein so charmanter Mann wie Slade ein Magier war.

Und jetzt fängt die gleiche Geschichte wieder von vorne an, diesmal mit Uri Geller im Zentrum eines Wirbels aus Irrationalismus, der sich über die westliche Welt bewegt. Geller ist ein junger Mann von sympathischem Äußeren, der seine spektakuläre Karriere mit der Darbietung des von Zauberkünstlern sogenannten ›Metallaktes‹ in israelischen Nachtclubs begann. Der amerikanische Parapsychologe Andrija Puharich entdeckte ihn und stellte ihn Edgar Mitchell vor, dem Astronauten, der einst den Mond betrat, und der jetzt seine eigene Organisation unterhält, die sich der Untersuchung des Paranormalen verschrieben hat. Mitchell finanzierte Gellers Reise in die Vereinigten Staaten und arrangierte für ihn einen von Harold Puthoff und Russell Targ durchgeführten Test am Stanford Research Institute. Beide, zwei frühere Laser-Physiker, sind nun als Vollzeitkräfte für die Erforschung des Übernatürlichen angestellt. Nach einer Reihe schlecht geplanter und ausgeführter Experimente mit Geller veröffentlichten sie ihre positiven Ergebnisse in ›Nature‹.[2]

Obwohl Puthoff und Targ persönlich von Gellers Fähigkeit überzeugt sind, mit Hilfe von PK (Psychokinese) Metall biegen und noch bemerkenswertere Wunder vollführen zu können, beschränkte sich ihr ›Nature‹-Bericht auf Gellers ESP-Kräfte. Seine sensationellste Darbietung bestand darin, achtmal hintereinander korrekt die Zahlen auf einem Würfel zu erraten, der von »einem der Experimentatoren« in einer Schachtel geschüttelt worden war. Es stellte sich später heraus, daß man Geller erlaubt hatte, mit der Schachtel zu hantieren, und daß vor dem eigentlichen Experiment viele Versuchsläufe durchgeführt worden waren. Da der Experimentator die Schachtel stets schüttelte, bevor Geller sie berühren durfte, erscheint Gellers Tun irrelevant und wurde in dem ›Nature‹-Bericht nicht erwähnt. Dieses scheinbar triviale Detail gab Geller die Möglichkeit, Informationen durch den Zauberkünstlern bekannte Methoden zu erhalten.[3] Wären sich Puthoff und Targ dieser Technik bewußt gewesen, hätten sie leicht Schritte zu deren Vermeidung ergreifen können. Die Tatsache, daß sie es nicht taten, macht das Würfelexperiment wertlos.

Puthoff und Targ sind die prominentesten Mitglieder einer kleinen Gruppe wohlausgebildeter Physiker, von denen einige den Doktorgrad besitzen, und die sich selber »Paraphysiker« nennen. In England ist John Taylor, Professor für Mathematik am King's College der Universität von London, der bekannteste dieser neuen Art von Physikern. Er wurde 1931 in Hayes, Kent, als Sohn eines Chemikers geboren. Nachdem er an der Universität von Cambridge seinen Doktortitel erlangt hatte, lehrte er an einer Reihe von Colleges in England und den Vereinigten Staaten Mathematik und war als Professor für Physik an der Rutgers-Universität angestellt. Seine Fachabhandlungen (mehr als hundert) offenbaren ein weites Interessengebiet, das reine Mathematik, Teilchenphysik, Kosmologie und Gehirnforschung einschließt.

Aber es gibt noch eine andere Seite von Professor Taylor, die ich am besten als die eines Schmierenkomödianten beschreiben kann, und die erst durch die Bewunderung der Massen und durch persönliche Publicity zur vollen Entfaltung gelangt. Als er in den Vereinigten Staaten war, nahm er im Berghof Herbert Studio in Manhattan Schauspielunterricht und war eine Zeitlang »Sex-Berater« des Magazins ›Forum‹. In England wurde er durch seine ständigen Auftritte in Radio- und Fernsehshows zu einer solchen Berühmtheit, daß er 1975, als das angesehene britische Magazin ›New Scientist‹ seine Leser aufforderte, die zwanzig besten Wissenschaftler der Welt zu wählen, die Umfrage gewann. Das Titelblatt der Zeitschrift zeigte sein Bild neben denen von Archimedes, Darwin, Einstein, Galilei, Newton und Pasteur!

Taylor schreibt auch gern populäre Bücher über die Wissenschaft, von denen das bekannteste der internationale Bestseller ›Black Holes‹ (1975) ist. Es bietet keine schlechte Einführung in die Theorie der schwarzen Löcher, aber gegen Ende des Buches verliert sich Taylor in spinnige Vermutungen. Er hält es beispielsweise für möglich, daß die Erde in ferner Vergangenheit von Außerirdischen besucht wurde, die in Raumschiffen gekommen sein könnten, die durch »Schwarze-Löcher-Kraft-Generatoren« angetrieben wurden. Saturn, so teilt er uns mit, ist der wahrscheinlichste Planet, den »Schwerkraft-Fremde« bei der Erforschung unseres Sonnensystems als Station benutzt haben könnten.

In seinem letzten Kapitel zieht Taylor die Möglichkeit in Betracht, daß unsere Seelen strukturierte Energieformen und in der Lage sind, von einem Körper in einen anderen zu wandern. Er erinnert uns daran, daß das Universum zwei möglichen Enden zustrebt. Es mag sich immer weiter ausdehnen und den gewöhnlichen thermodynamischen »Hitzetod« sterben, oder es mag in eine Phase des Zusammenziehens übergehen und schließlich von einem schwarzen Loch zerquetscht werden. In beiden Fällen wird keine Materie übrigbleiben, »von der man realistischerweise sagen könnte, sie wäre es wert, eine Seele zu haben«. Vielleicht aber wird das Universum bei dem großen Zusammenstoß zurückprallen. »Dann liegt die einzige Chance für eine Unsterblichkeit in einem oszillierenden Universum. Aber auch dort wird immerwährendes Leben nicht die gewöhnliche Form sein, sondern eine, in der es wegen der gewaltigen Wiedervermischung der Materie in der zusammenziehenden Phase vielleicht überhaupt keine Beziehung zwischen einem und dem nächsten Zyklus gibt. Es könnte gut sein, daß Seelen wegen der Vielfalt der Körper, die sie in folgenden Leben bewohnen werden, losen müssen. D. h. natürlich, wenn nicht Gottes Hand eingreift, um ihre Wunder zu vollbringen.«

Es gibt noch eine andere Möglichkeit der Unsterblichkeit. Wer in ein schwarzes Loch fällt, sagt Taylor, könne in einem parallelen Universum wieder auftauchen. Doch hierin liegt ein gravierender Mangel. Wenn zwei »enge Freunde« in verschiedene Löcher fallen, könnten sie sich in zwei verschiedenen Universen wiederfinden, ohne eine Möglichkeit der Wiedervereinigung. »Und so besteht die Gefahr, daß die Unsterblichkeit, die man erlangt, indem man durch ein rotierendes schwarzes Loch fällt, eine sehr einsame sein kann.«

Im Hinblick auf diese schrulligen Spekulationen war es keine Überraschung, daß Taylor, als er bei einer BBC-Fernsehshow mit Uri Geller zusammentraf, von Gellers Magie fasziniert war und sich sofort von der Realität von ESP und PK überzeugen ließ. Sein letztes Buch ›Superminds‹ behauptet nicht nur, daß Geller Löffel, Schlüssel und Metallringe mit seiner Geisteskraft biegen kann, sondern daß Hunderte britischer Superkinder im Teenageralter und jünger das gleiche können.[4]

Komischerweise »sieht« Taylor nie, wie sich etwas biegt, und konnte auch noch niemals den Vorgang des Biegens auf Video aufnehmen. Er nennt dies den »Scheue-Effekt«. Das Biegen vollzieht sich gewöhnlich nur dann, wenn niemand zusieht. Er pflegte seinen

Kindern primitiv verschlossene Röhren mit einem geraden Metallstab im Innern zu geben. Sie nahmen die Röhren dann mit nach Hause und kamen mit dem verbogenen Metallstück zurück. Aus irgendwelchen, für Taylor unerklärlichen Gründen haben die Kinder nur dann Erfolg, wenn die Röhren ungenügend verschlossen sind.

An der Bath-Universität entwarfen zwei Psychologen einen einfachen Test für sechs junge Löffelbieger. Der Beobachter hatte die Anweisung, nach zwanzig Minuten in seiner Wachsamkeit nachzulassen. Überall »gellerisierten« Stäbe und Löffel, während die nichtsahnenden Kinder heimlich durch einen Einwegspiegel gefilmt wurden. In jedem Fall, wo sich etwas bog, wurden die Kinder beim Biegen mit »eindeutig normalen Mitteln« beobachtet. Ein kleines Mädchen mußte einen Stab unter ihre Füße legen, um ihn zu biegen. Andere hielten den Löffel unter den Tisch und benutzten beide Hände.[5] Taylor hatte einen solchen Test nicht für notwendig erachtet, da er an die Ehrlichkeit seiner Kinder glaubte.

Taylor ist nicht sicher, welche mysteriöse Kraft den Geller-Effekt hervorruft. In ›Superminds‹ zieht er viele Möglichkeiten in Betracht – Schwerkraft, Neutrinos, Tachyonen, Zwischenbosonen, magnetische Monopole, Quarks. Einige davon wurden von anderen Paraphysikern als Quelle der Psi-Phänomene vorgeschlagen. Taylor entschließt sich letztendlich für den Elektromagnetismus. Die Möglichkeit, daß der Geller-Effekt vielleicht durch Betrug zustande kommt, wird von Taylor natürlich mit der Begründung, er sei persönlich Zeuge gewesen, ausgeschlossen.

Eine Vorstellung davon, wie leichtgläubig Physiker sein können, wenn sie an paranormale Ereignisse glauben wollen, können wir durch die Betrachtung eines dramatischen Geschehens am 21. Juni 1974 im Londoner Birkbeck College gewinnen. Uri Geller führte einer kleinen Gruppe von Physikern seine Kräfte vor. Den besten Ruf in dieser Gruppe genoß David Bohm, ein weltbekannter Experte auf dem Gebiet der Quantenmechanik. Die Parapsychologen John Hasted, Keith Birkinshaw und Jack Sarfatt (der seit jener Zeit wieder den Familiennamen Sarfatti angenommen hat) und der mit der Erforschung des Übersinnlichen beschäftigte Brendan O'Regan, der die Demonstration arrangiert hatte, waren ebenfalls anwesend.

Gellers außergewöhnliche Leistung bestand in der Erzeugung eines

»sehr starken Ausschlags in einer Geigerzähler-Röhre, die er in seiner Hand hielt. Der Ausschlag ereignete sich fast gleichzeitig mit Gellers ausdrücklichen Bemühungen, ihn zu erzeugen... Die Erzeugung des Ausschlags war mit schwerem Atmen und Anzeichen großer physischer Anstrengung auf seiten Gellers verbunden.« Ich zitiere hier aus einer aufwühlenden Pressemitteilung von Sarfatti.[6] Geller wiederholte die Darbietung mit dem Geigerzähler am folgenden Tag vor dem Schriftsteller Arthur Koestler und anderen. »Koestler berichtete von einer starken Empfindung, die er im Augenblick des Ausschlags des Geigerzählers hatte«, sagt Sarfatti, und er war »einige Minuten lang sichtlich betroffen.«

»Mein persönliches Urteil als Doktor der Physik ist«, schließt Sarfatti, »daß Geller in Birkbeck unter relativ gut kontrollierten und wiederholbaren experimentellen Bedingungen wahrhaftige Psychoenergie-Fähigkeit demonstrierte, die für jeden vernünftig denkenden Menschen außer Zweifel stehen muß.«[7]

Man beachte in Sarfattis Mitteilung die deutliche Implikation, daß sein Doktorgrad in Physik ihn in besonderem Maße dazu qualifiziert, Betrug ausschließen zu können. Wie hätte wohl ein Zauberkünstler ohne Doktorgrad, aber mit Kenntnissen, die Sarfatti nicht besitzt, auf die Darbietung reagiert? Als ich Sarfattis Bericht gelesen hatte, kam mir als Hobby-Zauberer gleich der Gedanke, daß Geller ein Stück einer harmlosen radioaktiven Substanz versteckt bei sich getragen haben könnte. Während er sich in simuliertem körperlichem Streß wand, hätte er die Röhre einfach in die Nähe seiner Beta-Quelle bringen können. Diese hätte sich in einer Schuhspitze, über seinem Knie, in seinem Mund, hinter einem Ohr oder unter dem Kragen befinden können. Es ist nicht schwer, eine Beta-Quelle zu erhalten. Das leuchtende Zifferblatt einer Armbanduhr führt zu einem hervorragenden Ausschlag eines Geigerzählers. Als Philip Morrison Sarfatti damals fragte, ob jemand Geller nach einer Beta-Quelle durchsucht hätte, erhielt er von Sarfatti die Antwort, niemand hätte an eine solche Möglichkeit gedacht, und daß es sich hierbei um eine »glänzende Idee« handele. Zauberkünstler finden diese Antwort nur komisch.

War es ein »wiederholbares« Experiment, wie Sarfatti in seiner Mitteilung behauptete? Wiederholbar vielleicht vor Paraphysikern mit Doktorgrad, aber nicht vor Zauberkünstlern mit entsprechenden Kenntnissen.[8] Gellers Methoden sind in der Tat sowohl altmodisch als auch bekannt. Der interessierte Leser kann die meisten von ihnen in den Anmerkungen 2 und 3 kennenlernen.

Sarfatti ist augenblicklich Direktor der von ihm so bekannten Physics/Consciousness Research Group, einer gemeinnützigen Organisation in San Franzisko. Gründer dieser Gruppe ist Werner Erhard, ein früherer Scientologe (die Kirche schloß ihn 1971 aus), der jetzt eine eigene Bewegung namens est (Erhard Seminars Training) leitet, die das Bewußtsein eines jeden erweitern will, der gewillt ist, für diesen bizarren Prozeß zu zahlen.[9]

Sarfatti ist der führende Theoretiker der amerikanischen Paraphysiker. Gemäß seiner Autobiographie, die 1975 für Ken Keseys neues Magazin ›Spit in the Ocean‹ geschrieben wurde, wurde er 1939 in Brooklyn geboren und erhielt seinen Doktorgrad am San Diego State College. Ungefähr zehn Jahre später hatte er erstmalig »seltsame unterschwellige Erfahrungen«, die er der »Kommunikation mit anderen Bewußtseinsarten« zuschreibt. Er fand heraus, daß er »automatisch schreiben« konnte (schreiben ohne bewußte Kontrolle der Hand), und einige seiner wissenschaftlichen Veröffentlichungen wurden, wie er behauptet, auf diese Weise geschrieben.

Er entdeckte an sich »eine Art kollektiver Geisteserfahrung« mit seinem Partner und »Kameraden bei der Erforschung des Übernatürlichen«, dem Physiker Fred Wolf. Bei der steten Erweiterung seines Bewußtseins wurde er in hohem Maße von est unterstützt. In einem Brief an den Magier James Randi von 1975 behauptet er, »ernsthafte Informationen zu besitzen, die auf die hohe Wahrscheinlichkeit hinweisen, daß außerirdische Kontakte stattgefunden haben«. Die Information stamme von »nüchternen und wissenschaftlich ausgebildeten Personen, die persönlich nicht engagiert sind«, wie J. Allen Hynek, dem Astronomen, der sich jetzt so aktiv an der UFO-Forschung beteiligt. Sarfatti und Wolf sind zusammen mit Bob Toben Co-Autoren des wirren Taschenbuchs ›Space-Time and Beyond‹ (Dutton, 1975). Die Texte und die Cartoons werden Ihnen alles über die theoretische Untermauerung von Reisen durch die Zeit, freiem Schweben, Präkognition und der Fähigkeit zum Löffelbiegen verraten.

74

Sarfattis Psi-Theorie hat ihren Ursprung in David Bohms Versuch, den schrecklichen Diskontinuitäten der Quantenmechanik zu entkommen. In der Quantentheorie scheint ein Geschehen ein anderes ohne jegliche Energieübertragung durch Raum und Zeit hindurch zu beeinflussen. Die Grunddiskontinuitäten unterscheiden sich vollkommen von denen, die auf der makroskopischen Ebene auftreten. Läßt man einen Lichtstrahl rotieren, bewegt sich ein Punkt über die Wand, über die Ecke und springt dann schnell auf eine entferntere Wand. Dieser Sprung aber läßt sich leicht erklären, wenn man die Quelle des Lichtstrahls in Betracht zieht. Diskontinuitäten auf der Quantenebene können nicht auf diese Weise erklärt werden. Ein Ereignis tritt in Punkt A auf, ein anderes in Punkt B, dazwischen aber breitet sich nichts aus. Wir können nichts anderes tun, als das Ereignis durch die Beschwörung statistischer Gesetze zu »erklären«. Die konventionelle Quantentheorie läßt keinen Raum für »verborgene Variablen« – etwas in der Natur, das uns bis heute noch nicht bekannt ist, und das die Kausalität wiederherstellen würde.

Einstein mochte das Bild eines »Gottes, der mit Würfeln spielt« nicht, und auch Bohm ist, obwohl er an keinen Gott glaubt, von dieser Vorstellung beunruhigt. Nach Bohms Auffassung besitzt das Universum eine unendliche Anzahl von Strukturebenen, wie ein unendlich tiefes Meer ohne Grund. Auf jeder dieser Ebenen bestehen Diskontinuitäten, die verschwinden, wenn man die Grundmuster der darunterliegenden Ebene betrachtet. Unterhalb der Ebene der Quantenmechanik existieren Subquanten-Ebenen, die wir noch nicht verstehen. Die Ebenen, die wir kennen, sind die Spitze eines Eisberges. Wir setzen sie mit Hilfe statistischer Gesetze zueinander in Beziehung, weil wir noch nicht sehen, wie sie auf einer tieferen Ebene kausal zusammenhängen. Wenn wir die tiefere Ebene schließlich verstehen, wird auch sie ihre Diskontinuitäten aufweisen, magische Verletzungen von Grund und Wirkung, die nur durch ein noch tieferes Vordringen erklärt werden können. Bei all dem, was wir wissen, können diese Ebenen unendlich weitergehen. Unsere erbärmliche Quantenmechanik ist nichts als die obere Schicht des, wie Milton sagt, »dunklen, unendlichen, bodenlosen Abgrunds« der Welt.

Sarfatti führt dies weiter aus. Wenn wir das Universum in seiner

»unzerstörten Ganzheit« betrachten könnten, dürften wir sehen, daß jedes Teilchen mit jedem anderen Teilchen, jedes Geschehen mit jedem anderen Geschehen verbunden ist, wobei die Entfernung in Raum oder Zeit keine Rolle spielt. Bewegen Sie Ihren Finger, und Sie bewegen das Universum. Worin sich Sarfatti von den anderen Physikern unterscheidet, ist die Sprache, die er zur Beschreibung der Subquanten-Ebene wählt. Sarfatti nennt sie »Bewußtsein«. Er bewegt sich damit in der klassischen Tradition des philosophischen Idealismus. Hinter der verrückten, paradoxen Welt der Alltagserfahrungen, hinter der noch verrückteren Welt der Mikrophysik steht das Bewußtsein.

In dieses alte Bild rührt Sarfatti noch einige moderne Zutaten hinein: die »Einstein-Rosen-Podolsky«-Paradoxie, John Wheelers Wurmlöcher und Superraum, Hugh Everetts »Viele-Welten«-Interpretation der Quantenmechanik und insbesonders die Implikation einer von John S. Bell weiterentwickelten Behauptung.[10] Bell hat gezeigt, daß sich keine Theorie (d. h. eine Gleichungsmenge zur Beschreibung der Eigenschaften in einem bestimmten Punkt in Raum und Zeit) von lokal verborgenen Variablen mit der Quantenmechanik vereinbaren läßt. Dies läßt jedoch die Möglichkeit offen, daß sich eine Theorie von nichtlokal verborgenen Variablen – eine, die sich auf das gesamte Universum anwenden läßt – mit der Quantenmechanik in Einklang bringen läßt. Es gibt nicht den geringsten Beweis für eine solche Theorie, aber die logische Möglichkeit einer Theorie – in der Gott *nicht* mit Würfeln spielt – erlaubt es Sarfatti und anderen, an sie zu glauben.

Man stelle sich die Welt als immenses, verwickeltes Puppenspiel vor. An jedem Ding ist eine »Schnur« befestigt, und der Große Puppenspieler hält alle Schnüre in seinen Händen. Es sieht so aus, als ob Puppe A der Puppe B ein Teilchen zuwirft, aber das ist reine Illusion. Der Puppenspieler bewegt die Arme von A, trägt das Teilchen dann zu B hinüber und bewegt Bs Arme, um es zu ergreifen. Ganz gleich, wie zufällig und zusammenhanglos Ereignisse auf der Mikroebene erscheinen, die Kausalität wird durch den Einsatz des Großen Puppenspielers wiederhergestellt. Wie immer man den Puppenspieler auch nennt – Gott, Sein, Tao, Brahman, der Absolute –, seine unendlichen Schnüre liefern eine Verbindung, die die Übermittlung von Informationen und unmittelbare Geschwindigkeit durch Raum und Zeit erlaubt.

Man muß sich eine Übermittlung so vorstellen, daß sie das Relativitätsdiktum verletzt, daß Signale nicht schneller sein können als Licht. Es gibt keine unmittelbaren Signale in dem Sinne, daß Energie übertragen wird. Nichts »bewegt sich«. Die Zeit »vergeht nicht«. Es handelt sich um, wie Sarfatti es nennt, »unmittelbare superluminale Übermittlung« von Informationen mit Hilfe »hyperdynamischer Verbindung«. In unserer Metapher zieht eine Puppe eine Schnur hier, der Große Puppenspieler zieht sofort an einer Schnur dort.

Das Konzept ist einfach, der Paraphysiker aber machte es kompliziert, indem er es mit Fachjargon aufmotzte. Der Informationsgrad ist, nach Sarfatti, »das Maß an Ordnung, das in der Energie an einem bestimmten Ort bereits existiert«. Diese Art der Information wird auf direktem Weg in superluminale de Broglie-Quanten-Materie-Wellen verschlüsselt. Sarfatti ist davon überzeugt, daß das menschliche Gehirn Detektoren für de Broglie-Wellen auf der Quanten-Molekular-Ebene besitzt. »Die Einführung dieser Art direkter Quanteninformation in das wache Bewußtsein erscheint oft ›paranormal‹ oder ›übernatürlich‹. Bestimmte Arten eines veränderten Bewußtseinszustandes... scheinen das Bewußtwerden direkter Quanteninformation zu ermöglichen...«[11]

Es geht noch weiter. Das Medium kann die Information nicht nur aus jedem Teil des Universums empfangen, sondern auch sofort übermitteln. Es benutzt ganz einfach seine PK-Kräfte zur Bewegung einer Wellenfunktion hier – möglicherweise durch Veränderung des Spin-Zustandes eines Quantensystems –, wobei es vielleicht eine Art Code benutzt. Da hierdurch das gesamte Universum bewegt wird, kann das empfangende Medium die Botschaft sofort aufnehmen. Kauft ein etablierter Physiker dies alles nicht ab, ist er für Sarfatti und seine Freunde hoffnungslos im Schlamm des »elektromagnetischen Chauvinismus« gefangen. (Armer John Taylor. Obwohl auch er ein Paraphysiker ist, ist er im Schlamm des elektromagnetischen Chauvinismus gefangen.)

Hier wurde schließlich und endlich eine wahrhaft grandiose Theorie geschaffen, all die sonderbaren, löffelbiegenden Wunder von Psi zu erklären. Informationen können sofort in den Kopf eines jeden

Menschen, insbesondere, wenn dieser ein Medium ist, befördert werden, und zwar aus jedem Teil des Universums, von jedem Zeitpunkt aus Vergangenheit, Gegenwart oder Zukunft. Telepathie, Hellseherei, Psychokinese, Poltergeister, Präkognition, übernatürliche Heilung, außerkörperliche Erfahrungen usw. mangelt es nicht länger an einer physikalischen Theorie. Unser Bewußtsein kann, nach Sarfatti und anderen, augenblicklich jeden Teil des Universums empfangen und beeinflussen. Es kann den Körper verlassen und, schneller als ein Photon, durch die endlosen Weiten von Raum und Zeit ziehen. Wenn eine Überintelligenz aus einer fernen Galaxie mit Uri Geller zu kommunizieren wünscht und ihm die Kraft gibt, einen Löffel zu biegen, gibt es keinen Grund, aus dem sie es nicht könnte. Und in der Tat ist es genau das, was Puharich als Quelle für Gellers Kräfte angibt.[12] Geller selbst hat dies in einer Fernseh-Talk-Show und in seiner Autobiographie bestätigt.[13]

Hier ist nicht der Ort, um in die Details von Sarfattis großer Theorie von der »superluminalen Informationsübermittlung« einzudringen. Ich möchte nun eine noch dürftigere Angelegenheit betrachten. Wäre es von seiten der Paraphysiker nicht weise, sich vor der Entwicklung ausgefeilter Theorien über Gellers Fähigkeit, Löffel zu biegen, zuerst einmal davon zu überzeugen, daß Geller tatsächlich einen Löffel biegen *kann*? D. h. durch PK. Ich möchte nun keinen Ärger mit befreundeten Magiern bekommen, weil ich die Methoden preisgebe, derer sich die ehrlichen Scharlatane bedienen, aber vielleicht werden sie mir vergeben, wenn ich die Details von Uris berühmtester Darbietung betrachte. Wie biegt Geller einen Autoschlüssel?

Zuerst einmal ist es von großer Wichtigkeit, daß es nicht nur eine einzige Methode gibt. Es gibt Dutzende von Möglichkeiten, Autoschlüssel zu biegen, von denen einige von den Zauberkünstlern erst entwickelt wurden, nachdem Geller den Trick populär gemacht hatte, und die Geller niemals benutzt, weil sie zu kompliziert und auf seine zufällige, improvisierte Art von Magie nicht anwendbar sind. Aber auch Geller selbst bedient sich, abhängig von den Umständen, vieler verschiedener Wege, Schlüssel zu biegen. Wenn seine Vorstellung nur für eine Person, sagen wir, einen Reporter oder einen Anhänger, der um eine private Demonstration gebeten hat, bestimmt ist, wird er einen bestimmten Weg wählen. Steht er vor einem großen Publikum, wird er ein anderes Verfahren wählen. Die von ihm gewählten Methoden hängen davon ab, wer zuschaut, wieviele Personen es sind, und in welchem Abstand sie sich von ihm entfernt befinden. Hat er den Verdacht, daß sich unter den Zuschauern ein Zauberkünstler befindet, wird er den Löffel überhaupt nicht biegen.

Hier ein typisches Szenarium, das auf der Beobachtung vieler Freunde beruht. Einige von ihnen sind Magier, und Geller wußte nicht, daß diese anwesend waren und seine exakten »Bewegungen« beobachteten. Wir wollen annehmen, daß Geller sich in einem Büro befindet, zusammen mit einer Gruppe von Wissenschaftlern, die sich versammelt haben, um Zeugen seiner furchtbaren Kräfte zu werden. Einige von ihnen glauben an Gellers Kräfte. Andere sind skeptisch, aber neugierig. Keiner von ihnen ist in der Magie bewandert.

Bei der Darbietung vor einem solchen Publikum hat Geller einen überwältigenden psychologischen Vorteil gegenüber jedem Magier: Er tritt als Medium auf. Von einem Magier wird erwartet, daß er seine Wunder schnell, sauber und ohne Fehler vorführt, während jeder darauf lauert, den Trick zu entdecken. Kein Zauberkünstler darf es wagen, auf der Bühne zu sagen: »Es tut mir leid, meine Damen und Herren. Ich wollte Ihnen meinen großartigen Trick zeigen, eine brennende Glühbirne durch den Raum schweben zu lassen, aber leider fühle ich mich dazu nicht in der Lage. Unter den Zuschauern befinden sich Skeptiker. Die Schwingungen sind ungünstig.«

Das Medium auf der anderen Seite hat nicht die Verpflichtung, etwas zu vollbringen, und Geller spielt die Rolle mit großem Können. Er beginnt mit der Bemerkung, daß er sehr nervös ist, sich in solch ausgezeichneter Gesellschaft zu befinden, und daß er nicht weiß, ob etwas geschehen wird. Alles, was er tun kann, ist, es zu versuchen. Die Dinge geschehen mit größerer Wahrscheinlichkeit, wenn sich jeder wünscht, daß sie geschehen. Die Kraft, die er hat, ist nicht vornehmlich auf ihn beschränkt. Jedermann hat sie. Wenn also jeder sein Bestes gibt, die Dinge geschehen zu lassen, werden sie vielleicht auch geschehen. Es soll aber niemand enttäuscht sein, wenn nichts passiert.

Diese kleine Ansprache hat die Wirkung, daß sie den Skeptikern den Mut nimmt, ihre Zweifel auszusprechen. Durch sie kann Geller auch seinen Kopf aus der Schlinge ziehen, wenn es ihm die Bedingungen seiner Meinung nach nicht erlauben, viel zu tun. Vor allem aber gibt sie ihm die Möglichkeit, sich für die Vorführung des simpelsten Tricks viel Zeit zu nehmen. Kein Magier käme damit durch, für das Biegen eines Schlüssels eine ganze halbe Stunde zu benötigen, was bei Geller oft geschieht. Er wird sich einen Autoschlüssel ausborgen, darüber streichen, und nichts geschieht. Er wird ihn zur Seite legen und es später noch einmal versuchen. Wieder passiert nichts. Vielleicht wird er sich beim dritten oder vierten Versuch biegen.

Der Grund für diese Verzögerung ist, daß Geller den Schlüssel erst dann biegen kann, wenn es ihm gelungen ist, die Aufmerksamkeit der Zuschauer in ausreichend hohem Maße in die falsche Richtung zu lenken. Erst dann kann er den Schlüssel heimlich biegen. Dieses heimliche Biegen dauert nur einen Augenblick. Die meisten Autoschlüssel lassen sich leicht biegen, besonders wenn sie lang sind und kurze Kerben haben. Geller selbst rühmt sich seiner Stärke (er trainiert mit Gewichten, wie Puharich uns mitteilt). Wenn man starke Finger besitzt, kann man die meisten Autoschlüssel biegen, indem man den Schlüssel kreuzweise über die Finger legt und fest mit dem Daumen drückt. Bei dickeren Schlüsseln muß man die Spitze gegen die Seite eines Tisches, ein Tischbein, die Seite eines Stuhls oder gegen eine andere greifbare feste Fläche drücken. In jedem Fall vollzieht sich der Biegungsvorgang im Bruchteil einer Sekunde. Natürlich muß dies in einem Moment geschehen, wenn niemand hinschaut.

Um die nötige Ablenkung zu erreichen, schafft Geller ein Maximum an Chaos, indem er im Raum hin- und herläuft und sehr schnell von einem zum anderen Experiment übergeht. Hier einige der von Geller benutzten Verfahren zur Schaffung der nötigen Ablenkung:

1. Geller hat zweimal erfolglos versucht, den Schlüssel zu biegen. Er versucht es ein drittes Mal, wobei er jemanden das eine Ende des Schlüssels festhalten läßt, während er sacht über diesen streicht. Wieder geschieht nichts. Geller gibt sich enttäuscht. Er will den Schlüssel ein weiteres Mal zur Seite legen. Niemand schenkt diesem Vorhaben große Aufmerksamkeit, da der Trick versagt hat. In diesem Augenblick macht irgend jemand im Raum

eine scherzhafte Bemerkung. Alle drehen sich um und lachen. Auf diesen Moment hat Geller gewartet. Seine Hand fällt seitlich am Stuhl hinunter, während er selbst lacht. Wer, außer einem geübten Magier, würde seine Hand in diesem Augenblick beobachten? Geller legt den Schlüssel sofort beiseite, und zwar auf einen Platz, wo er teilweise verdeckt ist, so daß niemand die Biegung sehen kann. Für die nächsten zehn Minuten wird er keinen weiteren Versuch mit dem Schlüssel machen.

2. Geller gibt eine Vorstellung für eine Person. Beide sitzen auf Stühlen. Um seinen Stuhl näher heranzurücken, fällt seine Hand seitlich am Stuhl hinunter. Beim Bewegen des Stuhls wird die Spitze des Schlüssels gegen das Stuhlbein gedrückt.

3. Geller unterhält einen Gast in seinem eigenen Appartement. Er sitzt auf einem Sofa hinter einem Sofatisch mit einer Glasplatte. In seiner Nähe scheint sich nichts zu befinden, das er zum Verbiegen eines Gegenstandes gebrauchen könnte. Wer würde vermuten, daß das dicke Glas des Sofatischs hervorragend dazu geeignet ist? Sobald die kleinste Ablenkung auftaucht, und die Aufmerksamkeit des Zuschauers in eine andere Richtung gelenkt ist, wird der Schlüssel am Rand des Glases gebogen.

4. Geller unterhält eine Gruppe von Leuten in einem Büro. Sie beobachten ihn aus zu geringer Entfernung, als daß er die benötigte Ablenkung schaffen könnte. Geller entschuldigt sich. Manchmal, so sagt er, ist es beim Metallbiegen eine Hilfe, wenn noch mehr Metall in der Nähe ist. Er zeigt im Raum umher und fragt: »Ist das Aktenregal aus Metall?« Befindet er sich in einem Wohnzimmer, zeigt er auf einen Heizkörper. Alle Köpfe wenden sich um. In diesem Augenblick senkt er seine Hand und führt das Werk aus. Ist der Schlüssel dünn, biegt er ihn in seiner Hand. Er braucht den Schlüssel jetzt nur noch an einem Ende festzuhalten, die Biegung zu verbergen, zum Aktenregal hinzugehen, jemanden das andere Ende des Schlüssels festhalten lassen und diesen dann auf wundersame Weise zu biegen.

5. Bei vielen Gelegenheiten hält Geller es für notwendig, den Raum zu verlassen, um eine starke Ablenkung zu schaffen. Als er 1974 eine Vorstellung für eine Gruppe von Leuten in Ottawa gab, berichtete mir ein unter den Zuschauern weilender Freund, daß

Geller, nach vielen mißlungenen Versuchen, einen Schlüssel zu biegen, fragte, ob sich in der Eingangshalle ein Fahrstuhl befände. Das viele Metall im Schacht, sagte er, könnte helfen. Geller stürzte dann in die Halle, seine Zuschauer nach sich ziehend. Es steht wohl fest, daß er den Schlüssel an der Fahrstuhltür verbog.

6. Eine andere bevorzugte Entschuldigung Gellers, den Raum zu verlassen, ist, daß fließendes Wasser beim Schlüsselbiegen hilft. Er benutzte diese lächerliche Ausrede tatsächlich bei den Paraphysikern am Birkbeck College. Lassen Sie mich die relevanten Passagen aus Sarfattis ekstatischer Pressemitteilung zitieren:

»Es gelang Geller dann, mit Hilfe von Psychoenergie verschiedene Metallstücke zu biegen. Es handelte sich dabei auch um eine Messerklinge und einen Schlüssel Bohms. Das aus dem Hahn auf das Metall fließende Wasser schien das Biegen zu erleichtern.«

Für einen Magier bedeutet dies, daß die Paraphysiker in zu großer Nähe gesessen hatten. Geller schlug dann fließendes Wasser vor. Jeder ging nun zu der Stelle, wo der Schlüssel unter fließendes Wasser gehalten werden konnte. Durch das Aufstehen erreichte Geller die benötigte Ablenkung. Er konnte den Schlüssel nun in der Hand biegen oder am Türrahmen, als er durch die Tür ging. Es gibt eine Menge Möglichkeiten. Die Hauptsache ist: Auf dem Weg zum Waschraum ist er nicht beobachtet worden.

Es ist wichtig zu erkennen, daß Geller den Schlüssel biegt bevor, manchmal lange bevor er vorgibt, dies wirklich zu tun. Angenommen, er findet nach dem zweiten Fehlschlag eine Möglichkeit, den Schlüssel zu biegen. Er legt den Schlüssel dann zur Seite, aber so, daß er teilweise hinter oder unter einem anderen Gegenstand verborgen ist, so daß die Biegung nicht sichtbar wird. Zehn Minuten später, wenn er den Schlüssel wieder zur Hand nimmt, hält er ihn so, daß seine Finger ihn nur zur Hälfte freigeben. Da die sichtbare Hälfte gerade ist, nimmt jeder an, der ganze Schlüssel sei gerade. Manchmal reibt er den Schlüssel dann über der Tischplatte hin und her. Durch diese Handlung und das dabei entstehende Geräusch wird der Eindruck verstärkt, daß der Schlüssel flach ist. Dann muß einer der Zuschauer den Schlüssel an einem Ende festhalten, während Gellers Finger die Biegung umgeben.

Während Geller den Schlüssel sanft reibt, fragt er für gewöhnlich, ob der Schlüssel sich langsam wärmer anfühlt. Geller reibt den Schlüssel dann weiter. Langsam lockert er seine Finger, wodurch die Biegung allmählich sichtbar wird. Es sieht wirklich so aus, als ob sich der Schlüssel in diesem Augenblick biegt, insbesondere, wenn man von diesem Geschehen überzeugt ist. Geller versteht es meisterhaft, diese Illusion zu schaffen. Er sieht zu, daß die flache Seite des Schlüssels auf die Zuschauer hin gerichtet ist, wenn er seine Finger lockert. Dann dreht er den Schlüssel allmählich, um die Biegung langsam für die Zuschauer sichtbar zu machen. Zur gleichen Zeit wird er aufgeregt ausrufen: »Schauen Sie her! Er fängt an, sich zu biegen!« All dies verbindet sich zu einer starken Illusion. Viele Leute werden später schwören, gesehen zu haben, wie sich der Schlüssel langsam bog oder beobachtet zu haben, wie sich ein brennendes Streichholz krümmte.

Manchmal wird Geller einen Schlüssel, der nach einem früheren »Fehlschlag« bereits gebogen ist, einem Zuschauer geben. Wenn niemand weiter anwesend ist, wird Geller ihn vielleicht bitten, den Schlüssel an seiner Spitze, aber über seinem Kopf zu halten, wo derjenige nicht sehen kann, daß der Schlüssel bereits gekrümmt ist. Geller wird dann einen seltenen Versuch ankündigen. Er läuft dann einige Schritte, vielleicht drei Meter, weg und versucht, den Schlüssel ohne jede Berührung zu biegen.

Die Person, die den Schlüssel hält, nimmt natürlich an, dieser sei ungebogen. Geller, drei Meter entfernt, unternimmt große Anstrengungen, den Schlüssel zu biegen. Er läuft nach vorn, untersucht den gebogenen Schlüssel und gibt sich sehr enttäuscht. Nichts ist geschehen. Bevor der Zuschauer den Schlüssel betrachtet – warum sollte er ihn untersuchen, da er sich doch ganz klar nicht gebogen hat? – ist Geller darauf bedacht, es noch einmal zu versuchen. Geller gibt dem Zuschauer den Schlüssel zurück, der seine Hand dann wieder heben muß. Geller entfernt sich sechs Meter. Jetzt fühlt er die Kraft in sich aufwallen! Er atmet schwer und scheint unter beträchtlichem Streß zu stehen. Ja – er *weiß*, daß sich der Schlüssel biegt. »Fühlen Sie, wie er sich biegt?« Wenn der Zuschauer beeinflußbar ist, hat er wirklich das Gefühl. Geller bittet ihn dann, den Schlüssel zu betrachten. ›Mirabile dictu‹! Er hat sich um 30 Grad gebogen! Bis zu seinem Todestag wird der Zuschauer darauf bestehen, daß Geller sechs Meter weit entfernt war, als er den Schlüssel dazu brachte, sich zu biegen. Er wird darüber hinaus darauf beharren, daß Geller den Schlüssel ›niemals berührte‹! Immer wieder haben Reporter, deren Schlüssel Geller auf diese Weise gebogen hatte, geschrieben, daß Geller ihre Schlüssel ohne jede Berührung seinerseits gebogen hat. Sie meinen, daß Geller die Schlüssel nicht in dem Augenblick berührte, in dem der Schlüssel ihrer Meinung nach gebogen wurde. Die Tatsache, daß Geller den Schlüssel viele Male in der Hand hatte, bevor das große Wunder auftrat, scheint vollkommen irrelevant zu sein. Sie haben dies in der Tat ganz und gar vergessen.

Dies sind einige wenige Kunstgriffe, derer sich Geller für nur eines seiner kleinen Wunder bedient. Ich habe nicht alle seiner Schlüssel-biegetechniken erwähnt. Ich habe nichts über die mögliche Unterstützung durch Gellers Freund, Shipi Shtrang, gesagt, der oft bei ihm ist, manchmal als unschuldiger Zuschauer verkleidet. Und Geller hat noch weitere enge Freunde, die gelegentlich für ihn den »Handlanger« spielen. Und ich habe andere Methoden übergangen, Methoden ohne Handlanger, weil sie von befreundeten Zauberkünstlern benutzt werden, die einen Schlüssel jetzt besser und geschickter biegen können als Geller.

Es gibt zwei Merkmale, die den wahren Gelleristen charakterisieren. Er ist eine Person von enormer Leichtgläubigkeit, wobei die Leichtgläubigkeit noch durch einen enormen Zwang zum Glauben verstärkt wird. Und er ist eine Person, die nicht in der Lage ist, das Absurde zu erkennen. (Ist er ein Physiker, würde ich ein drittes Merkmal hinzufügen: die Selbstüberschätzung zu glauben, die Kompetenz zum Entdecken von Fehlern zu haben.) In der Blütezeit des Spiritismus waren die Physiker, die davon überzeugt waren, Geister könnten Trompeten durch die Luft fliegen lassen, nicht im geringsten von der eigentümlichen Tatsache amüsiert, daß die Geister dies nur bei vollkommener Dunkelheit vollbringen konnten. Warum sollte der liebe Verstorbene nur in der Dunkelheit erscheinen? Für einen Magier ist die Antwort eindeutig.

Wenn Geller die Fähigkeit besitzt, Metall zu biegen, warum braucht er dann dafür die Bedingungen einer Zaubervorstellung? Wenn Geller paranormale Kräfte besitzt, warum manifestieren sich diese in so minimalen Anlässen wie dem Biegen eines Löffels? Wenn

Geller durch PK einen Metallstab biegen kann, warum kann er ihn nicht wieder gerade machen?

Die Darbietungen von Gellers größten Rivalen sind noch komischer. Ted Serios, ein Chikagoer Hotelpage, überzeugte führende Parapsychologen wie Thelma Moss, Charles Tart, Gertrude Schmeidler, William Cox und Jule Eisenbud davon, daß er in der Lage sei, seine Erinnerung an alte Photographien auf Polaroid-Filmen aufzuzeichnen, indem er lediglich durch eine Papierrolle, die vor die Linse gehalten wird, in die Linse blickt. Als zwei Magier die Erklärung lieferten, wie leicht Serios hier betrogen haben könnte, verlor dieser seine Macht und verschwand von der Psi-Szene.[14] Dennoch hat keiner der oben erwähnten Parapsychologen seine oder ihre Meinung über die Echtheit von Serios' Kraft geändert.

Die führende PK-Darbieterin in Rußland ist Ninel Kulagina, die Gegenstände sich über einen Tisch bewegen und Tischtennisbälle im Raum schweben läßt. Amerikanische Zauberkünstler, die sie nur im Film gesehen haben, zeigen sich in höchstem Maße unbeeindruckt.[15] Dean Kraft, ein Junge aus Brooklyn, erregte vor zwei Jahren Aufsehen, als in der ›Village Voice‹ über ihn berichtet wurde.[16] Seine Spezialität war es, einen Kugelschreiber dazu zu bringen, ihm über einen kleinen Teppich zu folgen und Zuckerstückchen aus einer Schale hopsen zu lassen. Er gab diese Beschäftigung bald auf (eine zu große Anstrengung, sagte er) und wurde Wunderheiler. Es scheint ihm leichter zu fallen, die Kranken zu heilen, als Kugelschreiber zu bewegen. Seine Heilung ist »kostenlos«, aber die Patienten spenden für einen Fonds, der von Judy Stuck, einem der frühen finanziellen Stützen Gellers, eingerichtet wurde.

Ein weiteres PK-Wunder in den Vereinigten Staaten ist Felicia Parise, eine ehemalige medizinische Assistentin am Maimonides Hospital in Brooklyn. Nachdem sie einen Film über die Kulagina gesehen hatte, entdeckte sie auch an sich die Fähigkeit, Korken, Aluminiumfolie und Flaschen zu bewegen und über den Tisch rollen zu lassen. Sie wurde von Charles Honorton, dem damaligen Direktor für Parapsychologie am Maimonides Medical Center, entdeckt. Nach Honorton legte Felicia Parise eine kleine Plastikflasche auf die Resopalplatte ihres Küchenbords, konzentrierte sich, und die Flasche bewegte sich um 5 cm von ihr weg. »Ich habe dann das Bord untersucht«, erzählte der berühmte Parapsychologe einem Reporter. »Ich habe es abgerückt, um sicherzugehen, daß es keine mechanische Hilfe gab, die sie hätte benutzen können... Aber ich habe nichts gefunden.« Hatte Felicia Parise die unsichtbaren Nylonfäden entdeckt, die Zauberkünstler manchmal benutzen? Wer weiß? Honorton machte sich nicht die Mühe, sie von einem qualifizierten Magier beobachten zu lassen.[17]

Die Wissenschaft kann nicht jede Möglichkeit ausschließen, sie kann ungewöhnlichen Behauptungen aber niedrige Wahrscheinlichkeitsgrade zuweisen. Ich bin, wie die meisten Psychologen, der Ansicht, daß sich die klassischen Psi-Experimente einfacher und plausibler erklären lassen durch unbewußte Erwartungshaltung des Versuchsleiters, unbewußte Hinweise, Betrug auf seiten der Versuchsperson, die darauf bedacht ist, ihre medialen Fähigkeiten unter Beweis zu stellen und, wenn auch selten (wie kürzlich über S. G. Soal bekannt wurde), vorsätzlichen Betrug auf seiten angesehener Forscher.

Der zentrale Punkt ist der. Wenn die Wissenschaft einer außergewöhnlichen Behauptung einen niedrigen Glaubwürdigkeitsgrad zuweist, tut sie dies durch Auswertung empirischer Daten. Geller und die löffelbiegenden Kinder sind in der Tat Schwindler, aber die Gründe für diese Denkweise haben nichts mit der Tatsache zu tun, daß der angenommene »Geller-Effekt« durch keine angemessene physikalische Theorie untermauert wird. Sie resultiert aus der Tatsache, daß die Darbietungstechniken für betrügerisches Metallbiegen nun allgemein bekannt sind, und daß sich das Metall immer dann weigert, sich zu biegen, wenn die Kontrollen der Wildheit der Behauptung angemessen sind.

Anmerkungen

1. Zöllners Buch, Pflichtlektüre für alle Geller-Beobachter, wurde zum erstenmal 1879 in Deutschland veröffentlicht. Die englische Übersetzung von C. C. Massey (1880) erreichte in Großbritannien und den USA viele Auflagen. Zöllner wurde bei seinen Untersuchungen über Slade von den Physikern Wilhelm Weber und Gustav Fechner unterstützt und bestätigt.

Alfred Wallace und Lord Rayleigh waren fest von Slades Kräften überzeugt. Eine Verteidigung Slades findet sich in ›History of Spiritualism‹ (1926) von Conan Doyle. Die Methoden Slades werden im 1887 veröffentlichten Bericht der Seybert Commission, in dem Slade des ausgemachten Betruges überführt wird, und in folgenden Abhandlungen erläutert: J. W. Truesdell, ›Bottom Facts of Spiritualism‹ (1883); Walter Prince, »A Survey of American Slate-Writing Mediumship«, in Teil 2, ›Proceedings of the American Society for Psychical Research, Inc.‹, Band 15 (1921); Harry Houdini, ›A Magician Among the Spirits‹ (1924); und John Mulholland, ›Beware Familiar Spirits‹ (1938).

2. »Information Transmission under Conditions of Sensory Shielding« von Russell Targ und Harold Puthoff, ›Nature‹, Bd. 251, 18. Oktober 1974, S. 602–607. Eine leichte Kritik an diesem Artikel findet sich im Wort des Herausgebers auf S. 559 der gleichen Ausgabe. Für eine härtere Kritik siehe »Uri Geller and Science« von Joseph Hanlon, ›The New Scientist‹, Bd. 64, 17. Oktober 1974, S. 170–186, und das erste Kapitel von ›Geister, Götter, Gabelbieger‹ von Milbourne Christopher, T. Y. Crowell (1975). Eine noch härtere Kritik findet sich in ›The Magic of Uri Geller‹ von James Randi, Ballantine Books (1975).

3. Diese Technik wurde von Houdini in einem seltenen Pamphlet, das Randi in seinem Buch wiedergibt, erklärt. Sie wird auch in ›Confessions of an Psychic‹, einer anonymen, von Karl Fulves (1975) zum Verkauf auf dem Markt für Zauberartikel herausgegebenen Broschüre, erläutert. Die Broschüre gibt vor, das geheime Tagebuch von Gellers größtem Rivalen, Uriah Fuller, zu sein, aber es enthält die bis dahin detailliertesten Erklärungen zu Gellers Methoden.

4. ›Superminds‹ wurde 1975 herausgebracht, in England von Macmillan, in den USA von Viking. Siehe auch Taylors Artikel »The Spoon Benders«, in ›Psychic‹, Bd. 6, (Dezember 1975), S. 8–12, und meine Besprechung von ›Superminds‹ in ›New York Review of Books‹, 30. Oktober 1975, S. 14–15.

5. Siehe »Spoon Bending: An Experimental Approach« von Brian R. Pamplin und Harry Collins, ›Nature‹, Bd. 257, 4. September 1975, S. 8.

6. Sarfattis Mitteilung wurde weltweit in Zeitschriften für das Übernatürliche und in ›Science News‹, Bd. 106, 20. Juli 1974, S. 46 abgedruckt.

7. Nachdem ich diesen Artikel geschrieben hatte, traf sich Sarfatti zum Essen mit dem Magier James Randi, der einen Löffel zerbrochen und die Zeiger einer Uhr auf eine Weise bewegt hatte, die Sarfatti nach der Beobachtung Gellers von dessen Methode ununterscheidbar fand. Das veranlaßte Sarfatti sofort dazu, seine Meinung zu ändern und eine

weitere Pressemitteilung (19. Dezember 1975) abzufeuern, die folgendermaßen beginnt: »Auf der Grundlage größerer Erfahrung in der Kunst des Zauberns möchte ich meine Bestätigung von Uri Gellers Echtheit öffentlich zurückziehen.« Diese Mitteilung erschien als Brief in ›Science News‹, 6. Dezember 1975, S. 355. Sarfatti schreibt: »Ich denke nicht, daß Geller für die Wissenschaftler, die augenblicklich paraphysikalische Phänomene untersuchen, von großem Interesse sein kann.« Sarfatti zweifelt nicht an der Existenz der PK-Kräfte. Er zweifelt jetzt lediglich daran, daß Geller im Besitz dieser Kräfte ist.

8. Man muß »kenntnisreich« hinzufügen, weil es in der Magie keinen Doktorgrad gibt, und jeder, wie kindisch sein Hintergrund auf diesem Gebiet auch sein mag, als Autorität auftreten kann. Verschiedene selbsternannte Experten auf dem Gebiet der Zauberkunst, die in den Augen anderer Magier höchst unwissend sind, haben sich Gellers Vorstellung angesehen und seine Ehrlichkeit propagiert: insbesondere William E. Cox, ein Mitarbeiter von J. B. Rhine.

9. Über Scientology siehe ›Kulte des Irrationalen‹ von Christopher Evans, Farrar, Straus & Giroux (1974). Über est siehe »The New Narcissism« von Peter Marin, ›Harper's Magazine‹, Oktober 1975; »We're Gonna Tear You Down and Put You Back Together« von Mark Brewer, ›Psychology Today‹, August 1975; »The Führer Over EST«, von Jesse Kornbluth, ›New Times‹, 19. März 1976, S. 36–52.

10. Eine exzellente, populärwissenschaftliche Erklärung der EPR-Paradoxie und des Theorems von Bell findet sich in »Quantum Theory and Reality« von Bernard d'Espagnat, in ›Scientific American‹ vom Oktober 1979.

11. Meine Zitate von Sarfatti stammen aus Mitteilungen, die von seiner Physics/Consciousness Research Group verbreitet wurden und aus seinem Essay »The Physical Roots of Consciousness«, in ›The Roots of Consciousness‹ von Jeffrey Mishlove. Mishlove studiert an der Universität von Kalifornien im Zweitstudium Philosophie. Sein dickes, reich illustriertes Buch (mit Farbbildern, die zeigen, wie Wunderchirurgen krankes Körpergewebe entfernen, ohne die Haut aufzuschneiden), erschien 1975 bei Random House. Es ist ein unglaublicher Mishlovemasch aller wirren Aspekte der gegenwärtigen Psi-Szene.

12. Siehe ›Uri‹, von Andrija Puharich, Doubleday (1974).

13. ›Uri Geller: My Story‹ von Uri Geller, Praeger (1975). John G. Fuller, der tatsächliche Autor, sollte nicht mit Curtis Fuller verwechselt werden, dem Herausgeber des übernatürlichen Schundmagazins ›Fate‹, und auch nicht mit Willard Fuller, dem Wunderzahnarzt aus Jacksonville in Flori-

da (er füllt Löcher, ohne den Zahn zu berühren), oder mit Uriah Fuller, dem legendären Rivalen Uri Gellers.

14. Siehe »An Amazing Weekend with the Amazing Ted Serios«, von Charles Reynolds and David B. Eisendraht, Jr., ›Popular Photography‹, Oktober 1967, S. 81 f.

15. Die Parapsychologen nehmen Ninel Kulagina sehr ernst. Sie begann ihre Karriere als eine von mehreren Russinnen, die behaupteten, die ›Prawda‹ mit ihren Fingerspitzen lesen zu können. Nach einem kurzen Gefängnisaufenthalt (wegen Schwarzhandels) stieg sie zum Medium Nr. 1 der Sowjetunion auf.

16. »The Brooklyn Healer« von Brian Van der Horst, ›Village Voice‹, 23. Dezember 1974, wiederabgedruckt in ›Cosmopolitan‹, August 1975.

17. Honorton gab seine Entdeckung in seinem »Bericht über die Psychokinese von Felicia Parise« auf einer Versammlung der Parapsychology Association bekannt, die seit 1969 der American Association for the Advancement of Science angegliedert ist. Seine Behauptungen wurden von Graham Watkins, einem Mitarbeiter Rhines, unterstützt. Watkins berichtete über Felicia Parises Fähigkeit, eine Kompaßnadel zu bewegen und einen nebligen Schimmer auf unbelichtete Filme in der Nähe des Kompasses zu bringen – alles natürlich unter der »strengen« Kontrolle eines Labors, ohne Anwesenheit eines Magiers.

Der Physiker Edwin May zeigte auf dieser Versammlung einen Film zur Dokumentation ihrer Kräfte. »Die Physiker sind sich vollkommen im unklaren darüber, wie es zu diesen Phänomenen kommt«, erzählte May einem Reporter. »Jetzt versuchen wir herauszufinden, woher ihre Kräfte kommen.« Siehe »Amazing U.S. Woman Moves Objects with Mind Power« von Paul Bannister, ›National Enquirer‹, 30. Dezember 1975, S. 4; und »Apparent Psychokinesis on Static Objects by a ›Gifted‹ Subject: A Laboratory Demonstration« von Graham K. Watkins und Anita M. Watkins, ›Parapsychology Research‹ 1973, S. 132–134.

KAPITEL 6

Die Bedeutungslosigkeit Conan Doyles

*Es gibt einige Bäume, Watson, die bis zu einer bestimmten
Höhe wachsen und dann plötzlich eine häßliche Exzentri-
zität entwickeln. Das kann man auch oft bei Menschen
beobachten.*

Conan Doyle, ›The Adventure of the Empty House‹

*Was hat jener bekannte Spiritist... mit Sherlock Holmes
zu tun?*
T.S. Eliot

Fragen, Eliots vergleichbar, kann man über viele andere Berufs-
schreiber stellen, deren Namen mit angeblich fiktiven Charakteren in
Verbindung gebracht werden. Was haben der im 16. Jahrhundert
lebende spanische Landstreicher und der bewaffnete Soldat mit Don
Quichote und Sancho Panza gemein? Was haben der krausköpfige,
mondgesichtige französische Mulatte, der Wüstling, der Verschwen-
der und der Schundliterat zu tun mit Athos, Porthos, Aramis und
d'Artangnan!

Die Antwort lautet selbstverständlich »Nichts«. Der Fall Cervantes
ist besonders lehrreich, da er sehr viel gemein hat mit dem des Conan
Doyle. Die beiden Bücher über die Abenteuer des Ritters von La
Mancha erzählen die Geschichte einer langwährenden Freundschaft
zwischen einem Träumer – dennoch Mann der Tat – und seinem
treuen, mit beiden Beinen auf dem Boden stehenden Begleiter. Wir
wissen heute, dank der jüngsten Anstrengungen spanischer Gelehrter, daß diese Abenteuer nicht von Cervantes, sondern von Sancho
Panza geschrieben wurden. Nachdem sein Herr gestorben war, ver-
kaufte Sancho seine Memoiren an Cervantes, der, Schuft, der er war,
diese bis nach dem Tode Sanchos zurückhielt.

Aus ›Beyond Baker Street‹ (Bobbs-Merrill, New York, 1976)

Man hätte dies, lange bevor die Wahrheit bekannt wurde, annehmen können. Cervantes hatte wenig Interesse an Don Quichote. Es waren seine eigene Dichtkunst und seine Stücke, alle sorgfältig und im klassischen Stil geschrieben, auf die er stolz war. Nur weil er ernstlich in Geldschwierigkeiten war, gab er die Erlaubnis, daß sein Name auf Sanchos riesigem, nachlässigem Werk erscheinen durfte.

Sancho war, ohne Frage, ein besserer Schriftsteller als Cervantes. Er war weit davon entfernt, die langsam denkende Person zu sein, zu der er sich selbst gemacht hatte, aber wie James Boswell und John Watson stellte er sich selbst bescheiden in den Schatten, um seinem Freund größere Huldigung zukommen zu lassen. Unglücklicherweise schrieb er die Geschichten über seinen Herrn im hohen Alter, als seine Erinnerungen anfingen zu verblassen, und sie waren voller Fehler, die Cervantes niemals, wenn er sich die Mühe gemacht hätte, das Manuskript sorgfältig durchzuarbeiten, hätte erscheinen lassen. Cervantes hatte so wenig Interesse am ersten Teil von Sanchos Memoiren, daß er erst 10 Jahre später, als er wieder dringend Geld benötigte, die Fortsetzung herausgab. Dieses Mal überarbeitete er sie sorgfältiger, fügte Teile hinzu, in denen er versuchte, die Widersprüche aufzuklären, die er in der früheren Ausgabe zu entfernen versäumt hatte.

Es gibt viele Gründe für die Annahme, daß Doyle ebensowenig mit Watsons Manuskript zu tun hatte wie Cervantes mit Sancho Panzas. Wie Cervantes, hatte Doyle keinerlei Interesse an den Geschichten, die er als seine eigenen ausgab – er hatte nur Verachtung für sie übrig.

Aber sobald sie allgemein erfolgreich waren, ihm ein Einkommen brachten, das er für andere Vorhaben benötigte, ließ er sie weiter unter seinem Namen erscheinen, bereitete sie hier und da etwas auf, überarbeitete sie aber so oberflächlich, daß viele von Watsons Widersprüchen, ähnlich denen Sanchos, übrigblieben.

Der stärkste, aus dem Werk selbst kommende Beweis, daß weder Cervantes noch Doyle die Geschichten, durch die sie berühmt wurden, geschrieben haben, ist einfach der gewaltige Gegensatz in der Mentalität und der philosophischen Weltanschauung von angenommenem Autor und seinem Helden. Don Quichote war ein Mann mit festem römisch-katholischen Glauben, hohen moralischen Prinzipien und einer ausgeprägten Vorliebe für die Ritterlichkeit. Cervantes haßte Ritterlichkeit. Er erlaubte, daß sein Name auf Sanchos Buch erschien, da er fälschlicherweise annahm, es würde Angriffe auf Ritterlichkeit und Glauben beinhalten. Seine Untreue seiner Frau gegenüber, die Episoden mit seinen Mätressen, die Affairen seiner Tochter – waren so unfein, daß die ersten Biographen auf Latein zurückgriffen, wenn sie Details lieferten.

Der gleiche große Gegensatz zwischen den Anschauungen Holmes' und Doyles ist oft erwähnt worden. War Gilbert Chesterton der erste, der darauf hinwies, um wieweit mehr Doyle mit Dr. Watson gemein hatte? Es ist wahr, daß beide, Doyle und Watson, Mediziner waren, langsame Denker, gute Schriftsteller und empfänglich für die Poesie Londons; und doch bestand ein überwältigender Unterschied zwischen den beiden Männern, der, wie ich glaube, noch nicht genügend berücksichtigt worden ist. Ich meine Watsons immerwährende Bewunderung für Rationalität, Wissenschaft und gesunden Menschenverstand.

Es ist viele Male darauf hingewiesen worden, daß Holmes' sogenannte Deduktionen in Wahrheit Induktionen waren. Wie der Naturwissenschaftler, der ein Naturgeheimnis zu lösen versucht, sammelte Holmes erst möglichst viele Beweisstücke, die wichtig für seine Aufgabe waren. Manchmal führte er Experimente durch, um neue Daten zu erhalten. Dann schätzte er die Beweisstücke unter Beachtung seines großen Wissens auf dem Gebiet der Kriminalität und der für die Kriminalistik relevanten Wissenschaften ab, um die wahrscheinlichste Hypothese zu erhalten. Aus der Hypothese entstanden dann Schlußfolgerungen. Dann wurde die Theorie an neuen Erkenntnissen überprüft, wenn nötig revidiert, bis schließlich die Wahrheit mit einer Wahrscheinlichkeit nahe der Gewißheit zum Vorschein kam.

Obwohl Watson selten eine Rolle in diesem komplexen Prozeß spielte, verfolgte er die Enthüllung mit großem Respekt. Häufig durch Holmes Geschwindigkeit und Leistungsfähigkeit vor Rätsel gestellt, versäumte er es niemals, sie zu bewundern, das Endergebnis zu akzeptieren und wenn nötig, nachdem ihm das Verfahren erläutert wurde, auszurufen: »Wie unsinnig einfach!«

Nichts könnte vom Weltbild des angeblichen Schöpfers von Watson weiter entfernt sein. Doyle verbrachte die letzten zwölf Jahre seines Lebens damit, einen dauernden Kreuzzug gegen Wissenschaft und Rationalität zu führen. Diese Zeitspanne wird von Doyle-Biographen gewöhnlich schnell abgehandelt, aber im Hinblick auf das heutige explosionsartige Interesse an Spiritismus und okkulten Dingen ist es nützlich, sie unter dem Gesichtspunkt einer Anschauungsstunde zu betrachten. Darüber hinaus finden wir hier einen überwältigenden Beweis dafür, daß Doyle fast nichts mit Holmes oder Watson zu tun hatte.

Es wird gesagt, daß Doyles Hinwendung zum Spiritismus, wie kürzlich im Falle des Bischofs James Pike, eine emotionale Reaktion auf den Tod seines Sohnes war. Dem ist nicht so. Selbst als junger irischer Katholik hatte Doyle ein großes Interesse am Übernatürlichen. Sein Spiritismus-Kreuzzug begann 1916, zwei Jahre, bevor sein Sohn starb. Obwohl auch einige britische Wissenschaftler dieser Manie verfallen waren, vor allem Oliver Logde und William Crookes, wurde Doyle schnell der einflußreichste Wortführer der Bewegung. Er predigte und debattierte allenthalben. Seine literarischen Mühen für diese Sache waren gewaltig. Außer unzähligen Pamphleten, Zeitschriftenartikeln, Bucheinführungen bei anderen Autoren, Briefen und Buchbesprechungen, stammen die folgenden Ausgaben spiritistischer Apologetik aus seiner Feder: ›The New Revelation‹, ›The Vital Message‹, ›The Wandering of a Spiritualist‹, ›Our American Adventure‹, ›The Case for Spirit Photography‹, ›Psychic Experiences‹, ›The Mystery of Spiritualism‹, ›The Land of Mist‹,[1] ›The Edge of the Unknown‹ und eine monumentale, zweibändige ›History of Spiritualism‹.

Es ist unwahr zu behaupten, daß Doyle senil wurde. Er war es nicht. In seinen letzten Jahren war er bemerkenswert kraftvoll und produktiv. Sein letztes Buch ›The Edge of the Unknown‹, das 1930, in dem Jahr, in dem er 71jährig starb, veröffentlicht wurde, ist ein Beispiel für klaren, wunderschön gegliederten Stil. Tausende wurden stark durch seine Bücher und Vorträge beeinflußt, von Dr. Joseph B. Rhine, dem berühmten Parapsychologen, kann man nachweisbar sagen, daß erst eine Rede Doyles ihn veranlaßte, sich von seinem Fachgebiet, der Botanik, abzuwenden, um sich dem Studium übernatürlicher Phänomene zu widmen.

In ›Memoires and Adventures‹ (S. 392–94) liefert Doyle eine dramatische Zusammenfassung der Gründe für seinen Glauben an den Spiritismus. Er hatte seine tote Mutter und seinen toten Neffen so deutlich gesehen, daß er die Runzeln seiner Mutter und die Sommersprossen seines Neffen hätte zählen können. Er hat schließlich mit Verstorbenen geredet. Er hat den »seltsamen, ozonähnlichen Ektoplasmageruch« wahrgenommen. Wahrsagungen, die er vernahm, hatten sich prompt erfüllt. Er hatte »den Toten auf einer photographischen Platte schimmern sehen«, die nur seine eigene Hand berührt hatte. Seine Frau, ein Medium, deren Finger beim Schreiben spiritistisch gelenkt wurden, hatte »vollständig ohne eigenes Wissen ein ganzes Notizbuch voller Informationen« zusammengetragen. Er hatte schwere Gegenstände gesehen, die »durch die Luft glitten, ohne von einer menschlichen Hand berührt zu werden«. Er hatte gesehen, »wie Erscheinungen im hellen Licht durch einen Raum gingen und sich am Gespräch der Anwesenden beteiligten«. An seiner Wand hing ein Gemälde von einer Frau ohne jede künstlerische Ausbildung, die von einem künstlerischen Geist besessen gewesen war.

Er hatte Bücher gelesen, die von Medien geschrieben waren, die Analphabeten waren, und die das Werk toter Schriftsteller übertragen hatten, und er hatte den Stil des Schriftstellers erkannt, »den kein Fälscher hätte kopieren können, und der in seiner eigenen Handschrift geschrieben war«. Er hatte »ein Singen jenseits irdischer Macht« gehört und »ein Pfeifen ohne jede Pause zum Atemholen«. Er hatte Gegenstände gesehen, die aus der Entfernung in einen Raum mit geschlossenen Fenstern und Türen projiziert worden waren. Warum, so schloß Doyle, sollte ein Mann, der all dies erfahren hat, das »Geschwätz unverantwortlicher Journalisten oder das Kopfschütteln unerfahrener Wissenschaftler beachten? In dieser Beziehung sind sie alle Babies und sollten zu seinen Füßen sitzen.«

Das sind die harten Worte eines im Grunde genommen ernst zu nehmenden Mannes. Das sind aber auch die Worte eines Mannes, dessen Temperament sich vollkommen von dem von Holmes und Watson unterschied. Die bittere Wahrheit ist, daß Doyle ein inkompetenter Beobachter angenommener übernatürlicher Geschehen war. Er kannte nicht einmal die Anfangsgründe von Magie und Täuschung, war hoffnungslos naiv und glaubte alles, ganz gleich, wie dürftig die Beweise auch waren. Immer wieder wurden die großen

Medien jener Tage, die übernatürliche Phänomene produzierten, von den Holmes und Watsons der Wissenschaft des Betruges überführt. Doyle weigerte sich, die Möglichkeit des Betruges auch nur anzunehmen, die Fälle ausgenommen, in denen er so offensichtlich war, daß jedermann in der spiritistischen Bewegung ihn erkannte. Sogar in diesen seltenen Fällen war Doyle schnell dabei, den Betrug als eine zeitweilige Verwirrung auf seiten der ehrlichen Medien zu deuten. Wurden sie nicht durch die unablässigen Forderungen der Skeptiker nach Phänomenen, die nicht immer nach Willen produziert werden konnten, zum Betrug gezwungen?

In vielen Fällen weigerte sich Doyle ganz entschieden, betrügerischen Medien zu glauben, auch wenn diese ein volles Geständnis abgelegt und ganz detailliert ihre Betrugsmanöver geschildert hatten. Das sensationellste Geständnis stammte von Margaret Fox, einer der Fox-Schwestern aus dem Staate New York, mit deren Fähigkeit, durch Knacken mit dem ersten Gelenk ihres großen Zehs geisterhaftes Klopfen hervorzurufen, die moderne spiritistische Manie begonnen hatte. Das bemerkenswerte Geständnis von Margaret Fox, das sie 1888 im Alter von einundachtzig Jahren machte, erschien am 21. Oktober in der New Yorker ›World‹ und ist in Harry Houdinis ›A Magician Among the Spirits‹ nachzulesen. An jenem Abend, auf der Bühne der New Yorker ›Academy of Music‹, unter der strengen Kontrolle dreier Physiker, zog Margaret einen Schuh aus, legte einen Fuß auf einen Stuhl und demonstrierte ihre Zeh-Knack-Technik einem schweigenden Publikum.

Wie reagierte Doyle auf ihr Geständnis? Wie andere prominente Spiritisten weigerte er sich, es zu glauben. Er glaubte auch nicht Houdini, als der Magier ihn davon zu überzeugen versuchte, daß prominente Zauberkünstler jener Tage, die aus der Behauptung, übernormale Kräfte zu haben, Kapital schlugen, keine wirklichen Medien waren. Die Gebrüder Davenport z. B. waren Freunde von Houdini. Er kannte deren Methoden nur zu gut, war aber nicht in der Lage, Doyle davon zu überzeugen, daß sie mit Tricks arbeiteten. Julius Zancig, ein weiterer Magier und Freund Houdinis, hatte einen geheimen Code perfektioniert, mit dessen Hilfe er seiner Frau auf schnelle Art Informationen übermitteln konnte. So wie einige heutige Zauberer vorgeben, tatsächlich Gedanken lesen zu können, weil dies ihr Ansehen vergrößert und ihr Einkommen steigert, entdeckten auch die Zancigs, daß sie mehr Geld machen konnten, wenn sie als Medien und nicht als einfache Zauberer auftraten. Doyle zweifelte niemals an der Echtheit ihrer telepathischen Fähigkeiten. Die Zauberer fanden dies damals genauso lustig, wie die Zauberkünstler es heute tun, wenn von einem berühmten Schriftsteller oder Wissenschaftler bekannt wird, daß er an die paranormalen Kräfte irgendeines Magiers, der nun vorgibt, ein Medium zu sein, glaubt.

Doyle weigerte sich in der Tat sogar, an Houdinis wiederholte Beteuerung zu glauben, er, Houdini, sei kein Medium. Doyles Aufsatz »The Riddle of Houdini«[2] ist eines der absurdesten Dokumente in der Geschichte der Parapsychologie. Hier behauptet Doyle, von dem angenommen wird, er habe Sherlock Holmes erschaffen, allen Ernstes, daß sein Freund Houdini in Wirklichkeit ein Medium sei, das seine Entfesselungskünste durch Entmaterialisierung seines Körpers vollbrachte!

Houdinis Protest fiel auf taube Ohren. Doyle gab bereitwillig zu, daß Houdini ein fähiger Zauberkünstler wäre, aber er behauptete, daß sich die Ebene, auf der sich Houdinis Entfesselungskünste bewegten, so »vollkommen von der anderer Zauberer« unterschied, daß es ein »grober Verstoß gegen den gesunden Menschenverstand sei, etwas anderes zu denken«. Warum leugnete Houdini seine einzigartigen Kräfte, wenn er ein wirkliches Medium war? »Es ist ganz klar«, so beantwortete Doyle sich die Frage selbst, »daß er seine Beschäftigung für immer losgewesen wäre, wenn er sie nicht geleugnet hätte. Was hätten seine Magier-Brüder zu einem Mann gesagt, der zugibt, daß seine Tricks zur Hälfte auf ihrer Meinung nach unzulässigen Kräften beruhen? Das wäre das ›Ende Houdinis‹ gewesen[3].«

Es gibt kaum eine Seite in einem der Okkultismus-Bücher Doyles, die nicht offenbart, daß er das genaue Gegenteil von Holmes war. Seine Leichtgläubigkeit war grenzenlos. Sein Verständnis von dem, was wissenschaftliche Beweisführung ausmacht, bewegte sich auf einer Ebene mit dem der Mitglieder der Londoner Flat Earth Society. Man betrachte beispielsweise die Geschichte, die er in ›The Coming of the Fairies« erzählt[4].

1917 wurde die in dem Dorf Cottingley in Yorkshire lebende, sechzehnjährige Elsie Wright von ihrer zehnjährigen Kusine Frances

Griffiths besucht. Elsie war ein verträumtes kleines Mädchen, das schon seit Jahren gerne Feen zeichnete. Sie besaß ein beträchtliches künstlerisches Talent, hatte schon einige Entwürfe für einen Juwelier angefertigt und hatte einige Monate lang für einen Photographen gearbeitet. Die beiden Mädchen verbrachten gerne viele Stunden in einem kleinen Tal, wo sie, wie sie Mr. und Mrs. Wright erzählten, oft mit Feen spielten.

Eines Tages borgten sich die Mädchen Mr. Wrights Photoapparat aus, und Elsie machte im Wald eine Aufnahme von Frances. Als Mr. Wright das Bild entwickelte, sah er mit Erstaunen vier spärlich bekleidete Feen mit großen Schmetterlingsflügeln, die unter Frances' Kinn vergnügt durch die Luft tanzten. Zwei Monate später machte Frances eine Aufnahme von Elsie, die zeigte, wie diese einen winzigen, mit einem schwarzen Anzug und einem spitzen Hut (hellrot, wie sich die Mädchen später erinnerten) bekleideten Gnom heranwinkte und ihn einlud, auf ihrem Schoß Platz zu nehmen.

Die beiden Photos erreichten Doyle über Edward L. Gardner, einen Theosophen und Okkultismus-Journalisten. Doyle schrieb in großer Aufregung an Houdini: »Ich habe etwas... genauer gesagt, zwei Photographien, eine von einem Zwerg, die andere von vier Feen in einem Wald in Yorkshire. Ein Schwindel! wirst Du sagen. Nein, mein Herr, das glaube ich nicht. Es werden jedoch alle notwendigen Nachforschungen erfolgen. Ich bin nicht befugt, Dir die Bilder zuzusenden. Die Feen sind ungefähr 10 cm groß. Auf einem Bild ist ein einzelner tanzender Zwerg zu sehen. Auf dem anderen vier wunderschöne, leuchtende Geschöpfe. Ja, es ist eine Enthüllung.«

In der Ausgabe des ›Strand Magazine‹ (Dezember 1920), der monatlich erscheinenden Zeitschrift, die so viele von Watsons hervorragenden Geschichten abgedruckt hatte, erarbeiteten Doyle und Gardner zusammen den Beitrag »An Epoch-Making Event – Fairies Photographed«. Der Artikel entfesselte einen wahren Sturm. Mehrere Zeitungen hielten die Bilder für Fälschungen, aber Hunderte von Lesern schrieben Doyle, daß auch sie Feen in ihrem Garten gesehen hatten. Drei Jahre nach Aufnahme der ersten beiden Feen-Bilder brachte Gardner die beiden Kusinen wieder bei derselben Hütte zusammen (die Mädchen hatten darauf bestanden, daß die Feen erst dann »herauskommen« würden, wenn sie beide anwesend wären) und borgte ihnen seine Kamera. Es gelang den Mädchen schließlich, drei weitere Photographien von Feen zu machen. Bei keiner der Aufnahmen war Gardner zugegen. Warum nicht? Weil die Mädchen ihn davon überzeugt hatten, daß die Feen außerordentlich scheu wären und vor einem Fremden nicht erscheinen würden!

Die drei Bilder erschienen 1921 in ›Strand‹, und im folgenden Jahr nahm Doyle alle fünf in sein Buch ›The Coming of the Fairies‹ auf. Eine der drei Photographien zeigt eine Fee mit gelben Flügeln (die Details über die Farben wurden von den Mädchen geliefert), die Elsie einen kleinen Strauß »ätherischer Glockenblumen« anbietet. Ein weiteres Bild zeigt eine fast nackte junge Dame mit lavendelfarbenen Flügeln, die auf Elsies Nase zuspringt.

Auf der dritten Photographie ist keines der Mädchen zu sehen. Eine geflügelte Fee befindet sich auf der linken, eine weitere auf der rechten Seite. Beide sind entweder teilweise von Zweigen bedeckt, oder aber die Zweige sind durch ihre transparenten Körper hindurch zu erkennen. Die Mädchen erinnerten sich daran, die beiden Geschöpfe gesehen zu haben, aber sie sagten, sie hätten nur einen nebligen Schimmer zwischen ihnen bemerkt. Auf der Photographie erweist sich dieser Schimmer als etwas, das wie ein Stück Seide aussieht, die auf einigen Ästen hängt. Nach Doyles Bildunterschrift in der ersten britischen Ausgabe des Buches ist es ein »magnetisches Bad«, das aufs schnellste von den Feen gewebt wurde und besonders bei trübem Wetter und im Herbst benutzt wurde. Die durch die Seide tretenden Sonnenstrahlen scheinen das Innere zu magnetisieren, das so ein »Bad« liefert, das Vitalität und Kraft wiederherstellt.

Doyle war nun fest davon überzeugt, daß es sich bei den Feen nicht um »erdachte Formen« handelte, die von den Mädchen in den Photoapparat projiziert worden waren, wie die Photographien, von denen Jules Eisenbud in seinem Buch ›World of Ted Serios‹ (William Morrow, 1967) behauptet, daß sie von einem Chikagoer Jungen auf Polaroid-Film projiziert worden waren. Doyle glaubte, die Feen gehörten zu »einer Bevölkerung, die vielleicht so zahlreich ist wie die menschliche Rasse ... und die nur durch irgendeinen Unterschied der Schwingungen von uns getrennt ist«.

Darüber hinaus war Doyle davon überzeugt, daß die Enthüllung über die Existenz dieser kleinen Leute viel dazu beitragen würde, den

Materialismus zu bekämpfen, der die moderne Wissenschaft beherrschte und somit den Weg für die Akzeptanz der noch größeren Enthüllung des Spiritismus ebnen würde. 1920 schrieb er an Gardner: Ich bin stolz darauf, bei diesem epochemachenden Ereignis mit Ihnen zusammenzuarbeiten. Auf Séancen haben wir wiederholt die Botschaft erhalten, daß ein sichtbares Zeichen zu uns durchdringen würde – und vielleicht war es dies, das gemeint war. Die menschliche Rasse bedarf keiner weiteren Beweise... Unsere Freunde dort drüben jedoch haben lange Zeit gelitten und sind doch gütiger als ich, denn ich muß gestehen, daß meine Seele voll ist von kühler Verachtung für die zerstreute Gleichgültigkeit und die moralische Feigheit, die ich um mich herum gesehen habe.

Doyle bemerkte, daß eine der vier Feen auf dem ersten Bild der Mädchen eine Doppelflöte spielt. Eine ähnliche Flöte hat der Gnom auf dem zweiten Bild. Ist dies nicht die traditionelle Flöte des Pan? Nach Aussage der Mädchen erzeugte sie ein »winziges, kleines Klingen«, das auch bei vollkommener Stille kaum zu hören war. Und wenn die Feen Flöten haben, warum dann nicht auch andere Sachen? »Deutet dies nicht auf ein komplettes Sortiment von Utensilien und Instrumenten...?« fragt Doyle. »Es hat für mich den Anschein, daß diese Leute, bei größerem Wissen und unter anderem Blickwinkel unsererseits, das Schicksal haben, genauso körperlich und real zu werden wie die Eskimos.«

Einer der lustigsten (und traurigsten) Aspekte von Doyles groteskem Buch ist der, daß es sich bei den fünf Bildern, die er so stolz präsentiert, noch nicht einmal um clevere Fälschungen handelt. Die mangelhafte Modellierung der Feenfiguren und ihre scharfen Umrisse deuten darauf hin, daß Elsie sie ganz einfach auf Pappe aufgemalt hatte. Dann hatten die Mädchen sie ausgeschnitten und in das Gras gesteckt oder sie an unsichtbaren Drähten oder Fäden in der Luft schweben lassen. (Die Bilder hätten auch auf andere Art gefälscht werden können, aber diese scheint die wahrscheinlichste zu sein.) Die Feen haben Frisuren, die zu jener Zeit modern waren. Es ist nicht die geringste Unschärfe zu erkennen, die durch ihre flatternden Flügel verursacht worden wäre. Auf jedem Bild sehen die Feen so flach aus wie Papierpuppen.

Im Gegensatz zu Dr. Watson brachte es Doyle nicht über sich

auszurufen: »Wie unsinnig einfach!« Nicht ein einziges Mal zweifelte er die Echtheit der Feenphotos an, obwohl er zugab, daß die Beweise für deren Echtheit noch weniger »überwältigend« waren als die für die Echtheit von Photographien Verstorbener auf der »anderen Seite«. Die beiden Mädchen nahmen keine weiteren Feenbilder auf. Doyle berichtet von einem Besuch des Hellsehers Geoffrey Hodson im Cottingley-Tal im Jahre 1921. Er wurde von den beiden Mädchen begleitet. An dem Ort wimmelte es nur so von Elfen, Gnomen, Feen, Wichten, Kobolden, Wassernymphen und anderen schwer zu fassenden Kreaturen, die von Hodson und den Mädchen gesehen und lebhaft beschrieben wurden. Die kleinen Leute weigerten sich aber, auf irgendeiner Aufnahme zu erscheinen[5].

1971 wurden Elsie und Frances von der BBC interviewt. Die beiden älteren Damen bestanden darauf, daß Elsies Vater die Aufnahmen nicht gefälscht hatte. Als Elsie frei heraus gefragt wurde, ob sie oder Frances die Bilder gefälscht hätten, leugnete sie dies nicht. »Ich habe Ihnen gesagt, daß Photographien Ausdruck unserer Phantasie sind«, sagte sie, »und dazu stehe ich.« Dieselbe Frage wurde Frances, die nicht mit Elsie zusammen interviewt wurde, gestellt. Frances fragte, wie Elsie diese Frage beantwortet hätte. Als sie deren Antwort erfuhr, meinte sie, sie hätte dem nichts hinzuzufügen.[6]

Was soll man nun mit einem bedeutenden Schriftsteller machen, der glaubte, daß Houdini seinen Körper bei seinen Entfesselungskünsten entmaterialisierte, und daß die Täler Englands von einem winzigen Völkchen bewohnt sind, das sich dann und wann dazu hergibt, von uns Sterblichen gesehen und photographiert zu werden? Ganz gleich wie Ihre Antwort lautet, eines ist sicher. Ein solcher Mann hätte niemals, als Ausdruck *seiner* Phantasie, den kühlen, rationalen Holmes oder seinen Bewunderer Dr. Watson konstruieren können.

Es war, wie ich glaube, nicht Doyle, der dieses Paar unsterblich gemacht hat. Es war umgekehrt. Holmes und Watson, darauf bedacht, ihr Privatleben zu wahren, erlaubten es Sir Arthur, das Verdienst für ihre Erfindung für sich in Anspruch zu nehmen. Dadurch übertrugen sie auf ihn jene irdische Unsterblichkeit, die seine authentischen oder mittelmäßigen Werke ihm nicht hätten verleihen können.

100

Anmerkungen

1. ›The Land of Mist‹ ist in Wirklichkeit eine Erzählung, doch eine, die die spiritistische Trommel rührt. Der von Doyle erfundene Wissenschaftler George Edward Challenger (berühmt aus ›Lost World‹), jetzt Witwer, wird zum Spiritismus bekehrt, als er eine Botschaft von seiner verstorbenen Frau erhält. Bevor ›Strand‹ die Erzählung als Serie herausbrachte, nannte Doyle sie ›The Psychic Adventures of Edward Malone‹.
Das stärkste Anzeichen, daß Holmes nicht Doyles Geschöpf war, ist die Tatsache, daß Holmes, im Gegensatz zu Professor Challenger, niemals Spiritist wurde. Es ist wahr, daß er einmal (in »The Adventures of the Veiled Lodge«) eines von Doyles favorisierten Themen wiedergibt: »Die Wege des Schicksals sind in der Tat schwer zu verstehen. Wenn es keine Entschädigung nach diesem Leben gibt, dann ist die Welt ein grausamer Scherz.« Hätte Doyle diese Geschichte aber zu der von ihm angegebenen Zeit geschrieben, nämlich als sich sein Interesse am Spiritismus auf seinem Höhepunkt befand, dann hätte Holmes mit Sicherheit mehr als das gesagt.
2. Dieser Essay wurde zuerst als Pamphlet veröffentlicht und vom ›Strand Magazine‹ unter dem Titel »Houdini the Enigma«, Band 74, August und September 1927, als Serie herausgebracht. In Doyles Buch ›The Edge of the Unknown‹, das gegenwärtig als Berkley-Taschenbuch erhältlich ist, wurde er wiederabgedruckt.
3. Näheres über Doyles Verhältnis zu Houdini wird in ›Houdini and Conan Doyle: The Story of a Strange Friendship‹ von Bernard M. L. Ernst und Hereward Carrington (New York: Albert and Charles Boni, 1932) erläutert. Man kann auch das Kapitel über Doyle in Houdinis ›A Magician Among the Spirits‹ (New York: Harper and Brothers, 1924) zu Rate ziehen und die vielen Hinweise auf Doyle in ›Houdini, the Untold Story‹ von Milbourne Christopher (New York: Thomas Y. Crowell, 1969).
4. ›The Coming of the Fairies‹ wurde erstmalig im Jahre 1922 veröffentlicht: in London von Hodder and Stoughton, in New York von George H. Doran. Eine erweiterte Auflage, zu der Doyle noch weitere Feen-Photographien aus England und anderen Ländern hinzufügte, wurde 1928 in London von ›Psychic Press‹ herausgebracht. Samuel Weiser, New York, gab 1972 eine Neuauflage der Doran-Ausgabe als Taschenbuch heraus.
5. Hodson gibt uns einen vollständigen Bericht davon in seinem Buch ›Fairies at Work and Play‹, das in London 1921 vom Theosophical Society Publishing House veröffentlicht wurde. Derselbe Verlag veröffentlichte 1945 Edwin L. Gardners ›Fairies: The Cottingley Photographs and Their Sequel‹, ein Buch, das die besten Reproduktionen der fünf Photographien

enthält. Die vierte überarbeitete Auflage erschien 1966. Beide Bücher sind noch erhältlich.

Die neueste Nacherzählung der Geschichte von Doyle und den Feenbildern ist »Exploring Fairy Folklore«, ein zweiteiliger Artikel von Jerome Clark, ›Fate‹-Magazine, September und Oktober 1974.

6. Bänder von den BBC-Interviews mit Elsie und Frances befinden sich im Besitz von Leslie Gardner (dem Sohn von Edward L. Gardner), der auch eine große Menge unveröffentlichten Materials von den Untersuchungen seines Vaters über die Feen-Photographien besitzt. Kommentare über die BBC-Interviews finden sich in Robert H. Ashleys Brief in ›Fate‹ vom Januar 1975, Seite 129–30 und in »The Cottingley Fairy Photographs: A Re-Appraisal of the Evidence« von Stewart F. Sanderson, in ›Folklore‹, Band 84, Sommer 1973, S. 89–103. Den Text des letzteren Artikels hielt Sanderson als »Ansprache des Präsidenten« auf dem Jahrestreffen der ›Folklore Society‹ im März 1973 in London. Es handelt sich hier um die von einem Skeptiker exzellent zusammengefaßte Geschichte der Feenphotographien.

Nachwort

Jerome Clark verteidigte in seinem schwülstigen ›Fate‹-Artikel die Echtheit der Feen-Photographien. In einem späteren Artikel (»The Cottingley Fairies: The Last Word«, ›Fate‹, November 1978) mußte Clark einen Rückzieher machen. Der Grund: eine Entdeckung, über die der Okkultismus-Journalist Fred Gittings in ›Ghosts in Photographs‹ (Harmony Books, 1978) berichtete.

Gittings fand ein Kinderbuch mit dem Titel ›Princess Mary's Gift Book‹, das 1915 in England von Hodder and Stoughton herausgegeben worden war. Ironischerweise war dies derselbe Verlag, der später Doyles Abhandlung über die Feen publiziert hatte. In dem Kinderbuch gibt es ein Gedicht mit dem Titel »A Spell for a Fairy«, in dem gesagt wird, wie man die winzigen Geschöpfe heraufbeschwören kann. Die dem Gedicht folgende Illustration zeigt drei tanzende Feen. Vergleicht man diese mit den dreien auf der ersten Cottingley-Photographie, sieht man auf den ersten Blick, daß sie Strich für Strich kopiert wurden. Eines der Mädchen hatte sie ohne Zweifel auf Pappe aufgezeichnet, Flügel hinzugefügt, sie dann ausgeschnitten, und die Mädchen hatten sie ins Gras gesteckt, genau wie es die Skeptiker schon immer gesagt hatten.

Diese Enthüllung überzeugte Clark davon, daß die Aufnahmen ein Schwindel gewesen waren. Wird sie auch Jule Eisenbud überzeugen? Ich bezweifle es. Es zeigte sich, daß viele der Gedanken-Photographien von Ted Serios Punkt für Punkt mit bereits veröffentlichten Photographien übereinstimmten. Doch das stört Eisenbud nicht im geringsten. Er glaubt immer noch fest daran, daß Ted diese Bilder in Zeitschriften sah, sie sich einprägte und dann Jahre später durch seine übernatürlichen Kräfte auf Polaroid-Film projizierte. Man kann gleichermaßen behaupten, daß die beiden Mädchen die Feen-Abbildungen in dem Buch gesehen hatten, sich dieser erinnerten und dann später auf übernatürliche Weise drei dieser umherstolzierenden Damen auf die photographische Platte projizierten. Paranormale Hypothesen sterben nie aus. Sie verblassen nur für eine gewisse Zeit, um dann in voller Stärke wiederaufzuleben.

Robert Sheaffers Artikel »The Cottingley Fairies: A Hoax?« (›Fate‹, Juni 1978) wurde vor Gittings Entdeckung geschrieben, präsentiert aber zusätzliche wichtige Beweise für einen Betrug. Sheaffer hatte zwar selbst einen köstlichen Ulk gemacht. In »Cottingley Photographs: Winged Astronauts?« vermutete er, daß es sich bei den Feen um Geschöpfe aus UFOs handelt. Der Artikel wurde von Redakteuren, die zu einfältig waren, die Ironie Sheaffers zu erkennen, im ›Official UFO Magazine‹ im Oktober 1977 veröffentlicht.

Frances und Elsie wurden erneut interviewt, ihre Bemerkungen erschienen am 25. Oktober 1975 in der britischen Zeitschrift ›Woman‹. Die Damen blieben bei ihrer übernatürlichen Erklärung.

Reproduktionen der von den Mädchen kopierten Bilder finden sich in Gittings Buch, Charles reumütigem Artikel und in James Randis kürzlich erschienenem Buch ›Flim-Flam!‹ (Lippincott & Crowell, 1980).

KAPITEL 7

Berühmte Fälschungen in der Wissenschaft

Von Politikern, Grundstücksmaklern, Gebrauchtwagenhändlern und Werbetextern erwartet man, daß sie die Fakten in einer für sie nutzbringenden Weise interpretieren. Wissenschaftler aber, die ihre Resultate verfälschen, begehen in den Augen ihrer Kollegen ein unentschuldbares Vergehen. Es ist jedoch eine traurige Tatsache, daß es in der Geschichte der Wissenschaft von Fällen ausgemachten Betruges und von Beispielen, wo Wissenschaftler ihr Werk unbewußt verzerrten, indem sie es durch die Brille einer leidenschaftlich gehaltenen Überzeugung sahen, nur so wimmelt.

Gregor Johann Mendel, dessen Experimente mit Erbsen die Grundgesetze der Vererbung enthüllten, war ein so großer Held der modernen Wissenschaft, daß die Wissenschaftler der dreißiger Jahre von der Nachricht erschüttert waren, daß ihr Oberpriester seine Daten mit großer Wahrscheinlichkeit frisiert hatte. R. A. Fisher, ein bekannter britischer Statistiker, überprüfte Mendels Berichte sehr sorgfältig und kam zu folgendem Schluß: die Wahrscheinlichkeit, daß Mendel einen ungenauen Bericht über seine Experimente veröffentlichte, steht 10 000 zu 1.[1]

Bruder Mendel war ein römisch-katholischer Priester, der in einem Kloster in Brünn in der heutigen Tschechoslowakei lebte. Vor mehr als einem Jahrhundert entdeckte er bei der einsamen Arbeit im Klostergarten, daß seine Pflanzen sich nach genauen Wahrscheinlichkeitsgesetzen vermehrten. Später wurden diese Gesetze mit der Gentheorie erklärt (heute weiß man, daß es sich bei den Genen um Abschnitte entlang eines spiralförmigen DNA-Moleküls handelt), aber es war Bruder Mendel, der die Grundlagen für die heute nach ihm benannte Mendelsche Vererbungslehre legte. Sein bedeutendes

Werk wurde von den Botanikern seiner Zeit vollkommen ignoriert, und er starb, ohne zu wissen, daß er einmal berühmt werden würde. Mendel beschäftigte sich hauptsächlich mit Erbsen. Aus dem Samen der Zwergerbsen entwickeln sich ausnahmslos kleine Pflanzen, von den hohen Erbsenpflanzen aber gibt es zwei verschiedene Sorten. Aus dem Samen der einen Art wachsen nur hohe Pflanzen, aus dem Samen der anderen Art sowohl hohe als auch Zwergpflanzen. Mendel fand heraus, daß er bei Kreuzug der reinerbigen hohen mit den Zwergpflanzen nur hohe Pflanzen erhielt. Wenn er diese hohen Kreuzungen selbst bestäubte, erhielt er eine Mischung aus ¼ reinerbiger hoher, ¼ Zwerg- und ½ nichtreinerbiger hoher Pflanzen.

Heutzutage sagt man, daß Hochwüchsigkeit bei Erbsen dominant ist, Zwergwuchs rezessiv. Man kann Mendels Fortpflanzungsexperiment damit vergleichen, daß man einen Hut, in dem sich gleichviele rote und blaue Perlen befinden, schüttelt, und anschließend zwei Perlen herausnimmt. Die Wahrscheinlichkeit, rot-rot zu erhalten, beträgt ¼, für blau-blau ebenfalls ¼ und für rot-blau ½. Diese Wahrscheinlichkeitswerte werden jedoch nur auf lange Sicht erzielt. Führt man einen solchen Versuch nur ein einziges Mal mit (sagen wir) 200 zu gleichen Teilen gemischten Perlen aus, besteht kaum die Wahrscheinlichkeit, 25 rote, 25 blaue und 50 gemischte Paare zu bekommen. Jeder Statistiker würde bei einem solchen Ergebnis sehr mißtrauisch werden.

Gerade aus diesem Grund aber sind Mendels Zahlen sehr verdächtig. Sie sind zu gut, um wahr zu sein. Hat der Priester seine Daten bewußt zurechtgebogen? Wir wollen nachsichtig sein. Vielleicht lag seine Schuld nur im »Wunschdenken«, als er seine hohen und seine niedrigen Pflanzen klassifizierte und zählte.

Geologen finden seltsame Dinge im Boden, keine aber sind so seltsam wie die »Fossilien«, die Johann Beringer, ein in der Wissenschaft bewanderter Professor an der Universität von Würzburg, ausgrub. Die deutschen Protestanten des frühen achtzehnten Jahrhunderts konnten, wie so viele amerikanische Fundamentalisten heute, nicht daran glauben, daß Fossilien Relikte des Lebens sind, das vor Millionen von Jahren existierte. Professor Beringer hatte eine ungewöhnliche Theorie. Einige Fossilien, so gab er zu, könnten vielleicht Überbleibsel des Lebens sein, das durch die Sintflut zugrundeging, aber die meisten waren seiner Ansicht nach »besondere Steine«, die Gott selbst ausgemeißelt hatte, um herauszufinden, welche Art von Leben er schaffen sollte.

Beringer geriet in Ekstase, als sein Helfer (ein Teenager) begann, Hunderte von Steinen auszugraben, die seine Hypothese unterstützten. Die Steine trugen Abbildungen von Körpern unbekannter Insekten, Vögel und Fische, die man auf der Erde noch nie gesehen hatte. Einer der Vögel hatte einen Fischkopf – eine Idee, die Gott anscheinend verworfen hatte. Andere Steine zeigten die Sonne, den Mond, fünfzackige Sterne und Kometen mit lodernden Schweifen. Er fand auch Steine mit hebräischen Buchstaben. In einen war »Jehova« eingemeißelt.

1726 veröffentlichte Beringer eine gewaltige Abhandlung über diese grandiose Entdeckung. Diese Abhandlung war in lateinischer Sprache verfaßt und eindrucksvoll mit Bildern der gravierten Steine illustriert. Die Kollegen versuchten, Beringer davon zu überzeugen, daß er betrogen wurde, aber er tat dies als »bösartigen Spott« von verbohrten, dem Establishment verhafteten Kollegen ab.

Es ist nicht bekannt, was schließlich die Meinung des Professors änderte. Es heißt, er habe einen Stein mit seinem eigenen Namen gefunden! Es wurde eine Untersuchung abgehalten. Einer der Mitarbeiter gestand. Es stellte sich heraus, daß die besonderen Steine von zwei besonderen Kollegen, dem Bibliothekar der Universität und einem Geographieprofessor, gemeißelt worden waren.

Der arme, vertrauensselige Beringer, dessen Karriere nun zerstört war, wandte seine gesamten Ersparnisse dafür auf, die Exemplare seines idiotischen Buches aufzukaufen und zu verbrennen. Das Werk selbst aber wurde zu einem so berühmten Monument geologischer Torheit, daß siebenundzwanzig Jahre nach Beringers Tod in Deutschland eine Neuauflage erschien. 1963 wurde eine englische Übersetzung von der University of California Press publiziert. Beringer wurde unsterblich, aber nur als Opfer eines grausamen Scherzes.[2]

War Paul Kammerer Opfer eines ähnlichen Scherzes, oder war er selbst der Täter? Auf jeden Fall fand die Karriere eines der angesehensten Wiener Biologen ein unrühmliches Ende, als jemand die Füße von einigen von Kammerers Fröschen mit chinesischer Tusche behandelt (oder diese sogar in die Füße injiziert) hatte.

Kammerer war der letzte große Verfechter einer Evolutionstheorie namens Lamarckismus. Diese nach dem französischen Naturalisten Jean Lamarck benannte Theorie besagt, daß erworbene Merkmale in irgendeiner Weise auf die Nachkommen übergehen: wenn Giraffen ihre Hälse strecken, um an hochhängenden Blättern zu knabbern, werden ihre Nachkommen mit längeren Hälsen geboren. Darwin selbst war Anhänger des Lamarckismus. Moderne Genetiker verwerfen diese Lehre und ersetzen sie durch die Mendelsche Theorie, daß die natürliche Selektion Variationen bewirkt, die durch zufällige Mutationen zustande gekommen sind.

Im Jahre 1910 bekannte sich das Establishment noch zum Lamarckismus, aber die neue Mendelsche Theorie gewann schnell an Boden. Eifrig bemüht, die ältere Theorie zu verteidigen (über die er ein Buch namens ›The Inheritance of Acquired Characteristics‹ geschrieben hatte), ersann Kammerer ein einfaches Experiment mit einer als »Hebammen-Kröte« bekannten Froschart.

Die meisten Kröten paaren sich im Wasser. Um am schlüpfrigen Körper des Weibchens Halt zu finden, entwickelt das Männchen an seinen Füßen dunkle »Hochzeitsflecken«. Den männlichen Hebammen-Kröten, die sich an Land paaren, fehlen diese Flecken. Kammerer hatte nun den Plan, letztere über mehrere Generationen hinweg zur Paarung unter Wasser zu zwingen, um zu sehen, ob sie Hochzeitsflecken entwickeln würden. Es war ein dummes Experiment, denn wäre es erfolgreich gewesen, hätten die Mendelianer es lediglich als Wiederauftauchen eines genetischen Entwurfes erklärt. Ein so kompliziertes Merkmal wie ein Hochzeitsfleck hätte sich nicht innerhalb nur weniger Generationen entwickeln können. Kammerer aber führte seinen Plan durch und berichtete bald von einem überwältigenden Erfolg. Die schwarzen Flecken waren tatsächlich erschienen. Die Neuigkeit war eine Sensation, besonders in Rußland, wo der Lamarckismus zu jener Zeit die Biologie vollständig beherrschte. Die russischen Wissenschaftler waren so beeindruckt, daß sie Kammerer einen Posten an der Moskauer Universität anboten.

Gerade als Kammerer das Angebot akzeptiert hatte, entdeckte man, daß seine Kröten-Exemplare grobe Fälschungen waren. Es war der größte wissenschaftliche Skandal des Jahrhunderts. Kammerer schob die gesamte Schuld auf seine Mitarbeiter, aber niemand glaubte ihm. 1926, im Alter von 46 Jahren, nahm er eine Pistole und schoß sich eine Kugel in den Kopf.

In der Sowjetunion blieb Kammerer der große Held, durch die gesamte Ära Stalins und des Pflanzenvermehrers Trofim Lysenko hindurch, die beide enthusiastische Lamarckisten waren; Mendelsche Genetiker wurden nach Sibirien verbannt. Nun, da Lysenko tot ist, und sich die sowjetische Genetik der Theorie Mendels angeschlossen hat, findet man auf der ganzen Welt kaum noch einen Biologen, der den Lamarckismus ernst nimmt.

Arthur Koestler behauptet in ›The Case of the Midwife Toad‹ (Random House 1971), daß Kammerer an diesem Betrug wahrscheinlich unschuldig war, und daß der Lamarckismus noch immer eine lebensfähige Theorie sei. Koestler könnte natürlich recht haben, obwohl dies im Augenblick unwahrscheinlich erscheint. Zwei Berichte über neuere Entwicklungen mit lamarckistischen Untertönen sind »Lamarck Lives – In the Immune System« von Colin Tudge in ›New Scientist‹ (19. Februar 1981) und »Fighting Lamarcks Shadow« von Susan West in ›Science News‹ (14. März 1981).

Haben befruchtete Eier übernatürliche Kräfte? Können sie ihre PK (Psychokinese) benutzen, um elektronische Maschinen zu beeinflussen? Führende Parapsychologen der ganzen Welt waren davon überzeugt, bis sie ihre ungewöhnlichen Ergebnisse nach dem großen Skandal an Dr. J. B. Rhines bekanntem Institute of Parapsychology in Durham, Nord-Karolina, in den Mülleimer warfen.

Als die ›Time‹ 1974 die Titelgeschichte »The Psychics« brachte, kam der überzeugendste Protestbrief gegen die »unfaire« Anklage des Betruges in der ESP-Forschung an den Wissenschaftsredakteur Leon Jaroff von Walter J. Levy, Jr. Levy war damals 26 Jahre alt und Direktor von Rhines Institut. Drei Monate später zog er sich, in Ungnade gefallen, zurück.

Rhine war auf die Ergebnisse, die sein brillanter, jungenhaft aussehender Protegé mit Hilfe von Computern zur Aufzeichnung und Auswertung der Daten erzielt hatte, außerordentlich stolz gewesen. In Levys eindrucksvollstem Experiment lagen befruchtete Hühnereier in einem Inkubator, der in willkürlichen, von einem Zufallsbringer bestimmten Intervallen an- und ausgeschaltet wurde. Nach den Gesetzen der Wahrscheinlichkeit hätte die Wärme über die Hälfte der

Zeit angeschaltet sein müssen, aber die Computeraufzeichnungen zeigten, daß der Inkubator weitaus öfter angeschaltet war. Die Eier hatten den Zufallsbringer also durch PK beeinflußt. Als Levy hartgekochte Eier benutzte, zeigte sich keine PK. Seine Ergebnisse wurden in Rhines Zeitschrift unter dem tiefsinnigen Titel »Possible PK by Chicken Embryos to Obtain Warmth« (›Journal of Parapsychology‹, Bd. 34, 1970, S. 303) veröffentlicht.

Dr. Levys Verderben war ein späterer PK-Test, den er mit Ratten durchführte. In die Gehirne der Nagetiere waren Elektroden eingepflanzt worden. Wenn nun ein Zufallsbringer den Strom anschaltete, bekamen die Ratten einen intensiven lustvollen Schock. Levy fand heraus, daß die Ratten ihre PK-Kräfte benutzten, um über 55 % der Zeit diesen Schock zu bekommen. Dieses Ergebnis unterstützte seine früheren Resultate über Psi bei Tieren, nämlich über die PK-Fähigkeit von Wüstenspringmäusen und Hamstern, *unangenehme* Schocks zu vermeiden.

Drei von Levys älteren Mitarbeitern fingen an, mißtrauisch zu werden. Einer von ihnen sah aus einem Versteck, wie Levy wiederholt den Stecker aus einem Zählgerät zog, wodurch nur Treffer aufgezeichnet wurden. Ein geheimer Instrumentensatz, der ohne Levys Wissen installiert worden war, zeichnete das zu erwartende langweilige Ergebnis von 50 % auf. Bei der Konfrontation mit diesen Beweisstücken gab Levy alles zu. Er gab seiner Überarbeitung und dem Druck, Ergebnisse erzielen zu müssen, die Schuld an seinem Sturz. Seit seiner Überführung, bei der er, wie ein Wissenschafts-Schreiber es ausdrückte, seine Finger im Stromkreis hatte, hat man nichts mehr von dem jungen Parapsychologen gehört.[3]

Wie finden Insekten unterschiedlichen Geschlechts zueinander, und das sogar nachts? Die Antwort ist, daß eines von ihnen einen starken Geschlechtsduft, Pheramon genannt, ausströmt. Wir können diesen Duft nicht wahrnehmen, die Insekten aber können es.

1976 berichtete ein Chemiker der Universität von Pennsylvania, daß der Geschlechtsduft bestimmter Insekten von deren Nahrung abhänge. Die Universität trompetete dieses erstaunliche Ergebnis heraus, das die Schädlingskontrolle zu revolutionieren versprach, bis andere Chemiker derselben Universität das Experiment wiederholten und negative Resultate erzielten.

Dies wiederholt sich immer wieder an den führenden Universitäten. Ein Wissenschaftler, der übermäßig auf Anerkennung erpicht und begierig nach der Übertragung von Forschungsaufgaben ist, veröffentlicht allzuschnell seine auf nur wackeligen Füßen stehenden Behauptungen. Kollegen versuchen dann, das Experiment zu wiederholen. Sie scheitern. Die große Behauptung verschwindet in der Vergessenheit.

Der bekannteste unter den jüngeren Fällen ereignete sich 1973 und entwickelte sich schnell zu einem medizinischen Watergate. William T. Summerlin, der Leiter der Transplantations-Immunologie am weltbekannten Sloan-Kettering Institute for Cancer Research in New York kündigte einen riesigen Durchbruch an. Er hatte, wie er behauptete, ein Stück Haut einer schwarzen Maus auf den Rücken einer weißen Maus verpflanzt, ohne daß diese es abgestoßen hätte. Die Haut wäre durch spezielle Techniken sorgfältig präpariert worden. Wenn sich dies bewahrheitet hätte, wäre der medizinische Nutzen enorm gewesen, nicht nur für Verpflanzungen und Transplantationen, sondern auch für die Krebsbehandlung.

Summerlin hatte die Unterstützung seines Chefs, Robert Good, des Präsidenten von Sloan-Kettering und Co-Autor vieler Veröffentlichungen Summerlins. Die große Entdeckung fiel in sich zusammen, als sich herausstellte, daß die schwarzen Hautstücke, gleich den Hochzeitsflecken Kammerers, Fälschungen waren. Summerlin hatte sie auf die weißen Mäuse aufgemalt, um seine Kollegen von dem zu überzeugen, an das er fest glaubte. Es war ein Schwarz-Weiß-Fall. Die Flecken ließen sich mit Alkohol leicht entfernen. Good konnte es kaum glauben. »Ich habe ihm vertraut«, sagte er. »Er kam als angesehener Wissenschaftler.«

Summerlin erhielt die Erlaubnis, dem Dienst fernzubleiben, um sich einer psychiatrischen Behandlung zu unterziehen. Er kam nie zurück. Heute arbeitet er als praktischer Arzt in einer kleinen Stadt in Louisiana. Auch wenn sich seine Verpflanzungsmethode später als richtig erweisen wird, ist seine Karriere als Forschungswissenschaftler doch beendet.[4]

Man versteht leicht, wie Wissenschaftler ihre Ergebnisse verfälschen oder manipulieren, aber mit Sicherheit kann so etwas in der reinen Mathematik nicht passieren. Falsch! Es gibt einen berühmten

Fall um einen italienischen Mathematiker, der nur als Lazzarini bekannt ist. Im Jahre 1901 hat er eine experimentelle Berechnung der Dezimalstellen von Pi, der allgegenwärtigsten aller irrationalen Zahlen, angestellt.

Die sonderbare Methode, die er benutzte, war schon früher von dem französischen Naturalisten Comte de Buffon entdeckt worden und ist den Mathematikern als »Buffons Nadel« bekannt. Man zeichne eine Reihe paralleler Geraden auf ein Stück Papier, wobei alle benachbarten Geraden voneinander den gleichen Abstand ›k‹ haben. Dann nehme man eine Nadel, die länger als ›k‹ ist. Deren Länge heißt dann ›n‹. Läßt man die Nadel auf das Gitter fallen, kommt sie in eine zufällige Lage; die Wahrscheinlichkeit, daß sie eine Gerade kreuzen wird, beträgt $2n/\pi k$. Sind der Abstand zwischen den Geraden und die Länge der Nadel gleich, reduziert sich die Wahrscheinlichkeit auf ein einfaches $3/\pi$. Läßt man die Nadel über eine längere Zeit hinweg immer wieder fallen und zeichnet die Treffer und Fehlschläge auf, kann man die Formel zur Berechnung von Pi benutzen. Je öfter man die Nadel wirft, um so näher kommt man dem korrekten Wert von Pi.

Lazzarini ließ seine Nadel 3408 Male fallen. Daraus bekam er für Pi den Wert 3,1415929, der für die ersten sechs Dezimalstellen korrekt ist (die siebente Dezimalstelle müßte 6 und nicht 9 heißen). Wie im Falle Mendels sind Lazzarinis Daten zu gut, um wahr zu sein.

Die Wahrscheinlichkeit, daß er den Wert von Pi in nur 3408 Würfen erhielt, beträgt 1:1000000. Es besteht kein Zweifel, daß Lazzarini sein Ergebnis manipulierte, aber erst im Jahre 1960 ist es zum ersten Mal in Frage gestellt worden.[5]

Anmerkungen

1. Fishers Kritik an Mendel findet sich in ›Annals of Science‹, Bd. 1, 1936, S. 115.
2. ›Scientists and Scoundrels: A Book of Hoaxes‹ von Robert Silverbert (T. Y. Crowell, 1965) liefert eine gute Darstellung der Geschichte Beringers.

3. Folgende Artikel behandeln den Levy-Skandal: »False Tests Peril Psychic Research« von Boyce Rensberger, ›New York Times‹, 20. August 1974; »Psychokinetic Fraud«, ›Scientific American‹, September 1974; »Researcher Found Cheating at Psi Lab«, ›Science News‹, 17. August 1974; und »The Psychic Scandal«, ›Time‹, 26. August 1974.
4. Informationen über Summerlins Betrug findet man in ›Science‹ vom 10. Mai 1974, S. 644 und vom 14. Juni 1974, S. 1154; ›Time‹, 29. April 1974; und ›Science News‹, 1. Juni 1974. Die Möglichkeit, daß diese Übertragungstechnik tatsächlich funktionieren könnte, wird beleuchtet in »William Summerlin: Was He Right All Along?« von Lois Wingerson in ›New Scientist‹, 26. Februar 1981.
5. Siehe »Geometric Probability and the Number Pi« von Norman T. Gridgeman, ›Scripta Mathematica‹, Bd. 25, November 1970, S. 183 ff.

Nachwort

Ist diese Art des Betruges in der Parapsychologie verbreiteter als in der »orthodoxen Wissenschaft«? Ich weiß es nicht. Der Druck, Ergebnisse erzielen zu müssen, ist auf bestimmten Gebieten der traditionellen Wissenschaft wahrscheinlich größer als in der Parapsychologie, ganz einfach, weil die Mittel höher sind, und ein größerer Wettbewerb um die Beute besteht. Auf der anderen Seite mag die Versuchung zur Manipulation von Daten auf den orthodoxen Gebieten geringer sein, da die Wissenschaftler ein negatives Ergebnis im Wiederholungsfall als negativen Beweis gegen eine Hypothese akzeptieren, wodurch es leicht wird, manipulierte Forschung in Mißkredit zu bringen. Die Parapsychologie steht fast allein mit ihrer bemerkenswerten Fähigkeit da, ein negatives Ergebnis im Wiederholungsfall als Folge eines bestimmten Faktors, wie z. B. der Skepsis eines Wissenschaftlers, die das Wirken paranormaler Kräfte hemmt, nicht zu werten.

Auch wenn ein Wissenschaftler an einer höchst exzentrischen Überzeugung festhält, mag der Zwang, seine orthodoxen Kollegen, die ihn mit Verachtung strafen, zu überzeugen, zu einer ungewöhnlich starken Motivation zu sowohl bewußtem Betrug als auch zu Selbstbetrug führen. Mein Gesamteindruck ist, daß Betrug und Selbstbetrug in der Parapsychologie häufiger sind als in den meisten anderen Wissenschaften und insbesondere in den Naturwissenschaften, aber nicht um vieles.

KAPITEL 8

Fließ, Freud und Biorhythmus

Eine der außergewöhnlichsten und absurdesten Episoden in der Geschichte der numerologischen Pseudowissenschaft betrifft das Werk des Berliner Chirurgen Wilhelm Fließ. Er war von den Zahlen 23 und 28 besessen und überzeugte auch andere davon, daß hinter allen Phänomenen des Lebens und vielleicht auch der anorganischen Natur zwei fundamentale Zyklen stehen: Ein männlicher Zyklus von 23 und ein weiblicher von 28 Tagen. (Der weibliche Zyklus darf dabei nicht mit dem Menstruationszyklus verwechselt werden, obwohl beide in einem entwicklungsgeschichtlichen Zusammenhang stehen.) Indem er beide Zahlen multiplizierte, addierte oder substrahierte, war er in der Lage, durch sie fast alles zu erklären. Zu Anfang dieses Jahrhunderts erregte das Werk in Deutschland beträchtliches Aufsehen. Einige Jünger nahmen das System auf, modifizierten es und veröffentlichten Abhandlungen darüber in Büchern, Artikeln und Pamphleten. In den letzten Jahren hat diese Bewegung auch in den Vereinigten Staaten Fuß gefaßt.

Die Fließsche Numerologie wäre wahrscheinlich in Vergessenheit geraten, wenn Fließ nicht ein Jahrzehnt lang Freuds bester Freund gewesen wäre. In den Jahren 1890–1900 – Freuds kreativster Phase, deren Höhepunkt die Veröffentlichung von »Die Traumdeutung« war – hatten beide ein merkwürdiges neurotisches Verhältnis zueinander, das – dessen war sich Freud voll und ganz bewußt – stark homosexuelle Züge hatte. Die führenden Psychoanalytiker der damaligen Zeit wußten dies natürlich, aber die Öffentlichkeit erfuhr erst im Jahre 1950 davon, als 168 von insgesamt 284 Briefen Freuds an Fließ, die dieser sorgfältig aufbewahrt hatte, veröffentlicht wurden. Es verschlug Freud die Sprache, daß diese Briefe noch existierten, und er bat die Analytikerin Marie Bonaparte, in deren Besitz sie sich befanden, deren Veröffentlichung zu untersagen. Auf die Frage nach dem Verbleib der Briefe von Fließ an ihn antwortete Freud: »Ich weiß nicht, ob ich sie vernichtet oder nur verlegt habe.« Es wird angenommen, daß er sie vernichtete. Die vollständige Geschichte dieser Freundschaft kann man in der Freud-Biographie von Ernest Jones nachlesen.

Freud war, als sich die beiden Männer 1877 in Wien zum ersten Mal trafen, einunddreißig Jahre alt, verhältnismäßig unbekannt, glücklich verheiratet und hatte eine bescheidene Psychiatrie-Praxis. Fließ unterhielt als Hals- und Nasen-Chirurg eine wesentlich erfolgreichere Praxis. Er war zwei Jahre jünger, unverheiratet (später heiratete er eine wohlhabende Wienerin), gutaussehend, arrogant, hochbegabt, geistreich und besaß hervorragende Kenntnisse in Medizin und anderen Fachgebieten.

Freud eröffnete die Korrespondenz mit einem schmeichelnden Brief. Fließ beantwortete ihn mit einem Geschenk und bat um eine Photographie von Freud, die er auch erhielt. Um 1892 waren sie vom förmlichen Sie zum vertrauteren Du übergegangen. Freud schrieb öfter als Fließ und litt Qualen, wenn Fließ sich mit seinen Antworten Zeit ließ. Als seine Frau das fünfte Kind erwartete, erklärte Freud, es solle den Namen Wilhelm bekommen. In der Tat hätte er schon eines seiner beiden jüngsten Kinder Wilhelm genannt, aber, wie Jones es ausdrückte, »waren es glücklicherweise beides Mädchen«.

Die 1897 erschienene Monographie »Die Beziehungen zwischen Nase und weiblichen Geschlechtsorganen in ihrer biologischen Bedeutung dargestellt« enthüllte der Welt erstmalig die Grundlagen der Fließschen Numerologie. Jeder Mensch, so behauptete Fließ, sei in Wirklichkeit bisexuell veranlagt. Bei einem normal veranlagten Mann dominiert der männliche Zyklus, der weibliche Zyklus wird unterdrückt. Bei normalen Frauen ist es umgekehrt.

Die beiden Zyklen sind in jeder lebenden Zelle vorhanden und spielen daher in allen Lebewesen ihre dialektische Rolle. Bei Tieren und Menschen beginnen beide Zyklen mit der Geburt, und das Geschlecht des Kindes wird durch den Zyklus bestimmt, der zuerst

Aus ›Mathematical Carnival‹ (Knopf, New York 1977)

114

auftritt. Die Perioden setzen sich das ganze Leben über fort, machen sich im Auf und Ab der körperlichen und geistigen Vitalität bemerkbar und bestimmen letztendlich den Todestag. Beide Zyklen sind darüber hinaus aufs engste mit den Nasenschleimhäuten verbunden. Fließ glaubte, eine Beziehung zwischen den Entzündungen der Nase und allen Arten von neurotischen Symptomen und sexuellen Abweichungen gefunden zu haben. Er diagnostizierte Störungen durch Untersuchung der Nase und behandelte sie durch Verabreichung von Kokain auf »genitale Punkte« im Innern der Nase. In einem späteren Buch behauptete er, daß alle Linkshänder vom Zyklus des entgegengesetzten Geschlechts beherrscht werden, und als Freud darüber Zweifel äußerte, meinte er, dieser sei Linkshänder, ohne es zu wissen.

Die Fließsche Zyklentheorie wurde von Freud am Anfang als großer Durchbruch in der Biologie betrachtet. Er sandte Fließ Informationen über 23- und 28-Tage-Perioden in seinem eigenen und im Leben seiner Familienmitglieder und betrachtete das Auf und Ab seiner Gesundheit als Schwankungen der beiden Perioden. Er glaubte, der von ihm entdeckte Unterschied zwischen Neurasthenie und Angstneurose könne durch die beiden Zyklen erklärt werden. 1898 brach er die redaktionellen Verbindungen zu einer Zeitschrift ab, weil diese cs abgelehnt hatte, eine harte Besprechung über eines der Bücher von Fließ zurückzuziehen.

Es gab eine Zeit, in der Freud vermutete, daß sexuelle Lust Folge des 23-Tage-Zyklus und sexuelle Unlust Folge des 28-Tage-Zyklus wäre. Jahrelang erwartete er seinen eigenen Tod im Alter von 51 Jahren, weil 51 die Summe aus 23 und 28 ist, und Fließ ihm gesagt hatte, dies wäre sein kritischstes Jahr. »Einundfünfzig ist das Alter, das für die Menschen besonders gefährlich zu sein scheint«, schrieb er in seinem Buch über Träume. »Ich habe Kollegen gekannt, die in diesem Alter plötzlich starben, und unter ihnen war einer, der nach langen Verzögerungen nur wenige Tage vor seinem Tod eine Professur erhalten hatte.«

Doch Freuds Anerkennung der Fließschen Zyklentheorie war Fließ nicht enthusiastisch genug. Krankhaft empfindlich gegenüber der leisesten Kritik glaubte er, in einem Brief Freuds von 1896 den Schimmer eines Zweifels an seinem System entdecken zu können. Dies war der Anfang der langsam beginnenden und mit der Zeit stärker werdenden latenten Feindschaft auf beiden Seiten. Freuds frühere Haltung gegenüber Fließ hatte fast den Charakter der Abhängigkeit eines Heranwachsenden von einem Mentor und einer Vaterfigur gehabt. Nun aber entwickelte er eigene Theorien über den Ursprung von Neurosen und Methoden zu deren Behandlung. Fließ wollte von all dem nichts wissen. Er behauptete, daß Freuds angebliche Heilverfahren lediglich die schwankenden Einbildungen eines Geisteskranken waren, der vom männlichen und weiblichen Zyklus beeinflußt wurde. Die beiden Männer befanden sich ganz offensichtlich auf Kollisionskurs.

Wie man aus früheren Briefen hätte vorhersagen können, war es Fließ, der sich langsam zurückzog. Der wachsende Riß stürzte Freud in eine ernsthafte Neurose, die er erst nach Jahren schmerzhafter Selbstanalyse überwinden konnte. Die beiden Männer hatten die Gewohnheit, sich regelmäßig in Wien, Berlin, Rom oder anderswo zu ihren, wie Freud es scherzhaft nannte, »Kongressen« zu treffen. Im Jahre 1900, als der Riß schon nicht mehr behoben werden konnte, schrieb Freud: »Es hat noch niemals sechs Monate gegeben, in denen ich mich mehr danach gesehnt habe, mit Dir und Deiner Familie vereint zu sein... Dein Vorschlag, sich Ostern zu treffen, hat mich sehr erregt... Es ist nicht nur meine fast kindische Sehnsucht nach dem Frühling und nach einer schöneren Umgebung; all dies würde ich bereitwillig opfern, für die Befriedigung, Dich für drei Tage in meiner Nähe zu haben... Wir sollten vernünftig und wissenschaftlich miteinander reden, und Deine wunderbaren biologischen Entdeckungen würden meinen tiefsten – doch unpersönlichen – Neid erwecken.«

Trotzdem schlug Freud die Einladung ab; und die beiden Männer trafen sich erst im späten Sommer. Es war ihr letztes Treffen. Fließ schrieb später, Freud habe ihn heftig und grundlos beschimpft. In den folgenden beiden Jahren versuchte Freud, den Bruch zwischen ihnen zu beheben. Er schlug eine gemeinsame Arbeit an einem Buch über Bisexualität und ein Treffen im Jahre 1902 vor. Fließ lehnte beide Vorschläge ab. 1904 dann veröffentlichte Fließ die heftige Beschuldigung, daß Freud einige seiner Ideen seinem jungen Patienten Hermann Swoboda weitergegeben, der sie dann wiederum als seine eigenen veröffentlicht habe.

Diese letzte Auseinandersetzung scheint im Speisesaal des Münchner Park Hotels stattgefunden zu haben. Bei zwei späteren Gelegenheiten, als sich Freud anläßlich eines Treffens der Analytischen Bewegung in diesem Raum befand, bekam er schwere Angstzustände. Jones erinnert sich an einen ähnlichen Vorfall im Jahre 1912, als er und eine Gruppe, in der sich auch Freud und Jung befanden, im gleichen Raum zu Mittag aßen. Ein endgültiger Bruch zwischen Freud und Jung deutete sich bereits an. Als die beiden Männer in eine leichte Auseinandersetzung gerieten, fiel Freud plötzlich in Ohnmacht. Jung trug ihn zu einem Sofa. »Wie süß muß das Sterben sein«, sagte Freud, als er wieder zu sich kam. Später dann vertraute er Jones den Grund für seinen Ohnmachtsanfall an.

Fließ schrieb viele Bücher und Artikel über seine Zyklen-Theorie, sein Hauptwerk aber war der 584 Seiten umfassende Band ›Der Ablauf des Lebens: Grundlegung zur exakten Biologie‹, Leipzig 1906 (zweite Auflage: Wien 1923). Die Grundformel von Fließ war 23x + 28y, wobei x und y positive oder negative ganze Zahlen sind. Auf fast jeder Seite wendet Fließ diese Formel auf Naturphänomene an, von der Zelle bis hin zum Sonnensystem. Der Mond z. B. umrundet die Erde in 28 Tagen, ein vollständiger Sonnenfleckenzyklus beträgt fast 23 Jahre.

Im Anhang des Buches gibt es viele Tabellen von Vielfachen von 365 (Tage eines Jahres), Vielfachen von 23, Vielfachen von 28, Vielfachen von 23^2, Vielfachen von 28^2, Vielfachen von 644 (das ist 23×28). Fettgedruckt erscheinen so wichtige Konstanten wie 12.167 [23×23^2], 24.344 [$2 \times 23 \times 23^2$], 36.501 [$3 \times 23 \times 23^2$], 21.952 [28×28^2], 43.904 [$2 \times 28 \times 28^2$] usw. In einer Tabelle werden die Zahlen 1 bis 28 aufgelistet, wobei jede Zahl als Differenz zwischen Vielfachen von 28 und 23 ausgedrückt wird [z. B. $13 = (21 \times 28) - (25 \times 23)$]. Eine weitere Tabelle gibt die Zahlen von 1 bis 51 [$23 + 28$] als Summen und Differenzen von Vielfachen von 23 und 28 wieder [z. B. $1 = (½ \times 28) + (2 \times 28) - (3 \times 23)$].

Freud gab bei vielen Gelegenheiten zu, daß es ihm an jeglicher mathematischer Fähigkeit mangelte. Fließ verstand die elementaren Rechenarten, aber kaum mehr. Er bemerkte daher nicht, daß es, wenn man 23 und 28 in seiner Grundformel durch zwei beliebige positive ganze Zahlen ersetzt, die keinen gemeinsamen Teiler haben, möglich ist, jede positive ganze Zahl damit auszudrücken. Es ist also kein Wunder, daß sich diese Formel so bereitwillig auf Naturphänomene anwenden läßt! Dies ist leicht an einem Beispiel mit 23 und 28 zu erkennen. Man bestimmte zuerst, welche Werte für x und y der Gleichung den Wert 1 geben können. Es sind x = 11 und y = −9:

$$(23 \times 11) + (28 \times -9) = 1$$

Es ist jetzt einfach, nach folgender Methode jede gewünschte positive Zahl zu erzeugen:

$$[23 \times (11 \times 2)] + [28 \times (-9 \times 2)] = 2$$
$$[23 \times (11 \times 3)] + [28 \times (-9 \times 3)] = 3$$
$$[23 \times (11 \times 4)] + [28 \times (-9 \times 4)] = 4$$

Wie Roland Sprague kürzlich in Problem 27 seines Buches ›Recreation in Mathematics‹ gezeigt hat, ist es auch dann möglich, alle positiven ganzen Zahlen, die größer als eine bestimmte ganze Zahl sind, auszudrücken, wenn für x und y nur positive Werte eingesetzt werden. Sprague fragt: Welches ist die größte ganze Zahl aus der endlichen Menge positiver ganzer Zahlen, die *nicht* mit dieser Formel ausgedrückt werden kann? Mit anderen Worten, welches ist die größte Zahl, die durch Einsetzen positiver ganzer Zahlen für x und y in die Formel 23x + 28y nicht ausgedrückt werden kann? Die Antwort: xy − x − y.

Freud merkte schließlich, daß die bei oberflächlicher Betrachtung überraschenden Resultate von Fließ reine Zahlenakrobatik waren. Nach dem Tode von Fließ im Jahre 1928 (man beachte die Zahl 28) veröffentlichte der deutsche Arzt J. Aelby ein Buch, das eine sorgfältige Widerlegung der Fließschen Absurditäten enthielt. Doch da hatte sich der 23-28-Kult schon fest in Deutschland etabliert. Swoboda, der erst 1963 starb, war die zweitwichtigste Figur des Kultes. Er war Psychologe an der Wiener Universität und widmete einen Großteil seiner Zeit weiteren Untersuchungen, Verteidigungen und dem Schreiben über die Fließsche Zyklentheorie. In seinem eigenen Hauptwerk ›Das Siebenjahr‹ berichtete er von seiner Untersuchung an Hunderten von Familienstammbäumen, um zu beweisen, daß solche Ereignisse wie Herzanfälle, Todesfälle und der Anfang schwerer Krankheiten dazu neigen, auf bestimmte kritische Tage zu fallen, die auf der Basis persönlicher männlicher und weiblicher Zyklen berechnet werden können. Er wandte die Zyklen-Theorie auch auf die Traumanalyse an, was Freud 1911 in einer Fußnote in seinem Buch über Träume kritisierte. Sowboda entwarf auch den ersten Rechenschieber zur Bestimmung kritischer Tage. Ohne solche Hilfsmittel oder ausgearbeitete Tabellen ist die Berechnung kritischer Tage ermüdend und schwierig.

So unglaublich es auch scheinen mag, aber noch 1960 hatte das Fließsche System eine kleine, aber gläubige Anhängerschaft in Deutschland und der Schweiz. In mehreren Krankenhäusern gab es Ärzte, die auf der Basis der Fließschen Zyklen die günstigsten Tage für bestimmte Operationen errechneten. (Diese Praxis geht auf Fließ zurück. 1925, als sich Karl Abraham, einer der Pioniere der Psychoanalyse, einer Gallenblasenoperation unterziehen mußte, bestand er darauf, die Operation an einem von Fließ berechneten günstigen Tag stattfinden zu lassen.) Dem männlichen und dem weiblichen Zyklus haben die modernen Fließianer einen dritten Zyklus hinzugefügt, den sie den intellektuellen Zyklus nennen, und der eine Länge von 33 Tagen hat.

In den USA wurden bei Crown zwei Bücher über das Schweizer System veröffentlicht, ›Biorhythm‹, 1961, von Hans J. Wernli und ›Is This Your Day‹?, 1964, von George Thommen. Thommen ist Präsident einer Firma, die Rechenschieber und das Material zur Erstellung von Kurven und Tabellen liefert, mit denen jeder seinen eigenen Zyklus errechnen kann.

Die drei Zyklen beginnen mit der Geburt und laufen mit absoluter Regelmäßigkeit das ganze Leben lang weiter; obwohl ihre Amplituden mit zunehmendem Alter abflachen. Der männliche Zyklus beeinflußt die männlichen Eigenschaften wie körperliche Stärke, Vertrauenswürdigkeit, Angriffslust und Ausdauer. Der weibliche Zyklus bestimmt feminine Züge wie Gefühl, Intuition, Kreativität, Liebe, Kooperation und Liebenswürdigkeit. Der erst jüngst entdeckte intellektuelle Zyklus beherrscht die geistigen Kräfte, die beiden Geschlechtern gemeinsam sind: Intelligenz, Erinnerungsvermögen, Konzentration, Geistesgegenwart.

An Tagen, an denen sich ein Zyklus in der Kurve über der horizontalen Nullgeraden befindet, strömt die Energie, die von dem Zyklus bestimmt wird, aus. Dies sind dann die Tage höchster Vitalität und Leistungsfähigkeit. An den Tagen, an denen sich der Zyklus unterhalb der Geraden befindet, wird die Energie wieder aufgeladen. Dies sind dann die Tage verminderter Vitalität. Verläuft der männliche Zyklus hoch und verlaufen die anderen niedrig, kann man bewundernswerte körperliche Leistungen vollbringen, doch die geistige und gefühlsmäßige Aufmerksamkeit ist eingeschränkt. Verläuft der weibliche Zyklus hoch und der männliche niedrig, ist dies der richtige Tag, um, sagen wir, ein Kunstmuseum zu besuchen, aber auch ein Tag, an dem man wahrscheinlich schnell ermüden wird. Es wird dem Leser nicht schwerfallen, die Anwendung anderer Zyklenmuster auf weitere alltägliche Ereignisse zu erraten. Ich übergehe hier Details über Methoden zur Geschlechtsbestimmung eines ungeborenen Kindes oder zur Berechnung der rhythmischen »Verträglichkeit« zwischen zwei Individuen.

Die gefährlichsten Tage sind jene, an denen ein Zyklus, insbesondere der 23- oder der 28-Tage-Zyklus, die Horizontale schneidet. Diese Tage, an denen ein Zyklus von einer Phase in eine andere übergeht, werden »Umschalttage« genannt. Es ist eine angenehme Tatsache, daß die »Umschalttage« für den 28-Tage-Zyklus bei jedem Individuum immer auf den gleichen Wochentag fallen, da dieser Zyklus genau vier Wochen lang ist. Fällt der Umschaltpunkt für den 28-Tage-Zyklus auf einen Dienstag, dann wird das ganze Leben lang jeder zweite Dienstag ein kritischer Tag für die weibliche Energie sein.

Wie man vermuten kann, ist ein Tag, an dem die »Umschaltpunkte« zweier Zyklen zusammenfallen, »doppelt kritisch« und ein Tag, an dem alle drei zusammenfallen, »dreifach kritisch«. Die Bücher von Thommen und Wernli enthalten viele Rhythmogramme, die zeigen, daß der Todestag verschiedener berühmter Leute mit dem Umschalttag zweier oder mehrerer Zyklen zusammenfiel. Die beiden Tage, an denen Clark Gable Herzattacken hatte, von denen die zweite tödlich war, waren Umschalttage zweier Zyklen. Aga Khan starb an einem dreifach kritischen Tag. Arnold Palmer gewann das British Open Golf Tournament während einer Hochperiode im Juli 1962 und verlor das Professional Golf Association Tourney zwei Wochen später in einer dreifach niedrigen Periode. Der Boxer Benny (Kid) Paret starb nach einem k.o. in einem Kampf an einem dreifach kritischen Tag.

Natürlich ziemt es sich für einen Fließianer, sich eine Kurve seines zukünftigen Zyklenablaufs zu erstellen, so daß er an kritischen Tagen besondere Vorsicht walten lassen kann; da noch andere Faktoren mit ins Spiel kommen, kann jedoch keine hieb- und stichfeste Vorhersage getroffen werden.

Aus der Tatsache, daß die Länge eines jeden Zyklus, in Tagen, integral ist, folgt, daß jedes Rhythmogramm sein Muster nach einem Intervall von $23 \times 28 \times 33 = 21252$ Tagen, oder etwas mehr als 58 Jahren, wiederholt. Dieses Intervall ist für jeden Menschen gleichlang. 21252 Tage nach der Geburt jedes Menschen z. B. werden alle drei Zyklen gleichzeitig die Nullinie kreuzen, und das gesamte Muster wird wieder von vorn beginnen. Zwei Menschen, deren Alter sich um genau 21252 Tage unterscheidet, haben einen vollkommen synchronen Zyklenverlauf. Da das Fließsche System den 33-Tage-Zyklus nicht enthält, wiederholen sich seine Zyklenmuster nach Ablauf von $23 \times 28 = 644$ Tagen. Die Schweizer Fließianer nennen diese Zeitspanne das »biorhythmische Jahr«. Es ist wichtig, um die »biorhythmische Verträglichkeit« zweier Individuen zu berechnen, da zwei Menschen, deren Geburtstage 644 Tage voneinander entfernt liegen, im Hinblick auf ihre beiden wichtigsten Zyklen übereinstimmen.

Nachwort

George S. Thommen, Präsident von Biorhythm Computers, Inc., 298 Fifth Avenue, New York, ist immer noch aktiv und erscheint gelegentlich bei Radio- und Fernseh-Talk-Shows, um für seine Produkte zu werben. Der Magier James Randi war Mitte der sechziger Jahre Moderator einer nächtlichen Radio-Talk-Show. Thommen war zweimal sein Gast. Nach einer dieser Shows erzählte mir Randi, eine Dame aus New Jersey habe ihm ihre Geburtsdaten geschickt und um eine biorhythmische Kurve für die nächsten zwei Jahre gebeten. Nachdem Randi ihr tatsächlich eine Kurve geschickt hatte, die aber auf *anderen* Geburtsdaten basierte, erhielt er von der Dame einen begeisterten Brief, in dem sie ihm mitteilte, daß die Kurve genau mit ihren Auf- und Ab-Tagen übereinstimmte. Randi schrieb zurück, entschuldigte sich für die Verwechslung der Geburtsdaten und fügte eine »korrekte«

Kurve bei, die in Wirklichkeit auf genausofalschen Daten beruhte wie die erste. Er erhielt bald einen Brief, in dem die Dame schrieb, daß die neue Kurve *noch genauer* sei als die erste.

Bei einer Ansprache im März 1966 auf der 36. Jahresversammlung des Greater New York Safety Council berichtete Thommen, daß biorhythmische Forschungsprojekte an der Universität von Nebraska und an der Universität von Minnesota durchgeführt würden, und daß Dr. Tatai, medizinischer Leiter der Tokioer Gesundheitsbehörde, ein Buch mit dem Titel ›Biorhythmus und menschliches Leben‹ veröffentlicht habe, in dem er Thommens System benutzte. Als im Februar 1966 eine Boeing 727 über Tokio abstürzte, zeichnete Dr. Tatai gleich danach das Biogramm des Piloten auf, sagte Thommen, und stellte fest, daß sich der Absturz an einem der Tieftage des Piloten ereignet hatte.

In Japan scheint man an den Biorhythmus noch mehr zu glauben als in den USA. Wie die ›Time‹ am 10. Januar 1972, S. 48, berichtete, berechnete die japanische Ohmi-Eisenbahngesellschaft den Biorhythmus von jedem ihrer 500 Busfahrer. Immer wenn ein Busfahrer einen »schlechten« Tag hatte, wurde er aufgefordert, besonders vorsichtig zu sein. Die Ohmi-Gesellschaft berichtete von einem fünfzigprozentigen Rückgang der Unfälle.

Das Magazin ›Fate‹ berichtete im Februar 1975, Seite 109–110 von einer Konferenz zum Thema »Biorhythmus, Healing and Kirlian Photography«, die im Oktober 1974 in Evanstone, Ill., stattfand. Michael Zaeske, der Sponsor dieser Konferenz, führte an, daß die traditionellen Biorhythmus-Kurven in Wirklichkeit »die erste Ableitung« der echten Kurven sind, und die bisher verwendeten Angaben einen Fehler von einigen Tagen enthalten. Die Gäste des Treffens erfuhren auch von der Existenz eines vierten Zyklus, und daß alle vier Zyklen »mit Jungs vier Persönlichkeitstypen verwandt sein dürften«.

›Science News‹ vom 18. Januar 1975 enthielt auf Seite 45 eine große Anzeige der Edmund Scientific Company für deren neu eingeführte Biorhythmus-Ausrüstung für 11,50 Dollar. Die Anzeige bot den Lesern ebenfalls eine »persönliche, durch den Computer berechnete«, 12 Monate umfassende Biorhythmus-Kurve gegen Einsendung des Geburtsdatums und 11,95 Dollar an. Man fragt sich nur, ob Edmund die traditionellen Kurven (die möglicherweise um drei Tage hinterherhinken) oder Zaeskes verfeinertes Verfahren benutzte.

Das lächerliche Buch ›Biorhythm: A Personal Science‹ von Bernard Gittelson wurde zuerst 1975 von Arco und später von Werner Books als Taschenbuch veröffentlicht. Pocket Books kam mit Arbie Dales ›Biorhythm‹ (1976) hinzu. ›Reader's Digest‹ (September 1977) brachte der »Wissenschaft« mit

122

Jennifer Bolchs schamlosem Artikel »Biorhythm: A Key to Your Ups and Downs« den größten Aufschwung.

Um 1980 war der Biorhythmus unter den Leichtgläubigen so populär geworden, daß ein halbes Dutzend Firmen mechanische Hilfsmittel, elektronische Computer und sogar Uhren herstellten, die den wahren Gläubigen sagten, was sie an jedem Tag zu erwarten hatten. Die Anzeigen dazu finden sich in ›Fate‹. ›Science 80‹ brachte in seiner Januar/Februar-Ausgabe 1980 einen Artikel von Russell Schoch mit dem Titel »The Myth of Sigmund Freud«, der eine gute Photographie von Freud und Fließ als junge Männer enthält.

Ein hervorragender entlarvender Artikel ist William Sims Bainbridges »Biorhythm: Evaluating a Pseudoscience«, in ›Skeptical Inquirer‹, Frühling/Sommer 1979. Eine Liste von dreizehn Artikeln, die von Tests berichten, die keine der absurden biorhythmischen Behauptungen bestätigen konnten, erschien in ›Zetetic Scholar‹, Bd. 1, Nr. 1, 1978. Siehe auch Kapitel 8, »The Great Fließ Fleece« in James Randis ›Flim-Flam!‹ (Lippincott & Crowell, 1980).

KAPITEL 9

Einstein und ESP

Einstein wird in der Literatur der Parapsychologie oft als großer Wissenschaftler erwähnt, der, im Gegensatz zu so vielen seiner Kollegen, daran glaubte, daß das Werk J. B. Rhines und seiner Nachfolger Psi-Phänomene bewiesen hatte. 1930, als Upton Sinclair sein Buch ›Mental Radio‹ veröffentlichte, steuerte Einstein ein kurzes Vorwort zur deutschen Ausgabe bei:

Ich habe das Buch von Upton Sinclair mit großem Interesse gelesen und bin überzeugt, daß es die ernsthaftesten Überlegungen verdient, und zwar nicht nur von Laien, sondern auch von Berufspsychologen. Die Ergebnisse der telepathischen Experimente, die in diesem Buch genau und leichtverständlich dargestellt werden, stehen mit Sicherheit weit jenseits jener, die ein Naturforscher für denkbar hält. Auf der anderen Seite steht es im Fall eines so gewissenhaften Beobachters und Berichterstatters wie Upton Sinclair außer Frage, daß er keine bewußte Täuschung der Leser beabsichtigt; es kann kein Zweifel an seiner Zuverlässigkeit bestehen. Wenn die hier dargelegten Fakten also irgendwie nicht auf Telepathie beruhen, sondern auf einer unbewußten hypnotischen Beeinflussung von Person zu Person, wäre dies ebenso von großem psychologischen Interesse. In keinem Fall sollten psychologisch interessierte Kreise achtlos an diesem Buch vorbeigehen.

Parapsychologen und Journalisten, die über das Paranormale schreiben, beziehen sich oft auf dieses Vorwort, zitieren manchmal daraus zum Beweis, daß Einstein an ESP glaubte. R. A. McConnel

Aus ›Skeptical Inquirer‹, Herbst-Winter 1977

z. B. führt Einstein in seinem einflußreichen Artikel »Parapsychologie and Physicists« (›Journal of Parapsychology‹, Bd. 40, September 1976) neben William Crookes, Oliver Lodge und weiteren Physikern als einen der »Titanen« an, die der Psi-Forschung wohlwollend gegenüberstanden. Er zitiert auch einen Teil von Einsteins Vorwort.

Ein noch längeres Zitat ist in Kapitel 7 des kürzlich erschienenen Buches ›Mind-Reach‹ von Russell Targ und Harold Puthoff veröffentlicht worden. Das Kapitel berichtet von ihrer Arbeit mit Uri-Geller-Tests, von denen sie überzeugt sind, daß sie zweifellos die hellseherischen Kräfte des israelischen Mediums bewiesen haben. Um ihre Experimente mit Geller nüchtern und sachlich zu beschreiben und um behaupten zu können, daß Gellers Fähigkeiten nicht einzigartig sind, führen sie Sinclairs Buch an, zitieren aus Einsteins Vorwort und fragen: »Warum wurde denn diese Fundgrube eines Buches in den vergangenen 45 Jahren vernachlässigt?«

Es ist nicht meine Absicht, an dieser Stelle zu erläutern, warum ich Sinclair als aufrichtig und ehrlich, aber als unglaublich leichtgläubig erachte. Er hatte nur geringes Verständnis für wissenschaftliche Methoden und war (meiner Ansicht nach) ein unzuverlässiger Beobachter und Berichterstatter der unkontrollierten und inoffiziellen ESP-Versuche, die er mit seiner Frau durchführte.

Meine Absicht ist es lediglich, mit Erlaubnis der Einstein-Erben, einen Brief, den Einstein 1946 an Jan Ehrenwald schrieb, wiederzugeben, der über die Physiker John Stachel und E. T. Newman in meinen Besitz gelangte. Dr. Ehrenwald ist ein britischer Psychoanalytiker, der heute als praktizierender Psychiater am Roosevelt Hospital in New York lebt. 30 Jahre lang studierte er das Psi-Phänomen und versuchte, eine neurologische Grundlage dafür zu finden. Er ist der berühmteste aus einem Trio lebender Psychoanalytiker (die beiden anderen sind Jule Eisenbud und Montague Ullman), die überzeugte Psi-Anhänger sind. Im nächsten Jahr wird Basic Books Ehrenwalds jüngstes Buch ›The ESP Experience: A Psychiatric Validation‹ veröffentlichen.

Lieber Dr. Ehrenwald:

13. Mai 1946

Ich habe mit großem Interesse die Einführung zu Ihrem Buch gelesen und die Geschichte all der unangenehmen Erfahrungen, die Sie, wie viele von uns, gemacht haben. Ich freue mich, daß Sie in dieses Land emigrieren konnten, und ich hoffe, Sie werden hier die Möglichkeiten für fruchtbare Arbeit finden.

Vor einigen Jahren las ich das Buch von Dr. Rhine. Ich bin nicht in der Lage, eine Erklärung für die von ihm aufgezählten Fakten zu finden. Es ist für mich befremdend, daß die räumliche Entfernung zwischen (telepathischen) Versuchspersonen keinen Einfluß auf den Erfolg des statistischen Experiments hat. Für mich ist dies ein sehr starkes Anzeichen dafür, daß eine noch nicht erkannte Quelle systematischer Fehler eine Rolle spielen könnte.

Ich habe die Einführung zu Upton Sinclairs Buch auf Grund meiner Freundschaft zum Autor geschrieben, und ich habe meine mangelnde Überzeugung dabei nicht offenbart, ohne jedoch unehrlich zu sein. Ich gebe meine Skepsis hinsichtlich all dieser Überzeugungen und Theorien frei heraus zu, eine Skepsis, die nicht das Ergebnis einer angemessenen Vertrautheit mit den relevanten experimentellen Fakten, sondern eher einer lebenslangen Beschäftigung mit der Physik ist. Darüber hinaus möchte ich erwähnen, daß ich in meinem ganzen Leben noch keine einzige Erfahrung gemacht habe, die Licht auf die Möglichkeit einer menschlichen Kommunikation, die nicht auf normalen geistigen Prozessen beruht, werfen würde. Ich möchte hinzufügen, daß ich, da die Öffentlichkeit dazu neigt, jeder Aussage von mir mehr Gewicht beizumessen, als auf Grund meiner Unwissenheit in so vielen Wissensgebieten gerechtfertigt wäre, die Notwendigkeit spüre, auf dem betreffenden Gebiet äußerste Vorsicht und Zurückhaltung walten zu lassen. Ich würde mich jedoch freuen, ein Exemplar Ihrer Veröffentlichung zu erhalten.

Mit freundlichen Grüßen
Albert Einstein

Man sollte festhalten, daß Einsteins Hauptgrund für seine Skepsis die von Rhine oft hervorgehobene Tatsache ist, daß die Psi-Kräfte nicht mit der Entfernung abnehmen. Jede der vier bekannten Naturkräfte – Schwerkraft, Elektromagnetismus, starke und schwache Wechselwirkung – nimmt mit der Entfernung vom Ursprung ab. Rhine betrachtete dies immer als Beweis, daß die Psi-Kräfte vollständig außerhalb der Grenzen der bekannten physikalischen Gesetze lägen. In den vergangenen Jahren variierten die Versuche, die Unabhängigkeit der Psi-Kraft von der Entfernung (und auch von der Zeit) zu erklären. Gegenwärtig faszinierende Erklärungen lehnen sich an die Quantenmechanik an – aber keine ist befriedigend und reicht für eine Bestätigung aus. Einstein fand es einfacher, Occams Rasiermesser zu gebrauchen und nahm eine einfachere Erklärung an, daß sich nämlich unbewußte Neigungen, die Experimentatoren in ihren experimentellen Aufbau von Psi-Versuchen einbringen, in den statistischen Ergebnissen niederschlagen. Wenn dem so wäre, würde das Verhalten von Psi, mit der Entfernung und Zeit nicht abzunehmen, leicht zu erklären sein.

Einstein erwähnte in seinem Vorwort eine mögliche Quelle für Einseitigkeit in Upton Sinclairs Versuchen. Genauer gesagt: vielleicht deutete Mrs. Sinclair ihrem Mann unbewußt an, was er malen sollte, oder er deutete ihr unbewußt an, was sie malen sollte. Ein weiteres Beispiel: Man betrachte die mögliche Rolle der Fehler in den mit Hand geschriebenen Aufzeichnungen in Rhines frühen und schlecht kontrollierten PK-Experimenten mit Würfeln. Wenn gewisse Einseitigkeiten durch Aufzeichnungsfehler auf seiten der Mitarbeiter eingebracht wurden, die die Zielnummern kannten (von Psychologen durchgeführte Tests haben gezeigt, wie häufig solche Aufzeichnungsfehler sind), würde es durchaus nichts ausmachen, ob die Versuchsperson 3 Meter oder 3 Meilen von den fallenden Würfeln entfernt gewesen wäre oder sich in einem U-Boot tief unten im Meer oder in einem Raumschiff zehntausend Meilen entfernt im Weltraum befunden hätte. Es hätte auch keine Bedeutung gehabt, wenn die Würfel zehn Stunden, nachdem die Versuchsperson ihre PK-Energie auf das Ziel konzentriert hatte, geschüttelt und geworfen worden wären.

Die Zeit- und Raumunabhängigkeit von Psi scheint noch immer ein dramatischer und störender Aspekt in der Psi-Forschung zu sein. Ein hervorragendes Beispiel liefert uns der jüngste Hellseh-Test von Puthoff und Targ. Bei ihrem Vorhaben »Deep Quest« befanden sich Hella Hammid und Ingo Swann, die Superstars unter den Medien, in einem Mini-U-Boot, das vor der Küste der Insel Catalina unter Wasser lag. Es gelang ihnen, die Lage des Ziels, das sich 500 Meilen entfernt an Land befand, genausogut zu beschreiben wie in vorigen, an Land durchgeführten Tests, als die Ziele in der Nähe lagen. In ›Mind-Reach‹ berichten die Autoren, daß Ms. Hammid die gleichen Erfolge erzielte, wenn die Ziele erst dann nach dem Zufallsprinzip ausgewählt wurden, als sie ihren Bericht schon erstattet hatte.

In seiner charakteristisch einfachen, bescheidenen, dem gesunden Menschenverstand folgenden Art, kam Einstein geradewegs auf den Kern der Sache. Nach einem Jahrhundert von Reportagen über die Ergebnisse der Parapsychologen ist die Gleichgültigkeit von Psi gegenüber allen Regeln, die die bekannten Kräfte steuern, noch immer (zusammen mit gescheiterten Nachahmungsversuchen von Ungläubigen) der Hauptgrund, warum die Mehrheit der Psychologen wie Einstein den Berichten von außergewöhnlichen Resultaten höchst skeptisch gegenüberstehen.

KAPITEL 10

Ein zweiter Brief Einsteins zum Thema ESP

Das vorige Kapitel war eine Anmerkung über Einsteins Haltung zu der kurzen Einführung, die er für Upton Sinclairs Buch ›Mental Radio‹ verfaßt hatte. Die Anmerkung schloß einen Brief Einsteins an den Psychoanalytiker und Parapsychologen Dr. Jan Ehrenwald ein.

Dr. Ehrenwald hat mir freundlicherweise eine Kopie des zweiten Briefes, den er von Einstein erhalten hatte, und der weitere Kommentare über Parapsychologie enthält, zukommen lassen. Ich habe von den Einstein-Erben die Erlaubnis erhalten, den Brief zu veröffentlichen.

Lieber Mr. Ehrenwald:

8. Juli 1946

Ich habe Ihr Buch mit großem Interesse gelesen. Es stellt zweifellos einen guten Weg dar, Ihr Thema in einen zeitgenössischen Kontext zu bringen, und ich habe keinen Zweifel, daß es einen großen Leserkreis erreichen wird. Ich kann es lediglich als Laie beurteilen und kann nicht sagen, daß ich zu einer bestätigenden oder zu einer negativen Schlußfolgerung gelangte. Ich glaube aber auf jeden Fall, daß wir vom physikalischen Standpunkt aus gesehen nicht das Recht haben, die Möglichkeit der Telepathie a priori zu leugnen. Für diese Art der Ablehnung sind die Grundlagen unserer Wissenschaft zu unsicher und zu unvollständig.

Mein Eindruck über die quantitative Herangehensweise an Experimente mit Karten usw. ist folgender. Auf der einen Seite habe ich keine Einwände gegen die Verläßlichkeit dieser Methode. Aber ich finde es verdächtig, daß »Hellseherei«(-Tests) die gleichen Wahrscheinlichkeitswerte ergeben wie »Telepathie«, und daß die

Entfernung der Versuchsperson von den Karten oder von dem »Sender« keinen Einfluß auf das Ergebnis hat. Dies ist, a priori, im höchsten Grade unglaubwürdig, und konsequenterweise ist das Ergebnis zweifelhaft.

Am interessantesten und in der Tat von größerem Interesse für mich sind die Experimente mit dem geistig behinderten neunjährigen Mädchen und die Tests von Gilbert Murray. Ich glaube, die Zeichenergebnisse haben mehr Gewicht als die große Skala statistischer Experimente, wo die Entdeckung eines methodologischen Fehlers alles über den Haufen werfen kann.

Ich finde Ihre Beobachtung wichtig, daß die schöpferische Kraft eines sich in psychoanalytischer Behandlung befindenden Patienten deutlich von der »Schule« des Analytikers beeinflußt wird. Allein dieser Teil Ihres Buches ist gründlicher Aufmerksamkeit wert. Ich muß jedoch bemerken, daß einige der von Ihnen erwähnten Experimente beim Leser den Verdacht aufkommen lassen, daß, eher als telepathische Einflüsse, unbewußte Einflüsse entlang der Wahrnehmungskanäle im Spiel sein könnten.

Auf jeden Fall ist Ihr Buch eine große Anregung für mich gewesen und hat in gewisser Weise meine ursprünglich sehr negative Einstellung hinsichtlich des gesamten Fragenkomplexes »gemildert«. Man sollte nicht mit Scheuklappen durch die Welt gehen.

Ich kann keine Einführung schreiben, da ich dafür vollkommen inkompetent bin. Eine solche Einführung sollte von einem erfahrenen Psychologen geliefert werden. Sie können diesen Brief im privaten Bereich auch anderen zugänglich machen.

Hochachtungsvoll
Albert Einstein

Das Buch, von dem Dr. Ehrenwald an Einstein den Abzug des Umbruchs sandte, und für das Einstein das Schreiben einer Einführung ablehnte, hieß ›Telepathy and Medical Psychology‹. Es wurde im Jahre 1947 in England von Allan und Unwin und im darauffolgenden Jahr in den Vereinigten Staaten von W. W. Norton veröffentlicht. Die Einführung wurde von Gardner Murphy geschrieben. (Dr.

Aus ›Skeptical Inquirer‹, Frühling-Sommer 1978

Ehrenwalds neuestes Buch ›The ESP Experience‹ wurde im Jahre 1978 von Basic Books herausgebracht!)

Lassen Sie mich hinzufügen, daß ich Einsteins Bemerkungen durchaus bewunderungswürdig finde. Er ist weniger dogmatisch in seiner negativen Haltung der Parapsychologie gegenüber als in seinem vorherigen Brief. Er glaubt, man solle sich eine unvoreingenommene Haltung bewahren, aber er ist noch immer von den berichteten Beweisen irritiert, daß ESP mit der Entfernung nicht abnimmt. Mit großem Takt und mit großer Höflichkeit informiert er Dr. Ehrenwald darüber, daß vielleicht unbewußte, aber durchaus normale Wahrnehmungskanäle, eher als ESP, die Effekte, die Dr. Ehrenwald in seinem Buch dem telepathischen Kontakt zwischen Analytiker und Patient zuschreibt, bewirken. Mit seiner charakteristischen Bescheidenheit drückt er aus, daß er für den gesamten Themenkreis nicht kompetent ist.

Nachwort

Nachdem ich die beiden Einstein-Briefe im ›Skeptical Inquirer‹ veröffentlicht hatte, publizierte Jan Ehrenwald diese erneut, zusammen mit seiner weitschweifigen und nicht abgesandten Antwort an Einstein. Siehe Ehrenwalds »Einstein Skeptical of ESP?«, Nachwort zu einer Korrespondenz, in ›Journal of Parapsychology‹, Bd. 42, Juni 1978, Seite 137–142.

KAPITEL 11

Geller und Nitinol

Es wäre schwer, einen besseren Titel für ein Buch über Uri Geller zu finden als ›The Geller Papers‹. Die Vorstellung, die einem dabei in den Sinn kommt, ist die einer grundlegenden, revolutionären Entdeckung in der Wissenschaft, und daß Experten der ganzen Welt zusammentrafen, um über dieses Phänomen zu diskutieren. Fach-Abhandlungen wurden abgeliefert. Sie wurden in einem eindrucksvollen Band, den der ehemalige Physiker und jetzige Wissenschafts-Berichterstatter von ›Newsweek‹, Charles Panati, sorgfältig redigiert hat, gesammelt und im letzten Jahr von Houghton Mifflin veröffentlicht.

Panatis Untertitel ist sogar noch pompöser: »Wissenschaftliche Beobachtungen über die paranormalen Kräfte Uri Gellers.« Der Satz läßt keinerlei Zweifel aufkommen. Die wissenschaftliche Gemeinde, so wird impliziert, macht sich keine Gedanken darüber, ob Uri Geller, dieser ansehnliche junge Israeli, paranormale Kräfte hat, denn sie hat sich entschieden. Uris übernatürliche Fähigkeiten werden nicht in Frage gestellt. Die Aufgabe, deutet der Untertitel an, besteht nun darin, jene Kräfte in einem Labor zu beobachten, zu analysieren und lebensfähige Theorien zu deren Erklärung zu entwickeln. Man öffnet Panatis Buch mit zitternden Händen.

Von den zweiundzwanzig Abhandlungen, die in diesem Band zusammengetragen wurden, überragt eine alle anderen. Es ist Panatis eigene Meinung. Immer wieder hat er in Radio- und Fernseh-Talk-Shows gesagt, daß das wichtigste Kapitel in seinem Buch Eldon Byrds Aufsatz »Uri Geller's Influence on the Metal Alloy Nitinol« sei.

Aus ›Humanist‹, Mai/Juni 1977

Diese Ansicht wird auch in allen mir bekannten Buchbesprechungen geteilt. D. Scott Rogos Besprechung in ›Psychic‹ (September 1976) ist ein typisches Beispiel: »Obwohl dieses Buch eingefleischte Skeptiker wahrscheinlich nicht überzeugen wird, enthält es doch einige Abhandlungen, die meiner Meinung nach die bisher besten veröffentlichten Beweise zur Unterstützung von Gellers Behauptung liefern. Diese Beiträge stehen in auffallendem Gegensatz zu den anderen Abhandlungen. Einer davon stammt von Eldon Byrd.«

Uri nutzt Byrds Abhandlung für seine Zwecke. Eine ganzseitige Anzeige für Uri in ›Variety‹ (27. Oktober 1976) zeigt neben Uris Bild vier eingerahmte Zitate: eines von Wernher von Braun, eines von Harold Puthoff und Russell Targ (die Physiker des Stanford Research Institutes, die behaupten, Uris ESP-Fähigkeit, nicht aber seine PK-Kräfte beglaubigen zu können), eines von Friedbert Harger vom Max-Planck-Institut für Plasmaphysik in München; das vierte Zitat stammt von Byrd: »Geller verändert die Gitterstruktur einer Metallegierung auf eine Weise, die nicht nachgeahmt werden kann. Gegenwärtig gibt es keine wissenschaftliche Erklärung dafür.«

Byrd, so scheint es, hat eine Abhandlung von ungeheurem wissenschaftlichen Wert geschrieben. Ihre Bedeutung wird von Panati in dessen Einführung und in kürzeren Kommentaren vor und nach Byrds Artikel unterstrichen. Byrds Abhandlung, so schreibt Panati, »erscheint hier mit der offiziellen Genehmigung des Naval Surface Weapons Center... Zum ersten Mal wurden hier die in einer Regierungseinrichtung durchgeführten parapsychologischen Untersuchungen vom Verteidigungsministerium zur Veröffentlichung freigegeben.«

Parapsychologische Untersuchungen in einem Regierungslaboratorium? Offiziell von einer Abteilung der U.S.-Navy genehmigt? Ein solcher Bericht muß mit Sicherheit ernst genommen werden. Aber bevor wir uns genauer ansehen werden wie es wirklich war, wird uns eine kurze Schilderung von Byrds Lebenslauf von Nutzen sein.

Er wurde 1939 in Winchester, Indiana, geboren. Nachdem er in Purdue sein Ingenieurstudium abgeschlossen hatte, besuchte er die George-Washington-Universität, um dort ein Studium als Konstrukteur medizinisch-technischer Geräte zu absolvieren. Seit 1968 arbeitet er als Verfahrensanalytiker am White Oak Laboratory of the

Naval Surface Weapons Center (dem früheren Naval Ordnance Laboratory) in Silver Spring, Maryland. Er ist Reserveoffizier der Navy, Mitglied der Mensa und Mormone. Zwischen seinem religiösen Glauben und seinem Glauben an paranormale Phänomene besteht seiner Meinung nach ein enger Zusammenhang. Er ist Autor von ›How Things Work‹, das 1973 von Prentice-Hall veröffentlicht wurde.

Byrd interessiert sich schon lange für das Paranormale, angefangen vom Bermuda-Dreieck bis hin zu den UFOs. 1975 hielt er an einem Okkultismus-Center in Silver Spring (auf das wir später noch einmal zurückkommen werden) einen Kursus über übernatürliche Phänomene ab. Er erzählte mir, daß er Geller für »von Grund auf ehrlich« hält. Er steht der Frage aufgeschlossen gegenüber, ob Uri sich, wie er in seiner Autobiographie ›My Story‹ behauptet, von Manhattan nach Ossining »teleportiert« hat. Er ist überzeugt davon, daß »Hunderte« von Kindern, viele davon in Kanada, »besser als Geller« Metall biegen können, und er hat zugestimmt, in einem Komitee mitzuarbeiten, das Tests mit diesen Kindern durchführen soll, falls die nötigen Mittel aufgebracht werden können.

Byrds frühere Arbeit über den »Backster-Effekt« – die Fähigkeit von Pflanzen, auf menschliche Gedanken und Gefühle zu reagieren, wird auf den Seiten 40–42 von ›Das geheime Leben der Pflanzen‹ von Peter Tompkins und Christopher Bird (Harper and Row, 1973) detailliert beschrieben. »Byrd konnte im Fernsehen die Reaktion einer Pflanze auf verschiedene Stimuli, einschließlich dem Vorhaben, sie zu verbrennen, demonstrieren. Vor der Kamera brachte Byrd eine Pflanze durch Schütteln einer Spinne in einer Pillenschachtel dazu zu antworten... Er erhielt auch eine starke Reaktion, als er einer anderen Pflanze ein Blatt abschnitt.«

Diese Berichte sind jetzt überholt. Byrds Ernüchterung über den Backster-Effekt resultierte aus seiner Entdeckung, daß er bei ähnlichen Tests mit Styroporstücken die gleichen Reaktionen erzielte. Er glaubt nun, daß die von Cleve Backster gemessenen Effekte nicht von dem »Bewußtsein« der Pflanzen, sondern von elektrischen Feldern, die Menschen umgeben, erzeugt werden. Philip J. Klass, Senior-Redakteur von ›Aviation Week‹ und Autor des hervorragenden Buches ›UFOs Explained‹ (Random House, 1975), erzählte mir, daß er Byrd einmal fragte, warum er die Möglichkeit, daß Styropor wie eine Pflanze ein niederes Bewußtsein habe, so dogmatisch ausschloß. Byrd antwortete: »Weil das lächerlich ist.«

Byrd traf Uri zum ersten Mal am Abend des 19. Oktober 1973 in einem Labor in Silver Spring namens Isis Center. Panati gibt es als das Isis Center of the Naval Surface Weapons Center zu erkennen. Ist nicht ›Isis‹ ein sonderbarer Name für ein Labor der Navy? Die ägyptische Göttin wurde von Mitgliedern von einem der vielen Geheimkulte verehrt, die im antiken Rom zur Zeit des Zerfalls des alten Glaubens blühten.

Ich fragte Byrd, wie das Isis Center zu diesem exotischen Namen gekommen sei. Seine Antwort lüftete rasch das Geheimnis. Das Isis Center, das 1975 geschlossen wurde, hatte keinerlei Verbindung zur Navy. Sein voller Name war »The Isis Center for Research and Study of the Esoteric Arts and Sciences«. Es war von einer Gruppe lokaler Okkultisten gegründet worden, unter Führung von Jean Byrd (nicht verwandt mit Eldon), die sich für die wiedergeborene Isis hält. Das Center aus der Fenton Street in Silver Spring hatte Uri Geller für eine Darbietung im Lisner-Auditorium der George-Washington-Universität engagiert. Byrd hatte das Isis Center gebeten, vor der Zaubershow eine Sitzung mit Uri zu arrangieren.

Das geschah dann auch. Byrd gab Uri zwei Stückchen Nitinoldraht und einen kleinen Nitinolblock. Nitinol ist eine seltsame Legierung aus Nickel und Titan, die vor vielen Jahren von einem Metallurgen der Navy entwickelt wurde. Es hat eine »Erinnerung«. Unter großer Hitze kann man einem Stück Nitinol eine bestimmte Form geben. Ist das Stück abgekühlt, kann man diese Form ändern; wird es aber erneut erhitzt, kehrt es zu seiner ursprünglichen Form zurück. Nitinol wird für Satellitenantennen verwendet. Aufgewickelter Nitinoldraht beansprucht wenig Platz. Befindet sich der Satellit dann in seiner Umlaufbahn, nimmt der Draht durch Hitze seine vorgegebene Form an. Die Legierung wird noch auf vielen anderen Gebieten, militärischen und kommerziellen, eingesetzt.

Es interessierte Byrd nun, ob Uri irgendeine der Eigenschaften des Nitinols ändern konnte. Er gab Uri zuerst den winzigen Block. Uri »befühlte den Block eine Zeitlang mit den Händen«, war aber nicht in der Lage, ihn zu verändern. Er sagte, er habe kein »Gefühl« für das Material.

Byrd steckte den Block ein und gab Uri ein gerades Stück Nitinoldraht von ca. 1,5 mm Durchmesser. Wieder »befühlte er es eine Zeitlang« ohne Ergebnis.

Byrd gab Uri dann ein ca. 13 cm langes, gerades Stück Nitinoldraht von 0,5 mm Durchmesser. Dieser Draht ist schwarz, sehr dünn und läßt sich leicht verformen. Man kann ihn ohne Schwierigkeiten mit den Fingern in die gewünschte Form biegen. Uri führte sein Standard-Verfahren zum Biegen von Schlüsseln, Nägeln, Löffeln usw. durch.[1] Nachdem er den Draht zwanzig Minuten lang gerieben hatte, produzierte er eine kleine Delle in der Mitte des Drahtes.

Aufgewühlt von diesem dramatischen paranormalen Ereignis brachte Byrd ihm etwas heißes Wasser. Im Normalfall würde ein von Hand gebogenes Stück Nitinoldraht in seine gerade Form zurückspringen, wenn es in heißes Wasser oder sogar in heißen Kaffee getaucht wird. Doch statt dessen verlor der Draht seine Delle und nahm eine rechteckige Form an. »Das war ein aufregendes Ergebnis«, schreibt Byrd. »Ich zündete ein Streichholz an und hielt es an den Knick, aber der Draht wurde immer noch nicht gerade.« (Byrd benutzt den Ausdruck ›Knick‹ nicht eindeutig – manchmal meint er die zuerst erschienene Delle, manchmal den spitzen Winkel, der entstand, als der Draht erhitzt wurde. Ich werde hier mit ›Knick‹ nur den spitzen Winkel bezeichnen.) Später dann versuchte Byrd, in ein Stück Draht eine ähnliche Delle zu machen. Er schaffte es nicht, wie er schrieb, »ohne einen Bunsenbrenner und eine Zange zu benutzen«.

Ich bezweifle nicht, daß Byrds Beschreibung des Geschehens im Isis Center nicht voll und ganz seiner Erinnerung entsprach. Doch unglücklicherweise kann man sich auf die Erinnerung eines Nicht-Magiers an eine magische Darbietung niemals verlassen. Sogar Zauberkünstlern kann es passieren, daß sie sich nicht richtig an einen Trick erinnern, den sie zum ersten Mal gesehen haben. Ich halte mich für einen erfahrenen Hobby-Zauberer, und doch werde ich oft von neuen Tricks verblüfft. Jedesmal, wenn ich mich mit Jerry Andrus, einem kreativen Magier aus Oregon, treffe, verwirrt er mich aufs neue. Nachdem er mir seinen Trick dann genau beschrieben hat, bin ich manchmal erstaunt darüber, wie fehlerhaft meine Erinnerung an das, was ich gesehen hatte, war. Sieht man jedoch von der Unzuverlässigkeit von Byrds Erinnerung ab, enthält sein Bericht verschiedene in die Irre führende Behauptungen.

Punkt 1: Byrd schreibt, daß Nitinol zur Zeit seines Tests mit Uri Geller »der Öffentlichkeit im allgemeinen nicht zugänglich war«. Er will damit sagen, daß Uri, der (durch gemeinsame Freunde) im voraus von Byrds Interesse an Nitinol gewußt haben könnte, große Schwierigkeiten gehabt hätte, Proben davon zu erhalten. Das stimmt nicht. Im Katalog der Edmund Scientific Company, die damals wie heute in populären Zeitschriften inserierte, wurde 1971, 1972 und 1973 ein »Nitinol-Bastelsatz« für fünf Dollar angeboten. Für einen zusätzlichen Dollar erhielt man das 96 Seiten umfassende ›NASA Nitinol Book‹, in dem Details über die Eigenschaften dieser Legierung geschildert wurden. Nitinolproben wurden während jener Jahre von dem Naval Ordnance Laboratory bei Laborausstellungen kostenlos an Besucher verteilt und auf schriftliche Anfragen hin zugeschickt.

Nicht nur das, auch den Zauberkünstlern ist Nitinol wohlbekannt. 1972 verblüffte der New Yorker Amateur Charles Kalish seine Freunde mit einem von ihm erfundenen Trick, der dann später von einem Londoner Zauberladen verkauft wurde. Ein Zuschauer wählt eine Ziffer zwischen eins und neun. Eine Büroklammer (die in Wirklichkeit aus Nitinol besteht) wird in einen Briefumschlag gelegt und der Umschlag verbrannt. In der Asche findet man dann den Draht, der die Form der gewählten Ziffer angenommen hat.

Punkt 2: Byrds knapper Bericht gibt keinen Hinweis auf das Durcheinander, das im Isis-»Laboratorium« herrschte, als Geller den Draht bog. Neben Byrd und Uri waren noch Jean Byrd, zwei ihrer Sekretärinnen, Andrija Puharich und Shipi Shtrang anwesend. Puharich ist der Parapsychologe, der Uri in Israel entdeckte und den Aufenthalt in Amerika arrangierte. Er ist der Autor von ›Uri‹, einem Buch, das enthüllt, wie Uri seine Kräfte von den Computern fliegender Untertassen erhielt. Shipi ist ein häufiger Begleiter von Uri. Nach den Aussagen von Shipis Schwester Hannah waren sie und Shipi bei Uris Bühnenshow in Israel seine Mitarbeiter und übermittelten ihm bestimmte Informationen.[2] Es ist auch schon erwiesen, daß Uris Kräfte zunehmen, wenn Shipi in der Nähe ist. Die Zauberkünstler meinen, daß es Shipi ist, der Uri bei vielen Gelegenheiten heimlich hilft, indem er z. B. die Löffel schon biegt, bevor Uri seinen Trick vorführt.

Byrd hat in Briefen an mich frei heraus zugegeben, daß die Bedingungen im Isis Center so unkontrolliert waren, daß »fast alles« hätte geschehen können. Die Ablenkung war so groß, schrieb er, daß es sogar zu einem »Austauschen des Drahtes« hätte kommen können.

Punkt 3: In seinem Bericht sagt Byrd, daß »verschiedene Metallurgen im Navy-Center versuchten, den rechteckigen Knick im gellerisierten Draht zu entfernen, indem sie den Draht »unter Spannung in eine Vakuumkammer« legten und ihn bis zum Glühen erhitzten. Als der Draht abkühlte, kam der Knick wieder. »Sie hatten keine Erklärung für dieses Verhalten.«

Das Naval Surface Weapons Center erklärte jedoch, daß ein solcher Test niemals durchgeführt wurde. Man war in der Tat so verärgert über Panatis falsche Behauptung, das Isis Center sei ein Regierungs-Laboratorium, daß das Büro für Öffentlichkeitsarbeit beauftragt wurde, ein vier Seiten umfassendes Memorandum (Datum vom 19. Juli 1976) zu erstellen, das als Antwort auf ernsthafte Anfragen verschickt werden sollte. Das Memorandum besagt, daß die Experimente mit Uri »von Mr. Byrd aus persönlichem Interesse, in seiner Freizeit und ohne Kosten für die Regierung durchgeführt wurden«.

Auf Seite 4 seiner Einführung schreibt Panati, daß Geller seine Psi-Kräfte »für den Physiker Eldon Byrd am Naval Surface Weapons Center demonstrierte«, und auf Seite 5: »Geller kam im Oktober 1973 zum Naval Surface Weapons Center«. »Das ist ein Irrtum«, besagt das Memorandum, »Geller hat das Naval Surface Weapons Center niemals betreten.« Byrds Kapitel war vom Naval Ordnance Laboratory nur unter dem Gesichtspunkt der Richtigkeit der Angaben über die Eigenschaften von Nitinol und dem der militärischen Geheimhaltung durchgesehen worden. Das Laboratorium, so sagt das Memorandum, übernimmt keinerlei Verantwortung für die Ergebnisse oder die Implikationen von Mr. Byrds Experimenten. Die Zustimmung zur Veröffentlichung von Byrds Bericht bedeutet »weder Bestätigung noch Leugnung des parapsychologischen Aspekts« des Berichts.

Zu Byrds Behauptung, »verschiedene Metallurgen« hätten versucht, den Knick in einer Vakuumkammer zu entfernen, sagt das

Memorandum: »Die Vorkommnisse bei diesem Test konnten nicht durch Laborberichte oder durch die Metallurgen des Labors bestätigt werden.« Byrd hatte geglaubt, Dr. Frederick E. Wang, der Nitinol-Experte der Navy, hätte einen solchen Test durchgeführt. Wang erinnert sich nicht daran.

Da bei jener chaotischen Sitzung keine Zauberkünstler anwesend waren, kann man nur über mögliche nichtparanormale Erklärungen spekulieren. Ein Szenarium wäre, daß Uri schon präparierte Drahtstücke bei sich hatte, in die er (auf noch näher zu erklärende Weise) einen bleibenden Knick gemacht, und die er dann wieder gestreckt hatte.[3] Er ließ den Draht mit größerem Durchmesser aus, da er Draht dieser Größe nicht mitgebracht hatte. Der Draht mit dem kleineren Durchmesser wurde dann von Uri oder Shipi mit Byrds Probe vertauscht. Während Uri den Draht streichelte, machte er eine Delle hinein – das geht durch leichten Druck mit dem Fingernagel. Als Byrd den Draht dann erhitzte, verlor dieser natürlich die Delle und nahm den bleibenden Knick an.

Man muß jedoch nicht unbedingt annehmen, daß Uri mit präpariertem Draht erschien. Nitinol ist heutzutage schwerer zu bekommen als 1973, aber ich habe schließlich eine 30 cm lange Probe des 0,5-mm-Drahtes erhalten. Ich habe ein kleines Stück davon abgeschnitten, und ich schwöre bei allem, was mir heilig ist, daß mein allererstes Experiment ein überwältigender Erfolg war. Mit zwei kleinen Zangen bog ich einen spitzen Winkel in den Draht. Dann streckte ich den Draht, indem ich ihn zwischen Daumen und Zeige- und Mittelfinger hielt; durch Drücken mit meinem Daumennagel erhielt ich eine Delle in der Mitte des Drahtes. Ich legte den Draht dann in eine Schüssel und goß kochendes Wasser darüber. Die Delle verschwand, und der Draht nahm die Form eines Winkels von fast 90° mit einem spitzen Scheitelpunkt an. Der Winkel veränderte sich nicht, als ich den Draht in eine Streichholzflamme hielt. Aufgeregt durch diesen unerwarteten Erfolg versuchte ich einen spitzeren Winkel zu produzieren, aber als ich den Draht dann streckte, brach er in der Mitte durch. Ich wiederholte das Experiment dann mit einem dritten Stück, wobei ich dieses Mal lediglich zwei Münzen benutzte, um den Draht zu halten und eine dritte Münze, um einen spitzen Winkel zu bekommen. Ich streckte den Draht dann, wobei ich den

Winkel als eine Seite der Delle bestehen ließ. Als kochendes Wasser über diesen Draht gegossen wurde, verschwand die Delle, und der Draht nahm einen Winkel mit spitzem Scheitelpunkt von ca. 75° an. Ich habe ihn beim Tippen vor mir liegen. Er ist von dem Draht auf Abbildung 4 in Panatis Buch nicht zu unterscheiden.

Auf dem Draht sind keine Kratzer zu erkennen. Ein Tuch über dem Draht wird natürlich alle möglichen Kratzer vollkommen ausschließen. Ein genauer Blick auf den stumpfen Knick in meinem ersten gebogenen Draht zeigt, daß der Knick von dem Schattenriß auf Panatis Abbildung 5 nicht zu unterscheiden ist. Und wieder hatte ein Streichholz keinerlei Wirkung auf den 75°-Knick, obwohl der Draht in der Flamme rot aufglühte. In weniger als zehn Minuten Experimentierzeit hatte ich ohne Bunsenbrenner die Erinnerung von zwei Nitinoldrähten geändert!

Aber, werden Sie sagen, wie konnte Geller einen Draht vor Byrds Augen auf diese Weise präparieren? Es können verschiedene Möglichkeiten in Betracht kommen. Während Uri erfolglos versucht, ein Stück Draht zu verändern, nimmt Shipi heimlich das andere Stück, entschuldigt sich, geht ins Badezimmer, präpariert den Draht, streckt ihn, kehrt zurück und legt den Draht auf seinen ursprünglichen Platz zurück. Uri lehnt den Draht, für den er kein »Gefühl« hat, ab, nimmt den anderen und macht, während er über den Draht streicht, eine Delle hinein. Als Byrd den Draht in kochendes Wasser legte, entstand ein Knick.

Eine weitere Möglichkeit: Byrd hat, wie es in seinem Bericht heißt, das 13 cm lange Stück erhalten, indem er ein längeres Stück in drei Teile schnitt. Angenommen, die beiden anderen Stücke liegen, während er mit Uri arbeitet, auf Platz X. Shipi nimmt eines von ihnen und geht damit zum Waschraum, wo er es bearbeitet, kehrt zurück und tauscht dieses Stück in einem passenden Moment gegen den Draht neben Uri aus. Er legt den Draht, den er jetzt in der Hand hält, auf Platz X zurück.

Eine dritte Möglichkeit: Mit den Fingern kann man in Nitinoldraht keinen spitzwinkligen Knick machen, da der Draht in diesem Fall einen abgerundeten Buckel formt, der durch zwei härtere Flächen zusammengepreßt werden muß. Mit den Zähnen geht das einfach, die Finger aber sind nicht hart genug. Es wäre aber möglich, ein

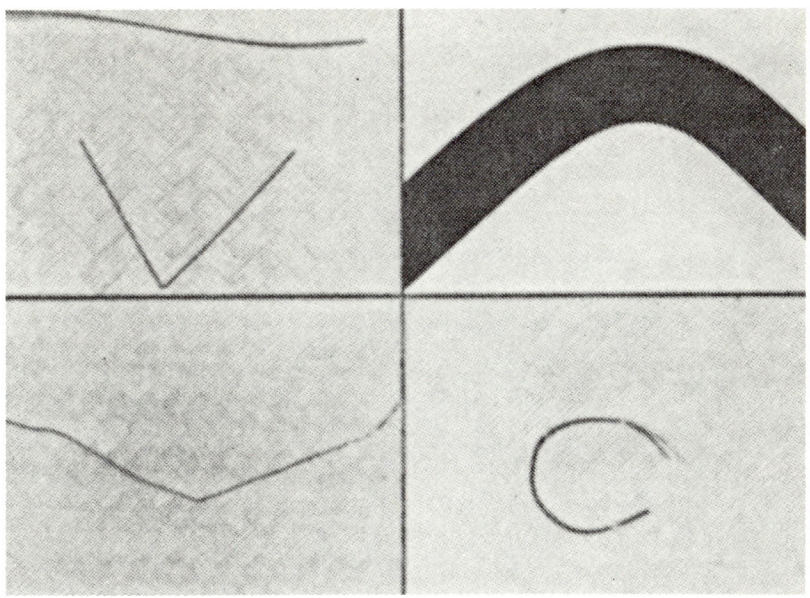

Panatis Abbildung 4. Zwei Stücke Nitinoldraht. Oben: Form, bevor Geller ihn rieb. Unten: Form, nachdem er ihn rieb, und nachdem er erhitzt worden war, um die gerade Form wieder anzunehmen. Der Draht ist nun ständig verformt. Abbildung 5. Schattendarstellung eines von Uri Geller gebogenen Nitinoldrahtes. Es stellte sich heraus, daß der Radius der Krümmung weniger als 1 mm betrug. Abbildung 6. Dieses von Geller geriebene Nitinolstück entwickelte mehrere ›2-dimensionale‹ ständige Biegungen. Abbildung 7. Gellers Einfluß auf dieses Nitinolstück schaffte eine ›3-dimensionale‹, ständige Biegung. Nachdem Geller es gerieben hatte, nahm es die Form einer Ellipse an. Die einzige bekannte Möglichkeit, dieses Ergebnis zu erhalten, wäre, den Draht zu einer Ellipse zu verbiegen, und in dieser Form auf ungefähr 500°C zu erhitzen.

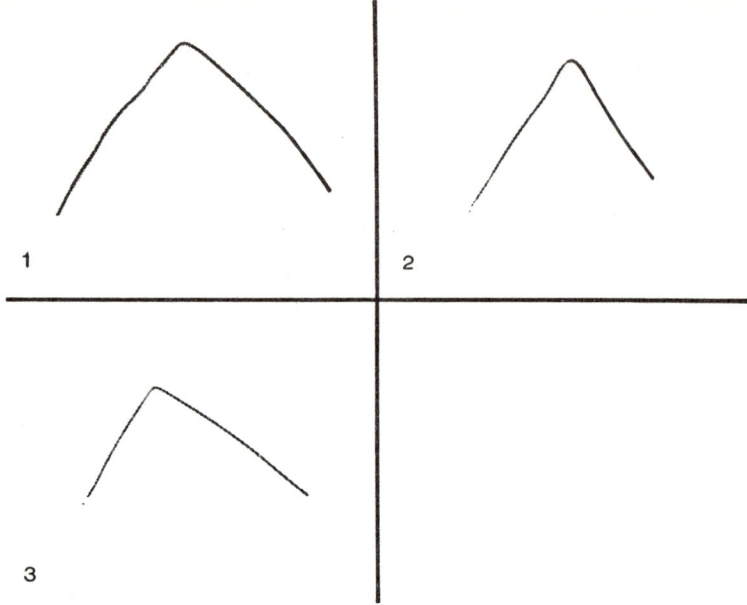

Gardners drei Nitinolexperimente. 1. Ständiger, mit Hilfe einer Zange erzeugter Knick. 2. Ständiger, durch Münzen erzeugter Knick. 3. Ständiger, durch Beißen geschaffener Knick.

winziges Hilfsmittel, das sich leicht in der geschlossenen Hand verstecken läßt, zu benutzen. Man benötigt lediglich ein Stückchen Hartplastikscharnier mit gefurchter Oberfläche, um ein Wegrutschen des Drahtes zu verhindern. Dann dreht man die Mitte des Drahtes zu einer kleinen Schleife, drückt diese runde Biegung zusammen, und es ist geschafft.

Ein solcher Knick ist in dem Sinne bleibend, daß er die neue Erinnerung des Drahtes wird. Es ist jedoch immer möglich, einen solchen geknickten Draht in eine Vakuum- oder Gaskammer zu legen und dem Draht unter extremer Hitze seine ursprüngliche Erinnerung wiederzugeben. Das ist der Test, von dem Byrd fälschlicherweise glaubte, Dr. Wang hätte ihn durchgeführt. Wäre dies der Fall gewesen, hätte Uri die Erinnerung des Drahtes auf eine Weise verändert, die, wie Byrd es ausdrückt, »jenseits der Technologie« liegt – mit anderen Worten, eine Darbietung, die von der Wissenschaft, sogar unter Annahme eines möglichen Betruges, nicht erklärt werden kann. Dr. Wang war nicht gewillt, einen solchen Test ohne Mittel durchzuführen, und so sandte Byrd den Draht an seinen Freund Ronald S. Hawke vom Lawrence Livermore Laboratory in Silvermore, Kalifornien.

Der große Test wurde schließlich am 31. Januar 1977 durchgeführt. Hawke entfernte den Knick. Und so erwies sich die sensationellste Behauptung in Byrds Bericht – in der Tat die sensationellste »Tatsache« in Panatis Buch – als Irrtum. Geller hatte nichts vollbracht, das »jenseits der Technologie« lag. Der Knick, den er in den Isis-Draht gemacht hatte, unterschied sich in nichts von einem Knick, den ein Kind mit seinen Zähnen in einen Nitinoldraht machen kann. Brachten Uri oder Shipi präparierte Drähte zum Isis Center mit, oder verbogen Uri oder Shipi einen Draht, während Byrds Aufmerksamkeit auf etwas anderes gerichtet war? Wer weiß? Da Byrd selber den Isis-Test als unkontrolliert betrachtet, brauchen wir darüber keine weiteren Spekulationen anzustellen.

Byrds zweites Experiment mit Uri fand einen Monat später statt. Dieses Mal veränderte Uri die bleibende Erinnerung zweier Nitinoldrahtstücke. Die Abbildungen 6 und 7 in Panatis Buch zeigen, wie die Drähte aussahen, nachdem sie »von Uri Geller leicht gerieben« worden waren, wie es in der Bildunterschrift heißt. Jeder Leser des Buches würde aus Byrds Text und Panatis Bildunterschriften schließen, daß Byrd selber Zeuge dieses paranormalen Aktes gewesen ist.

Da ich neugierig war, wer diesem zweiten Wunder noch beigewohnt hatte, bat ich Byrd schriftlich um Details. Ich traute meinen Augen kaum, als ich seine Antwort las. Byrd wußte es nicht! Er hatte Uri Drahtproben mitgegeben, als dieser im Isis Center war. Uri nahm sie mit nach Hause und brachte später dann zwei davon so zurück, wie sie auf den Abbildungen zu sehen sind. Wie konnten Byrd und Panati wissen, daß sich die Drähte verändert hatten, als Uri sie leicht rieb? Weil Uri dies behauptet hatte!

Ich brauche den Leser wohl nicht darauf hinzuweisen, daß schon allein die Tatsache, daß Uri diese Drähte mit nach Hause genommen hat, zu jener Art von Unterlassungssünden gehört, die den Autor eines Berichtes, der für sich den Grad der Wissenschaftlichkeit beansprucht, als naiv, unaufrichtig oder beides abstempelt. Außergewöhnliche im Labor erzielte Ergebnisse verletzen, wie es der Soziologe Marcello Truzzi gern ausdrückt, alle bekannten Gesetze der Wissenschaft und verlangen daher außergewöhnliche Kontrollen; und sie verlangen außergewöhnliche Vorsicht bei der Berichterstattung. Da dieser zweite Test offensichtlich unter keiner Kontrolle stand, können wir ihn sofort vergessen.

Wir wollen nun zu Test Nummer drei übergehen, dem Höhepunkt unserer Komödie. Byrd besteht darauf, daß dies der einzige Test war, der unter sehr strenger Kontrolle durchgeführt wurde. Das große Experiment fand im Oktober 1974 statt, ein Jahr nach dem Isis-Test. In welchem Laboratorium? Nun ja, nicht direkt in einem Labor. Der Test fand im Haus des Schriftstellers John G. Fuller statt. Wie alle Geller-Beobachter wissen, ist Fuller der führende Autor von Büchern über okkulte Themen. In seinem Buch ›Arigo: Surgeon of the Rusty Knife‹ berichtet er von einem brasilianischen Chirurgen mit übersinnlichen Kräften, der gemäß den Instruktionen operiert, die ihm ein verstorbener deutscher Arzt ins linke Ohr flüstert. Fullers neuestes Buch ›The Ghost of Flight 401‹ handelt von einem Angestellten der Eastern Airlines, der bei einem Flugzeugabsturz ums Leben kommt und auf Flügen dieser Fluglinie als Geist erscheint. Fuller ist auch derjenige, der Uris wirre Autobiographie »redigierte«. Er ist der Ghostwriter von Uris Zeitungskolumne. Er ist erklärter Gellerist, der fast jeden Aspekt der gegenwärtigen Psi-Szene abkauft.

Wer war an jenem denkwürdigen Tag in Fullers Haus anwesend? Uri, Byrd und seine Frau, Fuller, Ronald Hawke und zwei Freundinnen Uris, Sovej Clark und Melanie Toyofuko. Bei Hawke handelt es sich um denjenigen Paraphysiker des Lawrence Livermore Laboratory, der kürzlich den von Uri geknickten Draht testete. Auch er hat einen Beitrag zu Panatis Buch geleistet: einen kurzen Bericht über einen 1974 in seinem Labor durchgeführten Test, bei dem Geller ein Muster auf einer magnetischen Programmkarte löschte. Doch nur Byrd und Hawke waren in Fullers Haus Zeuge des Nitinoltests mit Uri.

Byrd hatte drei Stücke Nitinoldraht von 0,5 mm mitgebracht, von denen jedes ungefähr 10 cm lang war. In seinem Bericht schreibt er,

144

daß er diese Stücke zugeschnitten hatte, bevor er nach Connecticut fuhr. Das steht im Gegensatz zu einer Aussage, die Byrd in einem Telefongespräch vom 11. Oktober 1976 Klass gegenüber machte. Byrd sagte dort mehrere Male, daß der Draht in Fullers Haus in vier Teile geschnitten wurde. Auf die Frage von Klass, ob Uri zugegen war, als der Draht zugeschnitten wurde, meinte Byrd, er könne sich nicht mehr erinnern. In einem zweiten Telefongespräch mit Klass am 29. November 1976 kehrte Byrd, nachdem er an die Behauptung in seinem Buch erinnert worden war, zu der alten Aussage zurück, daß der Draht vor der Reise nach Connecticut zugeschnitten worden war.

Wie Byrd sich im November erinnerte, war der ursprüngliche Draht ungefähr 51 cm lang. Er schnitt davon ein 10 cm langes Stück ab, das er als »Kontrolle« im Labor ließ. In New York, wo er (wie wir noch sehen werden) die Nacht vor seiner Abreise nach Connecticut verbrachte, schnitt er den restlichen Draht in vier Stücke. Eines dieser Stücke legte er dann als »zweite« Kontrolle zur Seite. Es blieb in einem Umschlag in seinem Koffer.

In Byrds Bericht wird das zweite Kontrollstück nicht erwähnt. »Bevor ich nach Connecticut reiste«, schreibt er, »mußte ich den Draht in vier Stücke schneiden... Eines davon wurde als Kontrolle benutzt und nicht mit nach Connecticut genommen.« Jetzt erinnerte er sich daran, daß es fünf Drahtstücke waren, von denen zwei zur Kontrolle benutzt wurden. Ein Stück blieb in Silver Spring. Eines wurde mit nach Connecticut genommen, aber von Uri nicht berührt. Dies sind keine trivialen Details, denn sie zeigen, wie nachlässig Byrd das »Experiment« schilderte, und wie schlecht er sich an die Details erinnern kann.

In Fullers Haus strich Uri in gewohnter Weise über die Drähte und produzierte in jedem von ihnen einen scharfen Knick. Byrd berichtet diesmal von keinen Dellen – nur von Knicken. Aber in einem an mich gerichteten Brief sagt Byrd explizit aus, daß sich jedesmal, genau wie im Isis Center, eine Delle im Draht bildete. Die Delle wurde zu einem Knick, als Byrd den Draht in eine Streichholzflamme hielt. In seinem Bericht sagt Byrd, er habe den ersten Draht an beiden Enden festgehalten, den zweiten Draht an einem Ende, den dritten Draht »hat Geller zur freien Verfügung bekommen. Er rollte ihn zwischen Daumen und Zeigefinger, und es bildete sich ein scharfer Knick (siehe Abbildung 4).« Die drei Knicke, sagte er zu Klass, betrugen ungefähr 60°, 90° und 110°. Es wird nicht erwähnt, wieviel Zeit bei diesem Test verging.

»Wie erzielte Geller diese Resultate?« fragt Byrd in seinem Bericht. »Im Augenblick habe ich für das Geschehene keine wissenschaftliche Erklärung... Ich kann nur sagen, daß die Möglichkeit eines Betruges Gellers gänzlich ausgeschlossen werden kann.«

Byrds Bericht über diesen Test ist nur in bezug auf das Fehlen einer Schilderung der Kontrollmaßnahmen bemerkenswert. Seine Beschreibung von Test 1 und 2, die keinerlei Hinweis auf die chaotischen Bedingungen, die im Isis Center herrschten, und keine Andeutung darüber, daß er nicht beobachtet hatte, was Uri im 2. Test tat, lieferte, läßt nur schwerlich ein Vertrauen hinsichtlich eines genauen Berichtes über die Geschehnisse in Fullers Haus aufkommen. Er versichert einfach, »zusätzliche Vorsichtsmaßnahmen« getroffen zu haben. Das gesamte Treffen wurde auf ›Tonband‹ aufgenommen. Das ist keine große Hilfe für Zauberkünstler, die versuchen, eine nichtparanormale Erklärung zu rekonstruieren. Hawke lehnt es ab, sich mit irgend jemandem über die Kontrollen zu unterhalten, und ist mit Byrd als alleinigem Sprecher einverstanden. Wieder einmal sind wir gezwungen, uns auf die sich leicht verzerrende Erinnerung eines Physikers zu verlassen, der schon vor Beginn des Versuchs fest an Uris paranormale Kräfte glaubte, und der so sehr darauf bedacht war, diese Überzeugung zu rechtfertigen, wie er es jetzt ist, seine Kontrollen zu verteidigen.

In meiner Korrespondenz mit Byrd und bei der Durchsicht von Klassens genauen Notizen von seinem Telefongespräch mit Byrd sind viele Faktoren zutage gekommen, die schwere Zweifel an der Angemessenheit von Byrds Kontrollen aufkommen lassen. Es handelt sich hierbei um Fakten, die in Byrds Bericht enthalten sein sollten, die er aber als nicht wichtig genug erachtete, um sie zu erwähnen.

In der Nacht vor dem Test schliefen Byrd, seine Frau und Ms Toyofuko in einem Appartement in Manhattan, das einem Freund von Melanie gehörte, der sich nicht in der Stadt aufhielt. Der Testdraht (oder die Testdrähte) befand sich in einem Koffer. Es wäre für Melanie einfach gewesen, diese Drähte gegen vorher präparierte Drähte gleicher Länge, gleichen Durchmessers und gleicher

Markierung auszutauschen.[4] Es wäre für Melanie ebenfalls einfach gewesen, die Drähte an sich zu nehmen und selber entsprechend vorzubereiten. Als Byrd und seine Frau das Appartement verließen, um mit Melanie auswärts zu essen, blieb der Koffer unbewacht zurück. Was sollte Shipi davon abhalten, das Appartement zu betreten und die Drähte zu präparieren? Byrd ist natürlich überzeugt, daß sich Uris Freund niemals an einer solchen Gemeinheit beteiligen würde. Nach den Aussagen von Shipis Schwester Hannah aber ist Shipi sehr wohl zu diesen Dingen fähig; das allein beweist schon die Möglichkeit, wie schwach Byrds zusätzliche Vorsichtsmaßnahmen waren.

Byrd schreibt mir in einem Brief, daß der Ablauf in Fullers Haus eine genaue Beobachtung Uris erforderte, um sicherzugehen, daß dieser nicht an die Testdrähte in Byrds Brieftasche herankam. Verlangte der Ablauf aber auch eine sorgfältige Beobachtung der beiden jungen Damen? Folgten Hawke und Byrd Ms Toyofuko und Ms Clark, wenn diese sich ins Badezimmer begaben? Ich fragte Byrd, ob all dies in seinem Protokoll enthalten sei. Er hat mir darauf nie geantwortet.

Byrds Bericht enthält keine einzige Zeile darüber, daß jeder Draht auf seine gerade Erinnerung hin überprüft wurde, bevor Uri ihn in die Hände bekam, in seinen Briefen aber hält er daran fest, jeden Draht mit einer Streichholzflamme getestet zu haben. Inwieweit kann man Byrds Gedächtnis in diesem Punkt trauen? Ich habe versucht, von Hawke eine Bestätigung über diesen Vor-Knick-Test zu erhalten, aber er hat meinen Brief nicht beantwortet.

Wir wollen diesen Zweifel zu Byrds Gunsten auslegen und annehmen, daß er tatsächlich jeden einzelnen der drei Drähte mit einer Streichholzflamme testete, bevor Uri ihn berühren durfte. Ein solcher Test wäre auf alle Fälle ratsam gewesen, nicht nur zur Vergewisserung, daß die Drähte nicht ausgetauscht worden waren, sondern auch, um diese Drähte (die beim Transport leicht verbogen werden können) in einen vollkommen geraden Zustand zu bringen. Uri hätte all dies sicher vorausgeahnt. Sein Plan wäre es dann gewesen, die Drähte auszutauschen, *nachdem* sie mit Hilfe einer Streichholzflamme begradigt wurden. Wie sehen hier die wahrscheinlichsten Möglichkeiten aus?

Eine ganz offensichtliche Möglichkeit wäre folgende: In der Nacht vor dem Test, als Byrd und seine Frau mit Melanie auswärts aßen, ging jemand in das Appartement, öffnete Byrds Koffer und ersetzte die Drahtproben durch Duplikate – jedes davon mit einer geraden Erinnerung. Byrds Drähte werden mit mechanischen Mitteln sorgfältig geknickt und werden dann entweder ganz begradigt oder so begradigt, daß eine kleine Delle in der Mitte verbleibt.

Als Mrs. Clark die Byrds und Melanie am nächsten Morgen dann zu Fullers Haus fuhr, könnte sie diese Drähte, die »das Werk« enthielten, bei sich getragen und heimlich an Uri weitergegeben haben. Als die Byrds ankamen, schwamm Uri gerade im Fluß hinter Fullers Haus und betrat das Haus (nach Byrds Aussagen gegenüber Klass) lediglich in Badehose. Uri hat nun Byrds ursprüngliche Drähte bei sich, versteckt unter dem Gürtel seiner Badehose oder vielleicht auch in seinem Haar.[5]

Ich zweifle nicht daran, daß Byrd und Hawke energisch leugnen werden, daß Uri die Drähte, die von Byrd mit einer Flamme getestet wurden, gegen die Drähte mit der veränderten Erinnerung ausgetauscht haben konnte. Sie wären sich ihrer Fähigkeit, ein solches Vertauschen entdecken zu können, wohl weniger sicher, wenn sie einmal mehrere Stunden einem Magier in Großaufnahme zuschauen würden, dessen Tricks auch das Vertauschen von Sachen einschließen. Das Vertauschen ist zu einer subtilen Kunst entwickelt worden. Nicht-Zauberkünstler wissen einfach nicht, wonach sie suchen sollen, oder wann sie nach etwas suchen sollen; und Wissenschaftler sind, wie ihnen jeder Magier bestätigen wird, leichter zu täuschen als Kinder.

Stellen Sie sich nun vor, Byrd hat den ersten Testdraht aus dem Umschlag genommen. Es ist nicht sein Originaldraht, aber ohne Elektronenmikroskop hat er keine Möglichkeit, dies festzustellen; und sogar die Ähnlichkeit der Markierung würde keine Garantie dafür bieten, daß es sich um das Original handelt. Er testet den Draht mit einer Streichholzflamme und läßt ihn abkühlen. Nun darf Uri über den Draht streichen, der aber immer noch von Byrd festgehalten wird. Aber nichts geschieht. Uri gibt vor, sehr enttäuscht zu sein. Er hat noch kein »Gefühl« für den Draht. Könnte er ein Glas Wasser haben? Byrd läßt Uri für einen kleinen Augenblick den Draht halten, während er nach dem Wasserglas am Ende des kleinen Tisches langt. In diesem Augenblick der Ablenkung – ein Augenblick, den Kartenspieler »Schatten« nennen – vollzieht Uri den Austausch. Es gibt keinen einzigen Grund, aus dem sich Byrd daran erinnern würde, den Draht für einen Augenblick losgelassen zu haben. Damals schien es vollkommen unwichtig zu sein, und so ist er heute zweifellos ehrlich, wenn er sagt, daß er, soweit er sich erinnern kann, »den Draht niemals losgelassen« habe. Hunderte von Leuten, deren Schlüssel von Randi verbogen wurden, werden Ihnen das gleiche erzählen, nämlich, daß sie den Schlüssel niemals losließen, obwohl sie es in Wirklichkeit taten. Scheinbar irrelevante Details schwinden schnell aus dem Gedächtnis. Uri ist ein Meister in der Wahl des richtigen Zeitpunktes, dem sorgfältig ausgewählte Bemerkungen folgen, die eine falsche Erinnerung an das Geschehen hinterlassen sollen.

Die Zauberkünstler haben Dutzende von Möglichkeiten erdacht, kleinere Gegenstände zu vertauschen. Ich will hier keinen Ärger mit befreundeten Zauberkünstlern bekommen, indem ich zuviel ausplaudere, und so möchte ich nur eine einfache Möglichkeit angeben, wie Uri gehandelt haben könnte. Er hielt das Duplikat des Drahtes in der Handfläche derselben Hand verborgen, mit der er über den Draht strich. Als Byrd dann Uris wie immer auch geartete Bitte erfüllte, wodurch ein Schattenmoment entstand, senkte Uri für einen winzigen Augenblick seine Hand und ließ den unpräparierten Draht ganz einfach zu Boden fallen. Bei meinen Experimenten mit Nitinol war mir aus Versehen ein 10 cm langes Stück auf den Teppich gefallen. Es fiel geräuschlos, prallte ab, und ich brauchte fünf Minuten, um es wiederzufinden. Nitinoldraht von 0,5 mm ist feiner als eine Haarnadel. Ein Staubsauger nimmt ihn auf wie einen Faden.

Byrd faßte den Draht dann sofort wieder an und kann sich heute nicht mehr daran erinnern, ihn losgelassen zu haben. Er hielt nun einen seiner ursprünglichen Drähte, jedoch einen mit einer geknickten Erinnerung. Er mag in der Mitte auch eine Delle gehabt haben. Ohne den Draht loszulassen, nahm Byrd eine Streichholzflamme, und der Draht bog sich zu einem Knick.

Da wir hier lediglich über mögliche Szenarien spekulieren, wollen wir für den zweiten Draht einen anderen Weg wählen. Trunken vom Erfolg, produziert Uri fast augenblicklich eine Delle im zweiten Draht (der von Byrd nur an einem Ende festgehalten wird). Byrd war erpicht darauf, eine Streichholzflamme anzuwenden. Jetzt brauchte er natürlich beide Hände, um ein Streichholzheftchen zu öffnen, ein Streichholz herauszunehmen, das Heftchen zu schließen und das Streichholz zu zünden.[6] Wo war der Draht? Lag er auf dem Tisch? In Uris Hand? Gab Uri den Draht an Hawke? In jedem Fall ist die Möglichkeit für einen Austausch offensichtlich. Byrd nahm die Flamme, der Draht knickte sich. Er wurde dann zum Zwecke eines Labortests in einen weiteren Umschlag gesteckt. Beim dritten Draht bestand dieses Problem nicht, da Byrd selber in seinem Bericht schrieb, daß dieser Draht »Geller zur freien Verfügung übergeben« wurde. Unser Szenarium enthält nichts, das die Fähigkeiten eines geschickten Zauberkünstlers übersteigen würde. Es stimmt genau mit den von Byrd geschilderten Fakten überein. Ist Geller so vorgegangen? Das ist nicht die Hauptsache. Die Hauptsache ist, daß eine solche Möglichkeit Byrds Behauptung ad absurdum führt, daß die Tests in Fullers Haus sorgfältig kontrolliert wurden.

Die Möglichkeit von Ablenkungen, die ein Vertauschen erlauben würden, wird noch größer, wenn wir erfahren, daß an diesem Herbstnachmittag noch viel mehr in Fullers Haus vor sich ging, als uns in Byrds Bericht gesagt wird. Im Gespräch mit Klass erwähnte Byrd vier weitere Tests, die dort stattfanden, und vielleicht wurden auch noch weitere durchgeführt, die er bis jetzt noch nicht erwähnt hat. Im ersten Experiment dieses Tages, so erzählte er Klass, spielte ein Germaniumkristall von ungefähr der Größe eines Schokoladenbaisers eine Rolle. Ein Stück davon brach in Uris Hand ab, aber dies geschah, als weder Byrd noch Hawke zusahen. Diese Neigung der Dinge, zu gellerisieren, wenn niemand zusieht, ist so häufig, daß der berühmte britische Gellerist John Taylor die Bezeichnung »Scheue-Effekt« gebraucht. »Oh, schaut!« rief Uri aus. »Es ist zerbrochen!« Spätere Labortests haben keine Änderung im Kristall gezeigt. Der Test wurde zum Fehlschlag erklärt.

Ein weiterer Test wurde mit einem sehr dünnen Silikonplättchen durchgeführt. Es war kürzlich in Tausende von Stücken zerbrochen, die in eine Plastiktüte gesteckt worden waren. Ein Stück behielt man zur Kontrolle. »Was soll ich tun?« fragte Uri. »Nun ja«, sagte Byrd, »es wäre schon sehr toll, wenn du diese Stücke wieder zusammenset-

150

zen könntest.« Uri, sagte Byrd, lächelte schwach. Nichts geschah mit den Stücken. Spätere Labortests zeigten sie unverändert. Dieser Test war Fehlschlag Nummer zwei.

Zu einem dritten Test, von dem Byrd sowohl Klass als auch mir berichtete, wurde Byrds großer Messingschlüssel benutzt. Hawke hielt ihn an einem Ende fest. Nachdem Uri den Schlüssel gerieben hatte, war zu erkennen, daß sich sein Schaft leicht gebogen hatte. Der Schlüssel wurde auf einem weißen Stück Papier auf eine Klavierbank gelegt, wo Byrd und Hawke ihn eine halbe Minute lang betrachteten. Byrd erzählte mir, daß sich der Schlüssel weiterhin »sichtbar« bog, während sie ihn beobachteten.

Dieses Phänomen ist schon oft berichtet worden. Nachdem Uri einen Schlüssel gebogen hat, legt er ihn für gewöhnlich zur Seite, zeigt auf ihn und ruft: »Schaut! Er biegt sich noch immer!« Dieser Ausruf klingt so überzeugend, daß die Leute tatsächlich zu sehen meinen, wie der Schlüssel sich weiter biegt. Randi erzielt genau das gleiche Ergebnis, wenn er einen Schlüssel für jemanden biegt, der leicht zu beeinflussen ist, und der glaubt, Randi habe den Schlüssel durch eine geheimnisvolle Kraft gebogen, die nun weiterhin auf diesen einwirkt. Wenn der Leser an der Wirkung des Glaubens auf die »Beobachtung« auch eines ausgebildeten Wissenschaftlers zweifelt, würde ich ihm vorschlagen, einen Blick in die Bücher des Astronomen Percival Lowell über die Kanäle auf dem Mars zu werfen, die dieser so klar »sah«, daß er in der Lage war, eine detaillierte Karte davon aufzuzeichnen.

Der Erfolg mit dem Schlüssel inspirierte Uri zu der Verkündung, nun »heiß« zu werden und begierig darauf zu sein, das Nitinol zu versuchen. Wir wissen nicht, welche Zeitspanne verging, bevor die Tests mit dem Draht durchgeführt wurden, oder wieviel Zeit diese beanspruchten. Byrd erzählte Klass, er sei ungefähr fünf Stunden mit Uri zusammen gewesen, von denen drei Stunden auf einem Cassettenrecorder aufgenommen wurden. Wir wissen nicht, ob der Raum, in dem der Nitinoltest stattfand, abgeschlossen war. Wir wissen nicht, wie oft Byrd, Hawke und Geller durch andere unterbrochen wurden, die hereinschauten oder ein- und ausgingen.

Wir wissen, aus Byrds Gesprächen mit Klass, daß Uri irgendwann in diesen fünf Stunden ein weiteres kleines Wunder vollbrachte. Er bog die Pinzette von Hawkes Schweizer Armeemesser. Dieses Mal benutzte Uri sein wohlbekanntes »Unter-Wasser«-Stück. Wenn die Entfernung zu den Zuschauern zu gering ist, sagt Uri oft, daß Objekte sich manchmal besser unter Wasser biegen. Wenn er sich dann zum nächsten Waschbecken begibt, erhält er den von ihm benötigten Schatten. Nach Byrds Bericht hielt Uri die Pinzette unter einen Wasserhahn, und sie konnten beobachten, wie die Griffe sich unter dem fließenden Wasser hochbogen.

Bis jetzt habe ich nur Szenarien beschrieben, die ein Austauschen erfordern, aber vielleicht unterschätzen wir auch Uris Geschicklichkeit. Es ist fast ein Jahr vergangen, seit Byrd Uri Nitinolproben mit nach Hause gegeben hat. Geller hatte genügend Zeit, ein kleines Hilfsmittel von schon beschriebener, aber noch raffinierterer Art zu konstruieren. Wir müssen nun die Möglichkeit in Betracht ziehen, daß Uri ein solches Hilfsmittel in eben dem Augenblick zu Hilfe nahm, in dem er über den Draht strich.

»Gimmick« ist die Bezeichnung der Zauberkünstler für ein kleines Hilfsgerät, das vor den Zuschauern verborgen gehalten wird, für das Funktionieren eines Tricks aber notwendig ist. Die Tatsache, daß Uri manchmal Gimmicks benutzt, steht ohne jeden Zweifel fest. Der New Yorker Magier Bob McAllister sah einmal, als Uri die Zeit auf einer Digitaluhr änderte, einen Magneten in dessen Handfläche. Als Uri in einer Fernsehsendung eine Kompaßnadel zum Springen brachte, wurde aus seinen Kopfbewegungen ersichtlich, daß er entweder in seinem Mund oder in der Nähe des Kinns in seiner Kleidung einen Magneten versteckt hatte. Als er am Birkbeck College in London einen Geigerzähler zum Ausschlag brachte, war sein Gimmick mit großer Wahrscheinlichkeit eine verborgene Betastrahlenquelle. Aus diesem Grund können wir die Möglichkeit nicht ausschließen, daß Uri den Draht mit einem in der Handfläche verborgenen Gimmick knickte, während er ihn rieb.

Die Zauberkünstler kennen viele Möglichkeiten, einen Gimmick so zu konstruieren, daß er in der Hand versteckt werden kann. Er würde natürlich fleischfarben gefärbt werden, so daß er auch dann noch schwer zu erkennen ist, wenn man einen kurzen Blick auf die Innenfläche der Hand wirft. Beim Reiben des Drahtes würde der Gimmick dann eine kleine Biegung herausdrücken, und Uris Daumen würde diesen Knick in eine Delle verwandeln, wobei der Knick als eine Seite der Delle verwendet wird. Die andere Hand könnte das Reiben übernehmen, wodurch die Hand mit dem Gimmick sich auf Zauberkünstlern vertraute Art dessen entledigen könnte. Beide Hände wären somit in dem Augenblick, in dem die Delle zum ersten Mal enthüllt wird, »sauber«.

Wenn Uri ein solches Hilfsmittel gehabt hätte, würde er es beim ersten Mal, wo er über den Draht strich, nicht benutzt haben. Er wäre darauf bedacht gewesen, daß Byrd und Hawke die Handflächen beider Hände deutlich sehen konnten. Wenn sie sich nicht die Mühe machten, seine Hände zu untersuchen, konnte Uri das Hilfsmittel im nächsten Moment einführen.

Die Tatsache, daß man ein solches Hilfsmittel konstruieren kann, wäre für Byrd und Hawke undenkbar. Warum sollten sie auch nur daran denken, Uris Hände zu untersuchen? Wir wollen dennoch annehmen, Byrd hätte sein Experiment sorgfältiger geplant, und seine Protokolle hätten jedesmal, wenn Uri begann, einen Draht zu reiben, eine genaue Inspektion seiner Hände verlangt. Was hätte Uri getan? Die Antwort ist einfach. Nichts. Im Gegensatz zu Zauberkünstlern, deren Tricks immer funktionieren müssen, stehen Medien nicht unter diesem Druck. Übernatürliche Kräfte kommen und gehen auf geheimnisvolle Weise, um ihre Wunder zu vollbringen. Uri hätte an jenem Tag einfach kein »Gefühl« für Nitinol gehabt, genau wie er auch kein Gefühl für das Germaniumkristall und das zerbrochene Silikonplättchen hatte. Uri ist vor allem ein Opportunist, der die Dinge so nimmt, wie sie kommen, und das beste aus der jeweiligen Situation macht. Auch das Ausbleiben eines außergewöhnlichen Geschehens wird von den Gelleristen als Beweis dafür angeführt, daß Uri ein ehrliches Medium und kein Zauberkünstler ist!

Für Großaufnahmen von Zauberkünstlern wurden Hunderte von Hilfsmitteln entwickelt, die in der Hand eines guten Darbietungskünstlers nie entdeckt werden. Meine persönliche Meinung jedoch ist, daß Uri *kein* Gimmick benutzt. Er besitzt eine enorme Fähigkeit, die Beobachter psychologisch in die Irre zu führen. Gehören seine Zuschauer zu den Gläubigen, kann er sich Dinge erlauben, die ein Magier nicht einmal versuchen dürfte. Es gibt keinen Beweis, daß Uri mit seinen Händen besonders geschickt ist, und ich vermute, daß der

Einsatz eines Gimmicks jenseits seiner manipulativen Fähigkeiten liegen würde. Das vorangegangene Szenarium, in dem Byrds Originaldrähte ausgeborgt und ihm später zurückgegeben werden, wäre für Uri leichter auszuführen und entspräche auch mehr seinem Stil.

Es gibt natürlich keine Möglichkeit, Uris Handlungsweise genau zu kennen. An diesem Punkt möchte ich ein Zitat aus einem hervorragenden Essay von Lukian, einem griechischen Satiriker des zweiten Jahrhunderts, anführen. Sein »Alexander, der Orakel-Händler« ist ein detailliertes Exposé der Methoden, die von einem der Uri Gellers seiner Zeit angewandt wurden. Nach seiner Schilderung von Alexanders Darbietung vor einer Gruppe von »Dummköpfen« fügt Lukian hinzu: »Es war eine Gelegenheit für einen Demokrit... einen Mann, dessen Intelligenz gegen einen solchen Angriff durch Skepsis und Einsicht gewappnet war, und der, ›wenn er den genauen Betrug nicht entdecken konnte‹, auf jeden Fall, obwohl ihm dies entgangen war, ganz und gar sicher gewesen wäre, daß die ganze Sache eine Lüge und eine Unmöglichkeit war.«

Lassen Sie mich zusammenfassen: Byrd beschreibt unvollständig und unzureichend drei nachlässig geplante, inoffizielle Tests über Gellers Fähigkeit, Nitinol zu beeinflussen. Der erste Test fand fast ohne Kontrollen statt. Der zweite Test wurde ohne Kontrollen durchgeführt. Der dritte Test, bei dem Byrd in naiver Weise darauf besteht, er habe unter strengen Kontrollmaßnahmen gestanden, erweist sich als sowenig kontrolliert wie der erste. Fast alles, was Panati zu Byrds Bericht sagt, ist falsch, und doch hat er in einem recht. Byrds Bericht ist das Eindrucksvollste im ganzen Buch.

Anmerkungen

1. Die besten Berichte über Uris Methoden, Objekte zu bieten, finden sich in ›The Magic of Uri Geller‹ von James Randi (Ballantine paperback, 1975); ›Geister, Götter, Gabelbieger‹ von Milbourne Christopher (Crowell, 1975); und ›Confessions of a Psychic‹ von Uriah Fuller, 1975 (jetzt erhältlich über den Herausgeber Farl Fulves, Box 433, Teaneck, N.J. 07666).
2. Hannah gab diese Information an einen israelischen Journalisten weiter, der sie in einer israelischen Zeitung veröffentlichte. Uri erklärte, Hannah habe diese Geschichte erfunden, um ihn zu ärgern, da er sie nicht mehr als seine beste Freundin betrachte.
3. Am 25. März 1974 fragte Philip Klass Byrd, ob er Uri gegenüber erwähnt habe, daß er Nitinoldraht mit ins Isis Center bringen würde. Byrd erwiderte: »Ich glaube nicht, daß ich Nitinol erwähnte. Ich sagte nur, daß es sich um ein Metall mit einer Erinnerung handelt.«
4. Diese Markierungen, die marks sind Schrammen, die bei der Herstellung auf dem Nitinoldraht entstehen. Sie ähneln den ballistischen Spuren auf einer abgefeuerten Kugel und sind nur bei vielfacher Vergrößerung, speziell unter einem Elektronenmikroskop, zu erkennen.
Ein Briefwechsel mit der Öffentlichkeitsabteilung des Naval Surface Weapons Center offenbarte, daß eine Übereinstimmung der Spuren ohne jede Bedeutung ist. Byrd erhielt seinen Draht von der Öffentlichkeitsabteilung, wo Proben auf Anfrage hin immer erhältlich sind. In dieser Abteilung gibt es jeweils eine Drahtrolle, von der alle Proben abgenommen werden, und jede Rolle hält mehrere Monate. Hätte Uri (oder ein Freund) den Draht ungefähr zur gleichen Zeit wie Byrd erhalten, wäre die Wahrscheinlichkeit, daß alle Proben die gleichen Spuren aufweisen, extrem groß.
5. Bis zum heutigen Tag ist das Verstecken kleiner Gegenstände eine übliche Praxis indischer Medien, die sich auf »Materialisierung« spezialisiert haben. Das versteckte Objekt wird unter dem Deckmantel eines gelegentlichen Fahrens der Hand durch das Haar in der Handfläche verborgen und dann hervorgeholt, als käme es aus einer anderen Welt. Auch Uri hat sich auf die Materialisierung kleiner Gegenstände spezialisiert. Der Astronaut Edgar Mitchell ist fest davon überzeugt, daß sich der Kopf einer Krawattennadel, die er vier Jahre zuvor verloren hatte, plötzlich in einer Cafeteria in Stanford auf einem Löffel voll Eiskrem, den Uri gerade herunterschlucken wollte, materialisierte.

6. Am 31. Dezember 1976 spielte Byrd für Klass am Telefon den Abschnitt der Cassette vor, die von Nitinoltests handelt. Es war, wie Klass mir sagte, nicht zu verstehen. Maschinen haben es an sich, in Uris Nähe nicht richtig zu funktionieren, erklärte Byrd, und aus irgendeinem Grund waren die Stimmen auf dem Band so verzerrt, daß es unmöglich wäre, eine Abschrift davon zu erstellen. Der Recorder (den Hawke mitgebracht hatte) war anscheinend ständig irgendwie blockiert. Es läßt sich nicht feststellen, ob das Gerät ständig lief oder an bestimmten Punkten ausgeschaltet worden war. Über das Vortesten des Drahtes mit einer Streichholzflamme und über das Knicken mit Hilfe einer Flamme ist überhaupt nichts zu hören. Der Teil des Bandes, den Klass anhören konnte, endet mit Fullers Eintritt in den Raum.

Klass fragte Byrd, wo die beiden ersten Drähte in dem Moment waren, als er das Streichholz anzündete, um den Knick zu erzeugen. Byrd meinte, er erinnere sich daran, sowohl Draht als auch Streichholzheft in einer Hand gehalten zu haben, während er das Streichholz mit der anderen zündete. Genaue Erinnerung oder Wunschdenken?

KAPITEL 12

Quantentheorie und Quacksalbertheorie

Zu Beginn dieses Jahres verblüffte Dr. John Archibald Wheeler seine Zuhörer auf dem Jahrestreffen der American Association for the Advancement of Science mit der Bitte, die AAAS möge ihre Entscheidung revidieren (die auf Drängen von Margaret Mead zehn Jahre zuvor getroffen worden war), die Parapsychologie dadurch zu würdigen, daß man ihren Forschern einen an die Vereinigung angegliederten Status verlieh.

John Wheeler, Direktor des Center for Theoretical Physics der Universität von Texas, ist einer der führenden theoretischen Physiker der Welt. 1939 veröffentlichten er und Niels Bohr eine Abhandlung über »The Mechanics of Nuclear Fission«, die die Grundlage für die Entwicklung von Atom- und Wasserstoffbomben war. Wheeler spielte auch später eine große Rolle bei dieser Entwicklung. Er gab den schwarzen Löchern ihren Namen. 1968 erhielt er für seine »bahnbrechenden Beiträge« zur Atomphysik den Enrico-Fermi-Preis. Als Richard Feynman den Nobelpreis für seine »Raum-Zeit-Sicht« der Quantenmechanik (QM) entgegennahm, enthüllte er, daß ihm die Grundidee dafür bei einem Telefongespräch mit Wheeler gekommen war, als er noch in Princeton bei Wheeler studierte.

Niemand kennt sich in der modernen Physik besser aus als Wheeler, und nur wenige Physiker haben so herausfordernde, spekulative Ideen vorgebracht. In den letzten Jahren beschäftigt er sich zunehmend mit der sonderbaren Welt der QM und ihren vielen Paradoxien, die die Realität auf der Mikroebene mehr wie Magie als wie Natur auf der Makroebene erscheinen lassen. Es will keiner einen

Aus ›New York Review of Books‹, 17. Mai 1979

Solipsismus wieder aufleben lassen, der besagt, daß ein Baum nur dann existiert, wenn eine Person (oder eine Kuh?) ihn betrachtet, aber ein Baum besteht aus Teilchen wie Elektronen, und wenn ein Physiker ein Elektron betrachtet, geschieht etwas höchst Geheimnisvolles. Der Akt des Beobachtens verändert den Zustand des Teilchens.

In der QM ist ein Teilchen ein vages, geisterhaftes, formloses Etwas, dem man nur dann bestimmte Eigenschaften zuschreiben kann, wenn es bei seiner Messung zu einem »Zusammenbruch seines Wellenpaketes« kommt. (»Wellenpaket« bezieht sich auf die in einem abstrakten multidimensionalen Raum definierte Gesamtmenge der Wellen, die alles das enthält, was über ein Teilchen bekannt ist.) In diesem Augenblick trifft die Natur eine rein zufällige, unbegründete Entscheidung, der Eigenschaft (z. B. der Position oder dem Impuls des Elektrons) einen bestimmten Wert zuzuordnen, der durch die in der Wellenfunktion des Teilchens vorgeschriebene Wahrscheinlichkeit vorausgesagt wurde. Wie Wheeler es gerne ausdrückt, können wir uns nicht länger ein Universum »dort draußen« vorstellen, das durch eine dicke Glasscheibe von uns getrennt ist. Zur Messung eines Teilchens müssen wir das Glas zertrümmern und das, was wir messen, verändern. Der Physiker ist nicht nur Beobachter. Er ist ein aktiver Teilnehmer. Wheeler hat gesagt: »Das Universum ist auf eine sonderbare Weise ein Mitbestimmungsuniversum.«

Dies hier ist kein neuer Vorschlag, da Niels Bohr immer wieder die Notwendigkeit betonte, die Realität auf der Mikroebene neu zu definieren, wobei er sich ständig beeilte hinzuzufügen, daß die klassische Physik der Laboratorien auf der Makroebene noch gilt. Es ist jedoch leicht zu verstehen, welche Anziehungskraft die QM auf Physiker ausübt, die einer fernöstlichen Religion und/oder der Parapsychologie verhaftet sind. Man stelle sich einen Löffel vor. Da seine Moleküle aus Teilchen bestehen, kann er als Quantensystem angesehen werden. Wenn Teilchen durch Beobachtung beeinflußt werden, können wir dann nicht annehmen, daß ein Super-Medium, das einen Löffel beobachtet, auf irgendeine geheimnisvolle Weise das System verändern und den Löffel dazu bringen könnte, sich zu biegen?

In der Vergangenheit hatten die Parapsychologen außerordentlich wenig Erfolg damit, »Psi«- – d. h. parapsychologische – Phänomene durch vertraute Kräfte wie Elektromagnetismus oder Schwerkraft zu erklären. Eine Schwierigkeit – sie bildete den Hauptgrund für Einsteins Skepsis gegenüber Psi – besteht darin, daß alle bekannten Kräfte mit der Entfernung abnehmen, wohingegen die ESP, wenn die Resultate der Parapsychologen zutreffen, mit der Entfernung nicht schwächer wird. Ist es möglich, daß die QM eine ausbaufähige Theorie für Psi liefert?

Parapsychologen, die keine Physiker sind (z. B. J. B. Rhine), halten nicht viel davon, Psi durch irgendwelche Physikalischen Aspekte zu erklären, aber es gibt eine zunehmende Anzahl von Paraphysikern – Physiker, die an paranormale Phänomene glauben und diese auch untersuchen –, denen die QM aufregende Möglichkeiten eröffnet. Dieser Ansatz erhielt vor einigen Jahren einen Auftrieb durch Experimente über ein berühmtes Pardoxum der QM, das nach den Initialen von Einstein und seinen Freunden Boris Podolsky und Nathan Rosen EPR-Paradoxum genannt wurde. 1935 veröffentlichten die drei ein Gedankenexperiment zum Beweis, daß die QM keine komplette Beschreibung der Natur auf der Mikroebene liefert, sondern, so wie die Newtonsche Physik in die Relativitätstheorie, in eine tiefere Theorie eingebettet werden muß.

Das EPR-Paradoxum beinhaltet Paare »zueinander in Verbindung stehender« Teilchen. Wenn sich z. B. ein Elektron und ein Positron treffen und sich gegenseitig auslöschen, verschwinden zwei Photonen, A und B, in entgegengesetzter Richtung. Ganz gleich, wie weit sie sich voneinander entfernen, sie bleiben in dem Sinne miteinander in Verbindung, daß bestimmte Eigenschaften entgegengesetzte Werte haben müssen. Wenn As Eigenschaft x gemessen wird, bricht sein Wellenpaket zusammen, und x nimmt, sagen wir, den Wert +1 an. Man sieht sofort, daß der entsprechende Wert für B –1 ist, obwohl B nicht gemessen wurde. Die Messung von A scheint irgendwie das Wellenpaket von B zusammenbrechen zu lassen, obwohl A und B nicht kausal miteinander verbunden sind!

Einstein hoffte, daß sein Paradoxum durch eine verborgene Variablentheorie gelöst werden könnte – eine Theorie, die einen Mechanismus innerhalb beider Teilchen annimmt, der sie wie zwei Frisbees miteinander in Verbindung hält, die gleichzeitig mit beiden Händen nach links und rechts geworfen werden, so daß sie sich in entgegengesetzter Richtung drehen. Jemand, der ein Frisbee fängt und bemerkt, daß es sich im Uhrzeigersinn gedreht hat, würde sofort wissen, daß sich das andere Frisbee andersherum gedreht hatte, obwohl es nicht gefangen wurde. Doch leider schließt der Formalismus der QM diese Möglichkeit aus. Wenn z. B. zwei miteinander in Verbindung stehende Teilchen den entgegengesetzten Drehsinn haben, kann man Teilchen A erst nach einer Messung einen bestimmten Drehsinn zuweisen. Erst im Augenblick der Messung »entscheidet« die Natur über die Richtung des Spins.

1965 stieß J. S. Bell auf den genialen Beweis, der heute als »Bells Theorem« bekannt ist, daß keine lokal verborgenen Variablen (lokal bedeutet innerhalb oder in der Nähe jeden Teilchens) die EPR-Verbindungen erklären könnten. Er läßt die Möglichkeit offen, daß die Teilchen, obwohl Lichtjahre voneinander entfernt, durch eine nichtlokale Subquantenebene, die niemand versteht, miteinander verbunden bleiben. Darüber hinaus lieferte Bells Theorem zum ersten Mal eine Möglichkeit, EPR-Verbindungen in einem Labor zu testen. Es wurden schon viele solcher Tests durchgeführt, und fast alle bestätigen das EPR-Paradoxum. Die meisten Physiker haben wenig Interesse daran, eine Erklärung für das Paradoxum zu finden – sie akzeptieren die QM ganz einfach als funktionierendes Werkzeug –, die Physiker, die sich um die theoretische Interpretation der QM bemühen, wissen nicht, wie sie die neuen Resultate einordnen sollen.

Viele Paraphysiker lesen aus dem EPR-Paradoxum heraus, daß Quanteninformation sofort (oder fast sofort) von einem Teil des Universums zu einem anderen Teil übermittelt werden kann, denn wie sonst »weiß« ein Teilchen, was passiert, wenn sein Zwilling gemessen wird? (Die Relativitätstheorie wird nicht verletzt, da keine Energie, sondern nur Information übermittelt wird. Dies ist die Ansicht des Paraphysikers Jack Sarfatti, der in San Francisco eine kleine Organisation namens The Physics/Consciousness Research Group leitet, die anfangs von Werner Erhard von est finanziert wurde. (Sarfatti und Erhard hatten inzwischen einen heftigen Streit, und Sarfatti widmet einen Großteil seiner Zeit dafür, Erhard als geborenen »Faschisten« zu attackieren.) Sarfattis außergewöhnliche Ansichten lassen sich am besten in seinem Artikel »The Physical Roots of Consciousness« in Jeffrey Mishloves verrücktem Buch ›The

Roots of Consciousness‹ (herausgegeben von Random House in einem Anfall geistiger Umnachtung) und in einem mit Sarfatti geführten Interwiew in ›Oui‹, März 1979, erkennen. Im letzten Jahr meldete Sarfatti ein Patent für ein Gerät an, von dem er hofft, es könne Botschaften schneller als mit Lichtgeschwindigkeit in andere Teile des Universums senden.

Vor fünf Jahren war das Interesse an der QM als Grundlage für Psi so weit verbreitet, daß auf Anregung Arthur Koestlers hin im Herbst 1974 in Genf eine Konferenz über die QM und Parapsychologie abgehalten wurde. Die Protokolle wurden im darauffolgenden Jahr von der Parapsychological Foundation in New York veröffentlicht. Dieser kuriose Band beginnt mit einer langen Abhandlung von Evan Harris Walker, einem amerikanischen Physiker, der den detailliertesten Versuch unternommen hatte, eine QM-Theorie von Bewußtsein und Psi zu entwickeln. Gerald Feinberg von der Columbia-Universität sprach über Präkognition. Harold Puthoff und Russell Targ, die beiden Physiker vom Stanford Research Institute, die die hellseherischen Kräfte des israelischen Magiers Uri Geller »nachgewiesen« hatten, lieferten ebenfalls Beiträge. Beide setzen auf die QM als die wahrscheinlichste Erklärung für Psi. Weitere Redner waren unter anderem Ted Bastin, Helmut Schmidt und O. Costa de Beauregard.

Der französische Physiker de Beauregard lieferte die exzentrischste aller Erklärungen für das EPR-Paradoxum. Er glaubt, daß die Information von der Messung von Teilchen A zuerst in der Zeit zurück zum Ursprung des Teilchenpaares reist und dann vorwärts in der Zeit zu Teilchen B, wo sie im selben Augenblick ankommt, in dem sie A verläßt. Unter den führenden Physikern, die an dem Treffen in Genf nicht teilnahmen, die aber glauben, daß die QM hinter Psi steht, befinden sich auch Englands Nobelpreisträger Brian Josephson und Richard Mattuck von der Kopenhagener Universität.

Was hat all dies mit Wheeler zu tun? Die Antwort ist wichtig und amüsant zugleich. Viele Jahre lang waren Wheelers Ansichten über die QM von den Parapsychologen weithin zur Unterstützung ihrer eigenen Ansichten zitiert worden. Wenn man die schon früher erwähnte Abhandlung von Sarfatti genauer betrachtet, sieht man, daß Wheelers Name ständig angeführt wird. Wheeler fand das in zunehmendem Maße irritierend. Als er gebeten wurde, auf dem im letzten Januar in Houston stattfindenden Jahrestreffen der American Association for the Advancement of Science zu sprechen, wählte er das Thema »Not Consciousness But the Distinction Between the Probe and the Probed as Central to the Elemental Quantum Act of Observation«. Wheeler hoffte, er könnte seine Übereinstimmung mit Niels Bohr deutlich machen, daß der Akt der QM-Messung durch Geräte vorgenommen wird, die von Computern überwacht werden, und sich so von jenen distanzieren, die behaupten, das menschliche Bewußtsein wäre zur QM-Beobachtung notwendig. Zu seiner Verwunderung fand er sich in einem Gremium mit Puthoff und Targ und mit dem Parapsychologen Charles Honorton vom Maimonides Medical Center in Brooklyn wieder.

In seiner Abhandlung beschäftigt sich Wheeler detailliert mit dem EPR-Paradoxum und seinen verblüffenden Auswirkungen. Es ist ein hervorragender, scharfsinnig argumentierender Essay über das zentrale Thema »jedes elementare Phänomen ist erst dann ein Phänomen, wenn es ein beobachtetes Phänomen ist«. Wheeler schloß seinen Vortrag mit diesen überzeugenden Worten: »Und niemand darf das Einstein-Podolsky-Rosen-Experiment dazu benutzen, zu behaupten, daß Information schneller als Licht übermittelt werden kann, oder einen Quanten-Zusammenhang zwischen Bewußtsein und Bewußtsein zu postulieren. Beides ist ohne Grundlage. Beides ist Mystizismus. Beides ist Unsinn.«

Zwei Anhänge, die Wheeler seinem Papier hinzufügt, haben die Welt der Parapsychologie mehr aufgerüttelt, als es jede Bemerkung eines hervorragenden Wissenschaftlers im letzten halben Jahrhundert vermochte. Hier sind die Anhänge, zusammen mit Wheelers Brief an den Präsidenten der AAAS:

Treibt die Pseudos aus dem Workshop der Wissenschaft hinaus

J. A. Wheeler

Der Autor wäre nicht ehrlich, wenn er nicht zugeben würde, den Wunsch gehabt zu haben, sich von diesem Symposium zurückzuziehen, als er – zu spät – bemerkte, daß die sogenannte außersinnliche Wahrnehmung in einer der Abhandlungen aufgenommen werden würde. Wie kann sich jemand in Begleitung von hochtrabender Pseudowissenschaft glücklich fühlen, der reale Themen über reale Beobachtungen in realer Wissenschaft diskutieren möchte? Wie kann die Pseudowissenschaft nicht an Prestige und Akzeptabilität gewinnen, wenn sie sich mit der Wissenschaft auf einer Plattform befindet? Und wie kann die Wissenschaft dann nicht verlieren? Aus diesem Grund stimmte der Autor, zu jener Zeit Vorstandsmitglied der AAAS auf dem Treffen in Boston im Jahre 1969 gegen die damalige Mehrheit des wesentlich größeren Rates und gegen die Aufnahme der »Parapsychologie« als neue Abteilung der American Association for the Advancement of Science. Und aus diesem Grund legt er nahe, daß der Rat und der Vorstand nun, da das Jahrzehnt der Nachsicht vorbei ist, der Wissenschaft einen Dienst erweisen würden, wenn sie für den Ausschluß der »Parapsychologie« aus der AAAS stimmen.

Dieser Vorschlag soll niemanden im geringsten davon abhalten, wenn er will, auf dem Gebiet der »Parapsychologie« zu arbeiten. Der Autor bezieht sich hier weder auf alle, da er Achtung für den Idealismus und die ehrlichen Intentionen einiger empfindet, die er auf diesem Gebiet kennengelernt hat, noch enthält dieser Vorschlag die Intention, die volle Redefreiheit der Forscher und ihr Recht auf ein Forum für ihre unbedeutenden Beschäftigungen zu bestreiten. Ein ausreichendes Forum ist schon in einem Land vorhanden, das sich 20 000 Astrologen und nur 2000 Astronomen leisten kann. Ein ausreichendes Forum besteht in einer Parapsychological Association, einer Boston Society for Psychical Research, einer International Society for Psychotronic Research und einer Parapsychology Foundation. Niemand würde daran denken, in die Freiheit einzugreifen, die jedermann hat, um Veröffentlichungen wie International Journal of Parapsychologs, Journal of the American Society for Psychical Research oder Journal of Parapsychology herauszubringen. Auch habe ich hiermit nicht die Absicht, das Anwachsen der Mittel zu verhindern, die die Parapsychologie in den Vereinigten Staaten am Leben erhalten, und die von einer auf zwanzig Millionen Dollar pro Jahr angewachsen sind. Wunderheiler können bestraft und Schwindler ins Gefängnis gebracht werden, aber niemand würde vorschlagen, daß Parapsychologen von dem Flehen um Unterstützung, sogar um Unterstützung von der Regierung, abgehalten werden sollten. Warum aber sollte die Bezeichnung »AAAS-angegliedert« solchem Flehen den Anstrich der Legitimation geben?

Wenn soviel über Löffelbiegen, Parapsychologie, Telepathie, das Bermuda-Dreieck und Wünschelruten geschrieben wird, und wenn andere über »quantifizierte Ätherik«, freies Schweben und okkulte Chemie schreiben, muß dann nicht doch *etwas* Reales hinter diesen Worten stehen? Wo Rauch ist, ist auch Feuer? Nein, wo Rauch ist, da ist Rauch.

In jeder Wissenschaft, die eine Wissenschaft ist, gibt es Hunderte feststehender Resultate, aber auch eine genaue Suche kann kein einziges in der »Parapsychologie« zum Vorschein bringen. Wäre es nicht fair und trüge zur Ehre der Wissenschaft bei, wenn die »Parapsychologie« ein oder zwei oder drei kampferprobte Ergebnisse als Bedingung für die Mitgliedschaft in der AAAS beibringen müßte?

Selbstbetrug oder bewußte Täuschung war Houdinis Diagnose hinsichtlich übernatürlicher Phänomene. »Er stellte eine Herausforderung auf... und bot jedem angeblichen Medium fünftausend Dollar, wenn er dessen Phänomen nicht wiederholen konnte... Anfang 1926 unternahm Houdini eine Pilgerfahrt nach Washington, um die Hilfe von Präsident Coolidge für seine Campagne einzuholen, »die kriminellen Praktiken übersinnlicher Medien und anderer Scharlatane abzuschaffen, die gramgebeugte Menschen mit angeblichen Botschaften berauben und betrügen.«[1]

Hudson Hoegland teilt uns in einem Leitartikel in der Zeitschrift ›Science‹[2] mit:

Ein berühmter Fall in den 20er Jahren war der eines Bostoner Mediums, der weitreichende Folgen hatte. Sie war die Frau eines bedeutenden Chirurgen und behauptete, mit ihrem toten Bruder zu kommunizieren. Das alte ›Scientific American‹ hatte einen Preis von $ 5000 ausgesetzt, wenn jemand vor einem von der Zeitschrift ausgewählten Komitee übernatürliche physische Phänomene demonstrieren könnte. Auf ihre Anfrage hin wurde sie 1924 von diesem Komitee geprüft, das aus verschiedenen Harvard- und MIT-Professoren und aus dem Magier Harry Houdini bestand. Das Komitee berichtete, daß die Beweise für ihre übernatürlichen Kräfte nicht überzeugend waren, obwohl Houdini die Frau als Betrügerin bezeichnete.

Nach weitreichenden Pressemeldungen untersuchte eine Harvard-Gruppe, zu der auch ich gehörte, sie später in einer Reihe von

164

Séancen in den psychologischen Laboratorien, und wir fanden nicht nur heraus, daß die Phänomene auf Tricks beruhten, sondern auch, wie die Tricks ausgeführt wurden. Unsere Ergebnisse, die von mir in einem Artikel in ›Atlantic Monthly‹ vom November 1925 veröffentlicht wurden, führten zu heftigen Gegenbeschuldigungen und Denunziationen gegen uns in Pamphleten und Pressemitteilungen, die von ihren Gefolgsleuten veröffentlicht wurden. Unsere Bloßstellung vergrößerte ihre Publicity, und sie gewann noch mehr Anhänger. Sie konnte ihre Vorgehensweise abhängig von der Leichtgläubigkeit ihres Publikums und anderen Umständen geschickt modifizieren. Bei verschiedenen darauffolgenden Gelegenheiten wurde sie auch von anderen Wissenschaftlern entlarvt, aber bis zu ihrem Tode verlor sie nie einen Kreis ergebener Anhänger.

Die Hauptschwierigkeit, die jeder Untersuchung von Phänomenen wie jener der Erforschung des Übernatürlichen oder von UFOs innewohnt, ist die Tatsache, daß es der Wissenschaft unmöglich ist, jemals den Beweis einer allgemeingültigen Verneinung zu führen. Es wird Fälle geben, die wegen Datenmangels, Unmöglichkeit der Wiederholung, falscher Berichterstattung, Wunschdenkens, getäuschter Beobachter, Gerüchte, Lügen und Betrugs ungeklärt bleiben. Ein Rest von ungeklärten Fällen ist keine Rechtfertigung für das Weiterführen einer Untersuchung, nachdem überwältigende Beweise die Hypothesen vom Übernatürlichen, wie z. B. Wesen aus dem Weltraum oder Kommunikation mit den Toten, widerlegt haben. Ungeklärte Fälle sind ganz einfach ungeklärt. Sie können niemals Beweise für eine Hypothese sein.

Lassen wir die Parapsychologie den ›Scientific-American‹-Houdini-Test mit einem, zweien oder dreien seiner Ergebnisse bestehen. Existiert noch ein anderer Weg, um festzustellen, ob es in der Parapsychologie etwas gibt, das weiterer Untersuchungen wert ist?

An die Stelle jeden Phänomens, das sich als Ergebnis von Selbstbetrug, Betrug oder Fehlinterpretation vollkommen natürlicher, alltäglicher Physik und Biologie erwiesen hat, treten drei neue Phänomene »pathologischer Wissenschaft«. Der Betrüger kann einen nach dem anderen hereinlegen, da sich das Opfer nur allzuoft seiner Leichtgläubigkeit schämt oder sein »Halt, Dieb« zu leise ertönen läßt, um andere zu warnen. Glücklicherweise gibt es jetzt eine Zeitschrift namens ›Skeptical Inquirer‹, die eine Liste von einigen der gegenwärtig modernen Erscheinungen der pathologischen Wissenschaft liefert. Weitere Verweise, die der Leser vielleicht konsultieren möchte, sind Gardners ›Fads and Fallacies‹[3] (»Die kuriosen Theorien der modernen Pseudowissenschaftler und die sonderbaren, amüsanten und alarmierenden Kulte, die sie umgeben; eine Studie der menschlichen Leichtgläubigkeit mit Themen wie fliegende Untertassen, Atlantis, Alfred Korzybski, exzentrischen Sexualtheorien, Dr. W. H. Bates, Wilhelm Reich, L. Ron Hubbard, Condons ›Scientific Study of Unidentified Flying Objects‹[4] und Jastrows ›Error and Eccentricity in Human Belief‹[5] (Der Autor schildert in chronologischer Reihenfolge eine Episode nach der anderen aus der Geschichte der menschlichen Leichtgläubigkeit... um seine zentrale Behauptung zu stützen, daß die Menschen dazu neigen, ihren Glauben aus ihrer Sehnsucht und nicht aus rationalen Gründen heraus zu gestalten«).

Anmerkungen

1. B. R. Sugar, »Houdini«, Braniff Airlines ›Flying Colors 5‹, Nr. 2, S. 31–39 und 58 (1975); Die Zitate stammen von S. 39. Houdinis Berichte werden in der Bibliothek der Universität von Texas in Austin aufbewahrt.
2. Hudson Hoagland, »Beings from outer space – corporeal and spiritual«, ›Science 163‹, S. 625 (14. Februar 1969).
3. ›The Skeptical Inquirer‹ (herausgegeben vom Committee for the Scientific Investigation of Claims of the Paranormal), Box 29, Kensington Station, Buffalo, NY 14215, USA.
4. M. Gardner, ›Fads and Fallacies in the Name of Science‹ (Dover, 1957; Erstausgabe 1952 unter dem Titel ›In the Name of Science‹).
5. E. U. Condon, ›Scientific Study of Unidentified Flying Objects‹, herausgegeben von D. S. Gillmor (Bantam, 1969).

›Ein Jahrzehnt der Nachsicht‹

Dr. William D. Carey
American Association for the
Advancement of Science
1776 Massachusetts Avenue, NW
Washington, D. C. 20036

Lieber Bill,

ohne eigenes Verschulden wurde ich auf einer Session über Wissenschaft und Bewußtsein auf dem Treffen der American Association for the Advancement of Science in Houston am Montag Morgen, dem 8. Januar, in eine Kontroverse hineingezogen. Ich war gebeten worden, über die Beziehung zwischen Quantenmechanik und Bewußtsein zu sprechen. Zu meinem Entsetzen mußte ich dann aber feststellen, daß Eugene Wigner und ich, beide Physiker, mit verschiedenen Parapsychologen auf einem Podium saßen. Schlimmer als das aber war, daß einer von ihnen und auch viele der Zuhörer bereit waren, von der Physik die extremsten Ideen zu fordern. Ich schreibe hier als betroffenes Mitglied der AAAS, als früheres Vorstandsmitglied und als ehemaliger Präsident der American Physical Society, um die Bitte zu äußern, der Vorstand und der Rat mögen gemeinsam ein fünfköpfiges Prüfungskomitee zur Überprüfung der Arbeit der Parapsychologie-Sektion der AAAS ernennen. Dabei sollten folgende Punkte untersucht werden:

(a) Ob dieses Untersuchungsgebiet bis heute *irgendein* »kampfgeprüftes Ergebnis« hervorgebracht hat;

(b) Welchen Vorteil hinsichtlich eines Anwachsens der Mittel die auf dem Gebiet der Parapsychologie Arbeitenden durch ihren Anschluß an die AAAS gewonnen haben;

(c) Welche Wirkung dieser Anschluß auf das Image der AAAS in der Öffentlichkeit hat;

(d) Sollte diese Sektion so bleiben, »wie sie ist«, bis das Gebiet einige »kampfgeprüfte Ergebnisse« hervorgebracht hat oder sofort aus der AAAS gestrichen werden.

Ich weiß, daß es unsere verstorbene und geliebte Margaret Mead mit ihren Ansichten schaffte, daß die Parapsychologie in die AAAS aufgenommen wurde. Ich war bei diesem Treffen anwesend. Die Meinung, die von mir und vielen anderen geteilt wurde, war durch den Zeitgeist verworfen worden. Die Worte mögen nicht gefallen sein, die Idee aber war da, die Idee der alten Redensart: »Heirate ihn, um ihn zu ändern.« Doch jetzt ist das Jahrzehnt der Nachsicht vorbei.

Darüber hinaus wird die ehrliche Arbeit in der beobachtenden Quantentheorie, meinem gegenwärtigen Arbeitsgebiet, fast von den herumschwirrenden, absolut verrückten Ideen erdrückt, die mit dem Ziel hervorgebracht werden, eine Verbindung zwischen Quantenmechanik und Parapsychologie herzustellen – als ob es so etwas wie »Parapsychologie« überhaupt geben würde. Ein junger Mensch, der auf diesem Gebiet arbeiten will, tut dies auf eigenes Risiko. Er läuft Gefahr, nicht Ansehen, sondern

Gelächter zu ernten. In diesem Sinne belastet der Anschluß der »Parapsychologie« an die AAAS den Fortschritt in einem wichtigen Zweig der Forschung. Das ist der Grund meiner Besorgnis, und deshalb appelliere ich an Dich, mir den Dienst zu erweisen und das »Komitee zur Überprüfung der Parapsychologie in der AAAS« ins Leben zu rufen.

Weitere Hintergrundinformationen zu diesem Brief befinden sich in den Anhängen A und B des beigefügten Papiers »Not consciousness, but the distinction between the probe and the probed, as central to the elemental quantum act of observation«.

In der heutigen Zeit gibt es in Amerika genug Scharlatanerie. Wir brauchen keine wissenschaftliche Organisation, die sich dafür hergibt. Die AAAS muß sich entscheiden, ob sie Popularität sucht, oder ob sie eine streng wissenschaftliche Organisation sein will. Admiral Hyman G. Rickover hat mich gerade angerufen, um mich in meiner Haltung zu unterstützen, einen klaren Bruch zwischen der AAAS und der Parapsychologie herbeizuführen, und er hat mir die Erlaubnis erteilt, ihn hier zu erwähnen. Ich danke Dir für Deine Aufmerksamkeit.

John Archibald Wheeler

Director
Center für Theoretical Physics
The University of Texas at Austin
Austin, Texas

Nachwort

Vier Berufsphysiker, die alle fest an die Realität von ESP einschließlich der Präkognition und an die Realität von PK glauben, unterzeichneten den folgenden Brief, der im ›NYR‹ (26. Juni 1980) veröffentlicht wurde:

An die Redakteure,

In einem kürzlich erschienenen Artikel[1] hat J. A. Wheeler die Parapsychologie heftig angegriffen, indem er sie eine »pathologische Wissenschaft« und eine »groteske Pseudowissenschaft« nannte. Ferner ließ er verlauten, daß Rat und Vorstand der AAAS »der Wissenschaft einen Dienst erweisen werden, wenn sie für den Ausschluß der ›Parapsychologie‹ aus der AAAS stimmen«. Auch kritisiert er Physiker, die eine mögliche Verbindung zwischen der Quantentheorie und der Parapsychologie[2] untersuchen: »Darüber hinaus wird die ehrliche Arbeit in der beobachtenden Quantentheorie, meinem gegenwärtigen Arbeitsgebiet, fast von den herumschwirrenden, absolut verrückten Ideen erdrückt, die mit dem Ziel hervorgebracht werden, eine Verbindung zwischen Quantenmechanik und Parapsychologie herzustellen – als ob es so etwas wie ›Parapsychologie‹ überhaupt geben würde.« Wheelers Attacke wurde in einem Artikel Martin Gardners mit dem Titel »Quantum Theory and Quack Theory« wiedergegeben, der in ›The New York Review of Books‹ veröffentlicht wurde.

Die Autoren des hier vorliegenden Briefes sind alle Physiker, die seit einigen Jahren in der Forschung über eine mögliche Verbindung zwischen der Quantenmechanik und der Parapsychologie engagiert sind. Uns haben Wheelers Bemerkungen sehr getroffen, da wir glauben, daß sie keine Spur von der aufgeschlossenen, phantasievollen, rationalen Haltung zeigen, die für Wheeler sonst so charakteristisch ist. Wir wollen nun Wheelers Einwände der Reihe nach beantworten.

1. Wheeler nennt die Parapsychologie eine »Pseudo«- oder »pathologische« Wissenschaft mit der Begründung: »In jeder Wissenschaft, die eine Wissenschaft ist, gibt es Hunderte feststehender Resultate, aber auch eine genaue Suche kann kein einziges in der »Parapsychologie« zum Vorschein bringen.«

Unserer Meinung nach kann man von keiner neuen Wissenschaft erwarten, in ihrem Anfangsstadium »Hunderte feststehender Resultate« hervorzubringen. Es gibt sogar ältere, anerkannte Wissenschaften, die dieses Kriterium nicht erfüllen können, wie z. B. die allgemeine Relativitätstheorie, für die es nur drei oder vier »feststehende« Beweise gibt. Was ein Forschungsgebiet dazu berechtigt, den Titel »Wissenschaft« zu tragen, sind keine »feststehenden Beweise«, sondern eher die Intention und die Sorgfalt, mit der die Untersuchungen ausgeführt werden und die Kompetenz der Forscher. Wir meinen, daß diese Kriterien bei verschiedenen Teilen der Parapsychologieforschung erfüllt werden. Z. B. sind da Dr. C. Crussards und Dr. J. Bouvaists Untersuchungen über das französische Medium Pierre Girard.[3] Girard erzeugte ohne ein physikalisches Agens zu benutzen und unter, wie sich zeigte, streng kontrollierten Bedingungen, schwerwiegende Veränderungen in der physikalischen Eigenschaft von Metallstäben. Er erhöhte z. B. die Härte eines Aluminiumstabes um ca. 10 Prozent ohne jegliches bekannte physikalische Mittel. Das Experiment wurde viermal in drei verschiedenen Laboratorien, zwei davon in Frankreich, eines in England, wiederholt.

Ein zweites Beispiel ist die Untersuchung über das von englischen Schulkindern ausgeführte Biegen aus der Ferne,[4] die von Professor J. B. Hasted, dem Leiter des Fachbereichs Physik am Birkbeck College der Universität von London, durchgeführt wurde. Unter kontrollierten Bedin-

gungen erzeugten die Kinder bei Metallgegenständen, die mit Spannungsmeßgeräten ausgestattet waren, deutliche Biegungs- und Dehnungssigna-
le, ohne mit den Gegenständen in Berührung zu kommen. Die Signale
konnten ihrem Charakter nach unter den gegebenen experimentellen
Bedingungen von keiner der bekannten physikalischen Kräfte erzeugt
worden sein. Ein drittes Beispiel ist Dr. H. Schmidts Untersuchung über
den Einfluß ausgewählter Versuchspersonen auf den Output eines Zufalls-
zahlen erzeugenden Generators, der auf Basis des radioaktiven Zerfalls
arbeitete.[5] Z. B. fand Schmidt in streng kontrollierten Experimenten zwei
Versuchspersonen, die den Generator durch reine Willensanstrengung zu
einem nicht zufälligen Output veranlassen konnten. Die Wahrscheinlichkeit, daß das Ergebnis Folge reinen Zufalls war, betrug weniger als
1:10000000. Ein viertes Beispiel ist Dr. H. Puthoffs und R. Targs Untersuchung über Hellsehen.[6] In ihren Experimenten waren verschiedene
Versuchspersonen in der Lage, in statistischer Hinsicht bedeutende Informationen über zufällig ausgewählte Ziele zu erlangen, die entweder durch
die Entfernung oder Schutzschilder der gewöhnlichen Wahrnehmung verschlossen waren.

Wenn Wheeler eine konkrete Kritik an den hier erwähnten Experimenten
hat, dann würden wir diese gerne hören. Darüber hinaus fordern wir jeden
Magier dazu auf, diese Ergebnisse unter den gleichen Bedingungen zu
wiederholen.

2. Wheeler spricht von »verrückten Ideen (...), die mit dem Ziel hervorgebracht werden, eine Verbindung zwischen Quantenmechanik und Parapsychologie herzustellen – als ob es so etwas wie ›Parapsychologie‹
überhaupt geben würde«. Wir meinen, daß die hier angeführten Experimente von ausreichend hoher Qualität sind, um zu begründen, daß es
tatsächlich so etwas wie Parapsychologie gibt. Und doch scheint es uns,
unter Annahme der Existenz paranormaler Phänomene, an einem Weg zu
mangeln, diese Phänomene in unser gegenwärtiges physikalisches Bild
vom Universum einzuordnen. Und dieser Mangel ist in der Tat einer der
Hauptgründe für die irrationalen Attacken gegen die Parapsychologie.
Aus diesem Grund meinen wir, daß der Versuch dringend notwendig ist,
den Rahmen der modernen Physik – insbesondere den der Quantenmechanik – auszudehnen, um die neuen Phänomene in einer rationalen und
schlüssigen Weise mit einzuschließen. Wir meinen, daß es in der Physik
eines neuen Ansatzes bedarf, in dem das Bewußtsein eine wichtige Rolle
spielt, und wir versuchen, einen solchen Ansatz zu finden.[7] Die Theorien,
an denen wir arbeiten, sind vollkommen rational und führen zu Ergebnis-

sen, die in Laboratorien getestet werden können, obwohl sich die Versuche in dieser Richtung bis heute lediglich im Anfangsstadium befinden.

3. Wheeler bekundet seine Überzeugung, daß »not consciousness but the distinction between the probe and the probed (is) central to the elemental quantum act of observation«. D. h. im Gegensatz zu unserer Meinung, daß das Bewußtsein *kein* Teil von Wheelers Modell ist. Und er sagt in der Tat: »Ich hätte mich sehr unbehaglich gefühlt, wenn Bohr den Ausdruck ›Bewußtsein‹ bei der Definition des elementaren Beobachtungsaktes benutzt hätte. Ich hätte nicht gewußt, was er meint.«[8] Aus diesem Grund finden wir es bedauerlich, daß, wie Gardner es ausdrückt, »Wheelers Ansichten über die Quantenmechanik von den Parapsychologen weithin zur Unterstützung ihrer eigenen Ansichten zitiert worden« waren. Doch dadurch wird die Sache nur verworrener, und wir haben Verständnis für Wheelers Irritation in diesem Punkt. Wir sehen die Sache so: Angenommen, die Phänomene der Parapsychologie sind real, welches Modell – Wheelers, unseres oder irgendein anderes – liefert dann die beste Beschreibung dieser Phänomene? Wir glauben, daß diese Frage nur durch zukünftige Experimente beantwortet werden kann und nicht durch den Versuch, die Parapsychologie durch Ausschluß aus der AAAS als angesehenen Wissenschaftszweig aus der Welt zu schaffen.

Aus diesen Gründen meinen wir, daß Wheelers Behauptung, die Parapsychologie sei eine »Pseudo«- oder »pathologische« Wissenschaft, durch keine Fakten gestützt ist. Solange er nicht in der Lage ist zu beweisen, daß die in Teil 1 seiner Widerlegung beschriebenen Experimente inkompetent ausgeführt wurden, meinen wir, daß seine Behauptung tatsächlich ohne jede Grundlage ist. Mit seiner übersteigerten Attacke gegen Wissenschaft im Anfangsstadium läuft Wheeler, so glauben wir, Gefahr, den Fehler des großen französischen Chemikers Lavoisier zu wiederholen, der nach der Untersuchung eines Meteoriten, den andere am 13. September 1768 vom Himmel hatten fallen sehen, erklärte: »Darum müssen wir schließen, daß der Stein nicht vom Himmel fiel. Die Meinung, die uns am wahrscheinlichsten erscheint, und die mit den in der Physik akzeptierten Prinzipien am besten übereinstimmt, ist die, daß der Stein von einem Blitz getroffen wurde.«

Wheeler schließt dann mit: »Jetzt ist die Zeit für jeden, der an die Regeln der Vernunft glaubt, gekommen, seine Stimme gegen die pathologische Wissenschaft und deren Vertreter zu erheben.« Im Gegensatz dazu sind wir der Meinung, daß all jene, die an die Regeln der Vernunft glauben, sich über die Erforschung des Paranormalen aufgeschlossen informieren und sich Gedanken darüber machen sollten, wie man die Grenzen der gegenwärtigen Theorien so ausdehnen könnte, daß diese Phänomene mit eingeschlossen werden.

Olivier Costa de Beauregard

Institut Henri Poincaré
University of Paris, Paris, France

Richard D. Mattuck

Physics Laboratory I
University of Copenhagen
Copenhagen, Denmark

Brian D. Josephson

Cavendish Laboratory
Cambridge University, Cambridge, England

Evan Harris Walker

Department of Mechanics and Materials
Sciences, Johns Hopkins University
Baltimore, Maryland, and Ballistics Research
Laboratory, Aberdeen, Maryland

Anmerkungen

1. J. A. Wheeler, Anhang zum Vortrag auf dem Treffen der AAAS im Januar 1979, wiedergegeben in »Quantum Theory and Quack Theory« von Martin Gardner, ›NYR‹, 17. Mai 1979.
2. J. A. Wheeler, in einem Brief an Wm. D. Carey, ebda.
3. C. Crussard und J. Bouvaist, »Etude de quelques déformations et transformations apparemment de métaux«, ›Mémoires Scientifiques Revue Metallurgie‹, Februar 1978, S. 117.
4. J. B. Hasted, »Physical aspects of paranormal mental bending«, ›J. Society for Psychical Research 49‹, 583 (1977); »Paranormal mental-bending« in ›The Iceland Papers‹ (siehe Anm. 7).
5. H. Schmidt, »Instrumentation in the parapsychology laboratory«, S. 13 in ›New Directions in Parapsychology‹, Hg. J. Beloff, Scarecrow Press, Metuchen (1975).
6. H. E. Puthoff und R. Targ, »A Perceptual Channel for Information Transfer over Kilometer Distances: Historical Perspective and Recent Research«, ›Proc. IEEE 64‹, S. 329 (1976); »Direct Perception of Remote Geographical Locations«, in ›The Iceland Papers‹ (siehe Anm. 7).
7. Siehe z. B. E. H. Walker, »Foundations of Paraphysical and Parapsycho-

logical Phenomena«, P. 1 in ›Quantum Physics and Parapsychology‹, Hg. L. Oteri, Parapsychology Foundation, 29 W. 57th St., NY (1975); O. C. de Beauregard, »Time Symmetry and the Interpretation of Quantum Mechanics«, ›Found. Phys. 6‹, 539 (1976), »S-matrix, Feynman Zigzag and Einstein Correlation«, ›Phys. Lett. 67 A‹ 171 (1978). Siehe auch R. D. Mattuck und E. H. Walker, »The Action of Consciousness on Matter: A Quantum Mechanical Theory of Psychokinesis« in ›The Iceland Papers: Experimental and Theoretical Research on the Physics of Consciousness‹, Essentia Research, Amherst, Wisc. Ed. A. Puharich (1979), O. C. de Beauregard, »The Expanding Paradigma of the Einstein Paradox«, ebda., B. D. Josephson, »Conscious Experience and its place in Physics«, vorgestellt auf »Colloque International Science et Conscience«, Cordoba, 1.– 5. Oktober 1979.

8. J. A. Wheeler, »Frontiers of Time«, in ›Problems in the Foundations of Physics‹, Hg. N. Toraldo di Franca und Bas van Fraassen, Nord Holland, Amsterdam, 1979 (International School of Physics »Enrico Fermi«, Varenna, LXXII Course 1977).

Auf diesen Brief antwortete ich folgendes:

Man mag die größe Achtung vor den Unterzeichnern des obigen Briefes haben – einer von ihnen, Brian Josephson, ist Nobelpreisträger – und doch zur selben Zeit erkennen, daß physikalische Kenntnisse einen Wissenschaftler nicht mehr dazu qualifizieren, übernatürliche Behauptungen zu entwickeln als Kenntnisse in Schach oder mittelalterlichem Latein.

Der Vergleich der Parapsychologie mit der allgemeinen Relativitätstheorie ist einzigartig unpassend. Besonders die Relativitätstheorie wurde schon am Anfang durch Hunderte von Ergebnissen bestätigt. Die allgemeine Relativitätstheorie, die die Theorie von der Beschleunigung ausweitete, ist von enormer Eleganz und einzigartiger Aussagekraft (allein die Äquivalenz der Schwerkraft und der Trägheit machen sie überzeugend); und sie wurde auch durch alle Tests bestätigt, die in der Lage gewesen wären, sie zu widerlegen. Darüber hinaus wurde sie auch von den Skeptikern bestätigt. Im Gegensatz dazu kann die Parapsychologie nach einem Jahrhundert der Forschung nur vage Theorien aufweisen, die auf Vermutungen beruhen, und hat noch kein einziges Experiment hervorgebracht, das von Nichtgläubigen zuverlässig wiederholt werden kann.

Die Unterzeichner des Briefes führen vier Untersuchungen an, die sie für bemerkenswert halten. Es ist eine kuriose Auflistung. Zuerst haben wir die von dem französischen Metallurgen Charles Crussard durchgeführten Tests mit Jean-Pierre Girard. Wie Uri Geller begann Girard seine Karriere als Darstellungskünstler. Marcel Blancs Artikel »Fading Spoon Bender« (›New Scientist‹, 16. Februar 1978) gibt ein Photo von Girard aus ›Magicians Annual‹ 1975/76 wieder, das ihn beim Schlüsselbiegen zeigt. In den begleitenden autobiographischen Bemerkungen sagt Girard, seine Spezialität sei »das Erfinden von auf optischen Illusionen basierenden Tricks«. Der französische Magier Gérard Majax enthüllt in seinem kürzlich erschienenen Buch über Betrug in der Parapsychologie, daß Girard ihm einmal erzählte, er plane einen gigantischen Spaß, um zu demonstrieren, wie leicht führende Wissenschaftler zum Narren gehalten werden können.

Der amerikanische Magier James Randi hatte keine Schwierigkeiten, als er sich Crussards Film anschaute, Girards simple Methoden aufzudecken, und im Jahre 1977 gelang es Girard in einer Testreihe unter von Randi vorgeschlagenen Kontrollmaßnahmen nicht, ein einziges Stück Metall zu biegen (Siehe Blancs Artikel und Randis Buch ›Flim-Flam!‹). Crussard aber bleibt von Girards Kräften überzeugt. Er behauptete, daß Randi diese ebenfalls hätte und sie im geheimen benutzen würde, um Girard bei den Tests von 1977 zu hemmen! Wie Geller führt Girard eine Auswahl Standard-Zaubernummern vor, wie z. B. das Lenken eines Autos »mit sicher verbundenen Augen«. Es ist fast unglaublich, daß vier hervorragende Physiker ihn für ein »französisches Medium« halten können.

Man sollte jedoch eines beachten: Wäre der Brief einige Jahre zuvor geschrieben worden, wäre Geller als Star-Demonstrator des »Geller-Effekts« (übernatürliches Metallbiegen) angekündigt worden. In ›Quantum Physics and Parapsychology‹ (Parapsychological Foundation, 1975), den Aufzeichnungen einer 1974 in der Schweiz abgehaltenen Konferenz wird Gellers Name nie ohne Respekt erwähnt. Auf Seite 274 preist Walker, einer der Unterzeichner des Briefes, Uris PK-Fähigkeit, und auf Seite 279 berichtet er, wie er einmal Zeuge war, als Geller nicht in der Lage war, PK-Effekte zu produzieren, da der »massive Wille« der Ungläubigen unter den Zuschauern »in die entgegengesetzte Richtung gerichtet« war.

Alle vier Briefschreiber steuerten Artikel zu ›The Iceland Papers‹ bei, einer Anthologie, die von Andrija Puharich herausgegeben wurde. Das ist jener Puharich, dessen berüchtigtes Buch ›Uri‹ behauptet, daß Uri seine Kräfte von außerirdischen Raumschiffen erhält, und der glaubt, daß Uri sich einst selbst von Manhattan auf die rückwärtige Veranda von Puharichs Haus in Ossining »teleportierte«. Warum wird Geller, der den Boom des Metallbiegens ins Leben rief, in dem Brief so vollkommen ausgelassen? Vielleicht weil Geller in Mißkredit geraten ist, wohingegen Girard außerhalb Frankreichs noch fast unbekannt ist?

174

Als nächstes wird uns etwas über Englands Löffel biegende Kinder erzählt, von denen John Hasted in Puharichs Buch berichtete. Ich würde vorschlagen, daß interessierte Leser diesen urkomischen Artikel nachlesen, um selber beurteilen zu können, ob Hasted ein kompetenter Untersucher des Übernatürlichen ist. Der Physiker John Taylor, Hasteds Londoner Kollege, war von Uri und den Löffel biegenden Kindern so hereingelegt worden, daß er ein ganzes Buch ›Superminds‹ darüber schrieb. Als er jedoch einiges mehr über Kindergarten-Magie gelernt und einige besser kontrollierte Tests durchgeführt hatte, kam er zu der Überzeugung, daß der Geller-Effekt nicht existiert, und daß es keinerlei Beweis für ESP und PK gibt, siehe sein gerade bei Dutton erschienenes Buch ›Science and the Supernatural‹, in dem er seine Ernüchterung detailliert schildert. Hasteds Arbeit wird dadurch wertlos, daß er nicht in Betracht zog, die Ausschläge auf seinen empfindlichen Spannungsmeßgeräten könnten von leichter statischer Ladung stammen, die durch Körperbewegungen entstanden war.

Dann haben wir Helmut Schmidts Tests mit Medien, die einen Zufallszahlen-Generator zu beeinflussen scheinen. Diese Arbeit wird nur von ihm selbst und von wahren Gläubigen als »streng kontrolliert« betrachtet. Schmidt arbeitet selten mit anderen Forschern zusammen; Skeptiker hatten weder Zugang zu seinen nichtüberarbeiteten Daten, noch waren sie in der Lage, seine Experimente zu wiederholen. Auch sympathisierende Parapsychologen scheiterten bei der Wiederholung der Versuche. Eine Untersuchung über die Schwächen von Schmidts experimentellem Aufbau findet sich in C. E. M. Hansels ›ESP and Parapsychology: A Scientific Revelation‹ (S. 220–233), das kürzlich von Prometheus Books herausgebracht wurde. Schmidt ist in Psi-Kreisen für seine Forschung über die PK-Kräfte von Katzen und Küchenschaben bekannt. Auch er war einst ein Gellerist. In seinem Artikel in Edgar Mitchells Anthologie ›Psychic Explorations‹ bezeichnet er Uri als »besonders starke« PK-Quelle, dessen Fähigkeit, »Gegenstände aus Schwermetall ›geistig‹ bei leichter oder sogar ohne Berührung zu biegen«, von »kritischen Forschern« beobachtet worden sei.

Schließlich haben wir da Harold Puthoff und Russell Targs Experimente über Hellseherei. Die schnell anwachsende Literatur gibt uns keine Hinweise über die Nachlässigkeit dieser Arbeit, was besonders in ›The Psychology of the Psychic‹ von den Psychologen Dick Kammann und Richard Marks detailliert dargelegt wird. Der jüngste Fehlschlag bei der Nachvollziehung eines Experimentes war ein extrem strenger, den Originalprotokollen folgender Versuch, der von vier Forschern am Metropolitan State College in Denver durchgeführt wurde. Sie berichteten auf der Jahrestagung der American Association for the Advancement of Science im letzten Januar in San Franzisko von ihren negativen Ergebnissen. Mahnungen, daß auch Wissenschaftler nicht an Steine glaubten, die vom Himmel fielen, waren sogar 1952, als ich sie in meinem Buch ›Fads and Fallacies‹ erwähnte, abgegriffene Klischees. Sie beweisen nur, was ohnehin jeder weiß, daß nämlich auch bedeutende Wissenschaftler irren können. Als sich aber die schwerwiegenden Beweise für das Herabstürzen von Meteoriten verdichteten, meinte niemand, daß der Glaube für die Bestätigung notwendig sei. Dieser Trick 17 ist nur der Parapsychologie zu eigen und macht es den Skeptikern schwer, eine Behauptung zu widerlegen.

Die Unterzeichner sollten ihre große Ähnlichkeit mit jenen berüchtigten Physikern bedenken, die vor noch nicht allzulanger Zeit davon überzeugt waren, Medien könnten die Gesichter Verstorbener photographieren und von ihren Nasen leuchtendes Ektoplasma ausstrahlen lassen. Wenn die vier in ihrem Brief aufgeführten Untersuchungen der beste Beweis sind, den sie für die Realität von Psi aufbieten können, ist ihr Brief eine traurige Bestätigung dessen, was John Wheeler zu sagen hatte.

Martin Gardner

Lesern, die mit der QM noch nicht sehr vertraut sind und sich näher über deren Paradoxien und philosophischen Implikationen informieren möchten, sei hier das meines Wissens nach beste, sich auf dem neuesten Stand befindende, populärwissenschaftliche Buch ›Other Worlds‹ von Paul Davis (Simon and Schuster, 1980) empfohlen. Informationen über die EPR-Paradoxie und über Bells Theorem erhält man in Bernard d'Espagnats hervorragendem Artikel »Quantum Theory and Reality« in ›Scientific American‹ (Oktober 1979) und dem mehr fachlichen Artikel »Bell's Theorem: Experimental Tests and Implications« von J. F. Clauser und Abner Shimony in ›Reports on the Progress of Physics‹ (Bd. 41, 1978, S. 1881–1927).

Eine Diskussion der beiden Psi-Arten – die der Parapsychologen und der Psi-Funktion der QM – findet sich in meinem Artikel »Parapsychology and Quantum Mechanics« in ›Science and the Paranormal‹, herausgegeben von George O. Abell und Barry Singer (Scribner's, 1981).

Auf der Mikroebene des Universums geschehen tatsächlich fremde und erschreckende Dinge. Wir wissen heute noch nicht, ob die Paradoxien der QM eines Tages in einer Weise gelöst werden, die besser mit unserer Intuition über Raum, Zeit und Kausalität übereinstimmt, oder ob sich das Universum auf der Teilchenebene in einer Weise benimmt, die niemals frei von scheinbarer Irrationalität sein wird. Doch all das hat überhaupt nichts mit

176

Ex-Magiern und cleveren Kindern zu tun, die ihre Löffel mit so primitiven Methoden verbiegen, daß jeder Taschenspieler mit etwas Selbstachtung sich schämen würde, diese zu benutzen.

KAPITEL 13

Die Gabe der Inneren Heilung

Noch vor einigen Jahren hätten nur wenige Zuschauer auf einer von Ruth Carter Stapletons Evangelisten-Versammlungen gewußt, daß sie Jimmy Carters Schwester ist. Jetzt wissen alle, daß es Mrs. Stapleton war, die ihrem Bruder die Augen über die Notwendigkeit einer Wiedergeburt öffnete.

Es geschah 1967. Deprimiert, weil er Lester Maddox nicht hatte schlagen können, machte Carter einen Spaziergang durch die Pinienwälder in der Nähe seiner Farm. Würde er, so fragte Ruth, alles, einschließlich der Politik, für Christus aufgeben? Nein, sagte Jimmy. Dann vergrub er sein Gesicht in seinen Händen und weinte. Diese Episode führte zur zweiten Geburt – jener größten Erfahrung, die für alle Evangelisten die Erkenntnis bedeutet, ein armseliger Sünder zu sein, der durch die göttliche Gnade des Sühnetodes von Christus errettet wird.

Wie alle charismatischen Gesundbeter hat Mrs. Stapleton es nicht gerne, eine Gesundbeterin genannt zu werden. Nur Jesus ist es, der durch den Heiligen Geist heilt. Ihr erstes Buch ›The Gift of Inner Healing‹ (Word Books, 1976) ist eine reizend geschriebene Verteidigung ihrer ungewöhnlichen Technik, Jesus dabei zu helfen, den an geistigen Qualen leidenden Christen Frieden zu bringen.

Das Buch beginnt mit einem persönlichen Geständnis. Als Ruth mit 19 Jahren heiratete, war sie, wie sie sagt, auf das Leben in keiner Weise vorbereitet. Die Liebe und der Schutz ihres Vaters waren nicht »immer heilsam« gewesen. Als sein Liebling hatte sie glauben gelernt, der schönste, talentierteste und begabteste Mensch zu sein, der

Aus ›New York Times Book Review‹, 22. August 1976

je geboren worden war. Da ihre Mutter alle ihre Kinder gleich behandelte, hatte Ruth das Gefühl, von ihr abgelehnt zu werden.

Die Krise kam nach der Geburt ihres ersten Kindes, dem in kurzen Abständen drei weitere folgten. Ein Autounfall stürzte sie dann in tiefste Verzweiflung. Als ein nicht genannter Freund im Krankenhaus für sie betete, wurde ihr die verdrängte Wut auf ihre Eltern bewußt, und sie gab ihnen nicht länger die Schuld an allem. Ihre Heilung war vollständig, als sie in einem »Christ-centered camp« die Pfingsttaufe des Heiligen Geistes empfing. Später hatte sie die Gabe, mit fremder Zunge zu reden.

Nach ihrer Wiedergeburt fand sie heraus, daß sie die Fähigkeit hatte, jenen zu helfen, die an schweren geistigen Qualen litten. Unter dem starken Einfluß von Dr. W. Hugh Missildines Therapie-Buch, dem Bestseller ›In Dir lebt das Kind, das Du warst‹ gewann sie die Überzeugung, daß die meisten Geisteskrankheiten ihren Ursprung in den schmerzhaft verdrängten Erinnerungen des unbewußten »inneren Kindes« haben. Um diese verstümmelten Erinnerungen wiederzuerwecken und zu heilen, benutzt sie eine Technik, die sie »Glaubensvorstellung« nennt.

Es fängt damit an, daß der Patient seine Augen schließt. Dann führt Mrs. Stapleton den Patienten mit sanfter, hypnotischer Stimme in träumähnlichen Vorstellungen zur Geburt zurück. Sie verbildlicht das Leben der betreffenden Person als enge Treppe, die nur durch das Licht von Jesus erleuchtet wird. Der Patient wird aufgefordert, sich vorzustellen, wie der Erlöser ihn die Treppe hinaufträgt. Jede Stufe ist ein Jahr. Wenn sie das Jahr erreichen, in dem das traumatische Geschehen stattgefunden hat, vergibt Jesus den Schuldigen. Auch der Patient wird um Liebe und Vergebung gebeten.

Man betrachte Mrs. Z.: 30 Jahre lang wurde sie immer wieder in Heilanstalten eingewiesen. Als Ruth sie zur 12. Stufe brachte, begann sie zu schreien. Sie hatte sich gerade daran erinnert, von ihrem Vater vergewaltigt worden zu sein (»was sie keinem Therapeuten jemals erzählt hatte«). Mrs. Stapleton beschreibt, wie Jesus die Hand auf die Schulter von Mrs. Z.s armem Vater legt. »Jesus vergibt ihrem Vater. Tun sie es auch?« Mrs. Z. nickt und flüstert: »Oh, Vater, ich vergebe dir auch.«

Und das ist alles! Die Heilung ist vollbracht. Der Ehemann von

Mrs. Z. kann die Gechichte seiner Frau nicht glauben. Er möchte sie wieder zu ihrem Psychiater bringen, aber sie lehnt ab.

Bei Jody, einem hübschen Homosexuellen, bedarf es vieler Glaubensvorstellungs-Sitzungen, um ihn auf den richtigen Weg zu bringen. Mit Hilfe von Ruths besänftigender Stimme sieht er sich selbst als Kind, und Jesus bietet ihm die männlichen Erfahrungen, die er vermißt hatte. Jesus spielt mit ihm Baseball. Jesus nimmt ihn mit zum Fischen. »Natürlich fing er (Jody) den größten Fisch und auch die meisten Fische, worüber sich sein Partner so freute, wie es jeder Vater getan hätte.« (Für Mrs. Stapleton ist es selbstverständlich, daß Homosexualität immer eine Krankheit ist. »Zeigen Sie mir einen glücklichen Homosexuellen«, zitiert sie jemanden, »und ich werde Ihnen einen homosexuellen Leichnam zeigen.«)

Für sie ist es auch selbstverständlich, daß Menschen von gefallenen Engeln besessen sein können; aber sie behauptet, daß man die Symptome echter Dämonenbesessenheit ungewöhnlich leicht von denen einer Geisteskrankheit unterscheiden kann. Zwischen beiden Heilungsarten besteht kein Antagonismus. Hat nicht Jesus beide praktiziert?

Mrs. Stapletons Heilung von Geisteskrankheiten wird oft von der Heilung psychosomatischer Beschwerden begleitet, und manchmal, so glaubt sie, sind die Beschwerden nicht psychosomatisch. An anderer Stelle hat sie schon einmal behauptet, die Heilung eines von Geburt an Blinden gesehen zu haben. In einem Fernseh-Interview vom vorigen Mai erzählte sie von einem Jungen, dem von Geburt an die inneren Hörorgane fehlten. Er begann zu hören, nachdem sie mit ihm gebetet hatte.

Ihr Buch gehört zu den traurigsten, die ich je gelesen habe. Traurig, weil die Autorin eine Frau von bestechender Schönheit und Intelligenz, lebendigem Charme und tiefer seelischer Verbundenheit ist. Um sie herum gibt es keinen Mumpitz oder Schwindel wie bei Aimee Semple McPherson, Kathryn Kuhlman oder dem frühen Oral Roberts. Warum dann traurig? Weil Mrs. Stapleton, ohne Ausbildung in Psychiatrie und mit minimalem Wissen auf diesem Gebiet, Psychotherapie mit unglaublicher Naivität ausübt. Sie sieht in leuchtenden Farben, wie sie denen geholfen hat, denen geholfen werden konnte, aber ein seltsamer geistiger Nebel macht sie blind für jene eng verwandten Übel, die allen Glaubensheilern auf Schritt und Tritt folgen. Es gibt immer jene vertrauensvollen Seelen, die, in vorübergehender Ekstase, medizinische Hilfe ausschlagen, bis es zu spät ist. Und immer gibt es jene, die, wenn die Hilfe von oben nicht kommt oder nicht anhält, ihrem ungenügenden Glauben die Schuld geben. Dies ist eine Überzeugung, die die Verzweiflung nur noch vergrößern kann.

Mrs. Stapleton hat noch niemals das geringste Interesse geäußert, die Geschichten ihrer Patienten bestätigen zu lassen. Woher weiß sie, daß Mrs. Z. tatsächlich von ihrem Vater vergewaltigt worden war? (Wie Freud entdeckte, sind solche Phantasien bei Geisteskranken nichts Ungewöhnliches.) Wie gewissenhaft überprüft sie, Jahre später, das Andauern früherer Heilungen? Ihre Patienten glauben oft, daß Jesus in ihren Tagträumen tatsächlich zu ihnen kommt. Wird Mrs. Stapleton niemals von dem Gedanken beunruhigt, daß Jesus es verübeln könnte, auf diese Weise benutzt zu werden?

Nachwort

Die ›New York Times‹ vergaß bei meiner Buchbesprechung versehentlich zwei Zeilen des Manuskriptes, die oben wieder hinzugefügt wurden, und strich absichtlich meinen letzten Absatz, der wie folgt lautet:

Gott muß doch wohl wollen, daß Mrs. Stapletons medizinisches Wissen so groß wie nur möglich ist. Mit dem Wachsen ihres Ruhmes wird auch die Anzahl der gestörten Menschen, die ihre Hilfe suchen, steigen, und ihre Verantwortung wird schrecklich sein. Der Versuchung, mit Lernen aufzuhören, sich in Lobhudeleien zu sonnen, ihr Programm von Behold, Inc. auszuweiten – kurz gesagt, der Versuchung, eine andere Kuhlmann zu werden, wird nicht so einfach zu widerstehen sein.

Seit dem Erscheinen meiner Buchbesprechung hat Ruth Carter zwei weitere Bücher geschrieben. ›The Experience of Inner Healing‹ wurde 1977 vom selben Verlag wie ihr erstes Buch veröffentlicht, und im folgenden Jahr brachten Harper and Row ›Brother Billy‹ heraus. Ihr Ruhm als charismatische Heilerin nimmt noch weiter zu. Sie war Thema von Titelgeschichten zahlreicher Zeitschriften; die erwähnenswertesten sind Dotson Raders »First Sister« (›New York‹-Magazin, 27. März 1978) und Rudy Maxas »Ruth« (›Washington Post Magazine‹, 8. Oktober 1978). Maxas früherer Artikel über Ruth »Hustling for the Lord« erschien am 8. Januar 1978 im ›Washington Post Magazine‹. Es zeigte eine Photographie des ›Hustler‹-Herausgebers Larry Flynt, der mit geschwollener Brust nebem einem Gemälde eines lachenden Jesus steht. Amerikas führendes Journal für das Übernatürliche, ›New Realities‹, widmete der Ankündigung des Artikels »Ruth Carter Stapleton, Spiritual Therapist« eine gesamte Ausgabe von »Holistic Health« und brachte Ruths Gesicht dazu auf dem Titelblatt.

Ruths gemeinnützige Behold, Inc. veröffentlicht noch immer ihre Zeitung ›Behold... and Be Whole‹, und es heißt, daß immer mehr Freiwillige zur Auslieferung der Ausgaben benötigt werden. Robert Stapleton, Ruths Ehemann, führt die Bücher. Er ist ein hochgewachsener, sanfter ehemaliger Veterinär aus Fayetteville in Nord-Karolina. Die Stapletons haben bei Argyle in der Nähe von Dallas, in Texas, dreißig Morgen Land erworben, auf dem sie einen Zufluchtsort der Inneren Heilung bauen, der den Namen Holovita erhält, was »das ganze Leben« bedeutet. Behold, Inc. finanzierte Ruths zahlreiche Reisen um die ganze Welt, auf denen sie Vorträge hält und sich mit den geistig Gestörten trifft.

Die sensationellste Nachricht über Ruth schlug 1977 ein, als enthüllt wurde, daß sie und Larry Flynt Freunde geworden waren. Larry verkündete, daß er ein wiedergeborener Christ sei. Nachdem Flynt von einigen unbekannten Attentätern niedergeschossen worden war, eilte Ruth an sein Krankenbett. Die Zyniker sind nicht sicher, ob Larrys Bekehrung wahr war oder nur der Versuch, einer Bestrafung in Cincinnati zu entgehen, wo er wegen Verbreitung von Pornographie angeklagt war. Wie dem auch sei, die Seiten von ›Hustler‹ zeigen keinerlei Änderung in Larrys primitiver Einstellung zu Frauen, Sex und Jesus.

Die Details über Ruths Leben sickern langsam durch. Der christliche Zufluchtsort, wo sie von ihren Depressionen endgültig geheilt wurde, war ›Camp Farthest Out‹ in Nord-Karolina, und der junge Psychologe, der ihr soviel Hilfe zuteil werden ließ (indem er ihr sagte, sie sei eine schöne Frau, nachdem sie eines Abends lange aufgeblieben war, um ihre Sünden detailliert zu schildern), war Norman Elliott. Ruth spricht oft mit fremder Zunge, was sie so beherrscht, daß sie schon einmal erwog, ihre öffentlichen Andachten mit fremder Zunge abzuhalten. Auch ihr Ehemann sprach bei seiner Wiedergeburt mit fremder Zunge, und aus ihrem Sohn Michael brach die Sprache der Engel in dem Augenblick hervor, als er an seinem neunten Geburtstag das Fahrrad bekam, für das er gebetet hatte.

Ruth spielt ihre Rolle wunderbar. Sie ist eine bestechend schöne Frau mit einem wohlgeformten Körper, blondem Haar, gekonntem Make-up und dem gewinnenden Carter-Lächeln, das bei ihr jedoch die Zähne weniger freigibt als bei ihrem Bruder Jimmy. Die Lachfältchen kommen aus den Ecken meergrüner Augen. Man füge dem noch ihre sanfte, rauchige, ausdrucksvolle Stimme hinzu, und sie bewegt sich auf der Bühne als Frau mit beträchtlichem Sex-Appeal.

Am 31. Januar 1977 hörte ich auf New Yorks Rundfunksender WOR-AM rein zufällig, wie sie von Patricia McCann interviewt wurde. Mein Name wurde nicht erwähnt, aber Patricia holte eine Kopie meiner Buchbesprechung hervor und verlas den Abschnitt, in dem ich gesagt hatte, daß Ruth »ohne Ausbildung in Psychiatrie« bei Geisteskranken Psychotherapie praktiziert.

Ruth antwortete, daß meine Buchbesprechung die einzige negative sei, die ihr Buch erhalten habe, und daß ihres Wissens nach kein einziger Arzt oder Psychologe ihr Buch kritisiert habe. Was das Fehlen einer Ausbildung in Psychiatrie betrifft, so wäre dies einfach nicht wahr. Sie hätte Psychologiekurse am College besucht! (Ruths Abschluß ist der eines ›master of arts‹ von der Universität von Nord-Karolina, und eine Zeitlang lehrte sie Englisch an einer High School.)

»Der Mann, der diesen Artikel geschrieben hat, war also falsch informiert«, sagte Patricia. »Ja«, antwortete Ruth mit einem kleinen Lachen. Dann fügte sie hinzu: »Aber es ist okay.«

Ich habe das »okay« so aufgefaßt, daß Ruth mir für meine schreckliche Unwissenheit vergeben hatte. An einem Punkt des Interviews erwähnte Ruth, daß sich jemand in einem »Asyl für Geisteskranke« befunden hätte. Haben Sie diesen Ausdruck in den letzten fünfzig Jahren von einem Psychiater gehört? Auch ich habe am College Psychologiekurse besucht, aber ich würde niemals von mir behaupten, eine Ausbildung in Psychiatrie zu haben. An einer anderen Stelle brach Patricia ab, um eine Werbung für ein Buch von Gayelord Hauser zu bringen, einem Grillenfänger in Sachen Nahrung, über den ich in ›Fads and Fallacies‹ geschrieben habe. Ruth sagte, sie habe alle seine Bücher mit Bewunderung gelesen. Ich war auch überrascht, als Ruth sagte, es wäre ein »großer Schock« für ihren Bruder Jimmy gewesen, als er aus Zeitungsberichten erfuhr, daß sie geistige Heilungen ausführte. Ich bekam den Eindruck, daß sie und Jimmy in ihren religiösen Anschauungen ziemlich weit voneinander entfernt sind.

Dieser Eindruck verstärkte sich noch durch Ruths Buch über Billy. Bruder Billy erscheint als liebenswürdiger, warmherziger, großzügiger, lustiger, zum Zorn neigender Spitzbube. Jimmy erscheint als strenger älterer Bruder, der Billy niemals die Chance gab, die er verdiente. Es gibt nebenbei gesagt Belege dafür, daß Jimmy gesagt hat, er könne sich nicht daran erinnern, geweint zu haben, als Ruth in den Wäldern mit ihm gesprochen hat. Tendiert

Ruth zur Übertreibung? In einigen der Anekdoten über Billy scheint sie so zu übertreiben, daß diese unglaubwürdig werden.

Es gibt so etwas wie geistige Anmaßung, und beim Lesen von Ruths ersten beiden Büchern, in denen Jesus im Mittelpunkt stehen soll, gewann ich den Eindruck, daß es Ruth ist, die in fast peinlicher Weise im Mittelpunkt steht. Machen Sie folgendes Experiment. Gehen Sie jedes der Bücher durch und kennzeichnen sie jedes Personalpronomen. Zählen Sie die gekennzeichneten Wörter und teilen Sie sie durch die Anzahl der Seiten, um den Durchschnitt pro Seite zu ermitteln. Sie werden überrascht sein. Die beiden Einführungsmanuale für das zweite Buch haben den gleichen Einführungstext, der folgendermaßen beginnt: »Als ich zum ersten Mal mit Bewußtsein erkannte...«, und die ersten neun Zeilen enthalten neun Personalpronomen. Ihre 30 Seiten umfassende Broschüre ›Power Through Release‹ (Macalester Park Publishing Company, 1968) enthält eine Widmung an »meinen Mann und an meine Kinder, deren Liebe zu mir sich in Freundlichkeit, Geduld und Verständnis beweist«. Sogar die Widmung ihres ersten Buches bezieht sich im gleichen Maße auf sich selbst wie auf andere: »An all jene, deren Wirken mir geholfen hat, die Türen zur Bedeutung meines eigenen Lebens zu öffnen.«

Dear one,
Während des vergangenen Jahres ist in Holovita viel geschehen, was uns dazu inspirierte, unser Programm zu Hause und auswärts auszudehnen. Dieser Brief soll Dir insbesondere für die Unterstützung danken, dies alles zu ermöglichen. Hunderten konnte durch die innere Heilung in Holovita geholfen werden und Tausenden, als ich durch das Land und die Welt gereist bin, um die gute Neuigkeit von Christi heilender Liebe zu verbreiten.

Neue Gesundheits- und körperliche Fitnessmöglichkeiten in Form eines Schwimmbeckens und eines Bades sind hinzugekommen; ein altes Haus, das noch renoviert werden muß, verspricht als Gästehaus für sich zurückziehende Teilnehmer eine große, praktische Ergänzung zu werden; eine unterirdische Kapelle, die als Platz für ruhige, inspirierende Meditation dienen wird, befindet sich im Bau; der kleine See neben dem Eingang wurde gereinigt, und mit einer funktionierenden Windmühle werden wir den Anfang eines Bewässerungssystems haben; der neue Obstgarten mit einer Vielzahl von Bäumen hat die intensive texanische Trockenperiode dieses Sommers überlebt; ein neues Buschwerk auf dem Grundstück ist ebenfalls hinzugekommen.

Unsere monatlichen Treffen in dieser Abgeschiedenheit sind für alle Teilnehmer inspirierend gewesen. Diese Erfahrungen werden rasch ausgeweitet, um internationale und auch nationale und lokale Interessenten einzuschließen. Der Gedankenaustausch und die Kommunikation mit Teilnehmern aus Japan, Indien, England und Irland waren bei der Ausweitung des internationalen Programms von großer Wichtigkeit.

Ich wiederhole noch einmal meinen tiefen Dank für die Unterstützung, die dazu beitrug, dies alles zu ermöglichen. Deine Gebete und Spenden haben uns ermutigt, den bisher beschrittenen Weg weiterzugehen.

Dies ist eine dringende Bitte um Unterstützung der BEHOLD, INCORPORATED durch Holovita und um Beiträge, die ein Fortführen der Ausdehnung ermöglichen. Bitte nimm diesen Brief mit einer Bürgschaft für 1981 zur Kenntnis und sei unser Partner in diesem Werk, das von so großer Wichtigkeit für die Völker dieser Nation und für die Völker der Erde ist.

Eine Kopie des Budgets von 1981 erhältst Du auf Anfrage.

In Christus mit Dir vereint
Ruth Stapleton

Ruths schönes Gesicht eröffnet die erste Auflage ihres ersten Buches und ziert auch den Schutzumschlag. Eine Farbphotographie der lächelnden Ruth ist auf der Rückseite der Umschlaghülle von der ersten Ausgabe ihres zweiten Buches zu sehen. Ihr Bild ist auf der Bantam-Taschenbuchausgabe beider Bücher. Der Schutzumschlag von ›Brother Billy‹ zeigt Photos von Ruth mit Billy und Ruth mit Jimmy auf der Vorderseite und von Ruth allein auf der Rückseite.

Da ich auf ein Exemplar von Ruths periodischer Zeitschrift ›Behold... and Be Whole‹ gespannt war, schrieb ich nach Holovita und fragte nach den Kosten für ein Abonnement. Die Antwort war der auf den Seiten 184/185 wiedergegebene Brief. Man bemerkte, wie klug die Anrede »Dear one« ausgewählt wurde. Sie macht es möglich, den Brief an Personen jeden Geschlechts zu senden. Da meine Frage durch den Brief nicht im geringsten beantwortet wurde, versuchte ich es am 21. Oktober noch einmal mit folgendem kurzen Ersuchen:

Ich hätte gerne ein Exemplar der letzten Ausgabe Ihrer Zeitung ›Behold... and Be Whole‹. Beiliegend übersende ich zehn Dollar.

Mit freundlichen Grüßen
Martin Gardner

Wieder erhielt ich einen vorgedruckten Brief, der dieses Mal aber die Anrede »Dear Martin« trug. Ruth bedankte sich überschwenglich für meine Spende, erflehte eine Segnung für mich, erwähnte aber meine Nachfrage nach ihrer Zeitung mit keinem Wort. (Ich nehme an, daß diese existiert, denn sonst würde Ruth in Interviews nicht von ihr sprechen.) In elf Zeilen zählte ich elf Ruth-Pronomen.

Aber es ist okay.

KAPITEL 14

Sieben Bücher über
schwarze Löcher

Schwarze Löcher sind heiß. Obwohl diese Aussage (nach den neuesten Theorien) wirklich auf einige schwarze Löcher zutrifft, meine ich hier, daß sie als Thema heiß sind. Die Bücher, die ich hier betrachte, stellen nur einen Bruchteil der Bücher dieses Jahres dar, die sich vollständig oder teilweise mit schwarzen Löchern befassen. Warum besteht so ein zwanghaftes Interesse an astronomischen Objekten, die vielleicht noch nicht einmal existieren, und die so oder so ohne Kenntnisse in der allgemeinen Relativitätstheorie und der Quantenmechanik nicht voll verstanden werden können?

Der erste Paragraph von Isaac Asimovs Buch ›The Collapsing Universe‹ (Walker, 1977) soll hier den Ton dafür angeben, was ich für die Antwort halte.

Seit 1960 hat das Universum ein vollkommen neues Gesicht angenommen. Im gleichen Maße wie sich unser Wissen darüber ausweitete, ist es aufregender, geheimnisvoller, gewaltiger und extremer geworden. Und das aufregendste, geheimnisvollste, gewaltigste und extremste Phänomen von allen hat den einfachsten, deutlichsten, ruhigsten und mildesten Namen – es ist ganz einfach ein »schwarzes Loch«.

Schwarz. Schwarz ist schön, Schwarz ist unheilvoll, Schwarz ist schrecklich, Schwarz ist apokalyptisch, Schwarz ist leer. »Ein Loch ist nichts«, fährt Asimov fort, »und wenn es schwarz ist, können wir es nicht einmal sehen. Sollten wir uns über ein unsichtbares Nichts erregen?«

Aus ›New York Review of Books‹, 29. September 1977

Nichts. Warum existiert etwas? Warum nicht lediglich nichts? Dieses ist die allerletzte metaphysische Frage. Ganz offensichtlich kann sie niemand beantworten, und doch gibt es (für einige Leute) bestimmte Zeiten, in denen diese Frage die Seele mit einer solchen Gewalt und mit einem solchen Schmerz überfällt, daß sie Gefühle des Ekels hervorruft. Und in der Tat ist es dieses Thema, das Sartre in seiner großen Erzählung ›Der Ekel‹ behandelt.

Plötzlich wird uns gesagt, daß ein Stern, der genügend Masse besitzt, am Ende seiner Entwicklung einen fortlaufenden Zusammenfall erleidet, bei dem die Materie des Sterns bis zur Auslöschung zusammengepreßt wird. Nicht nur das, unser gesamtes Universum hört vielleicht langsam auf, sich auszudehnen, geht in eine Phase des Zusammenziehens über und verschwindet schließlich in einem schwarzen Loch, wie ein akrobatischer Elefant, der in seinen After springt. Es gibt Spekulationen (die von den Experten aber nicht ernst genommen werden), daß jedes schwarze Loch mit einem weißen Loch verbunden ist – einem Loch, das Energie ausströmt, anstatt sie zu absorbieren. Die beiden Löcher sind angenommenerweise durch eine »Einstein-Rosen-Brücke« oder ein »Wurmloch« miteinander verbunden. Wenn eine riesige Sonne zu einem schwarzen Loch zusammenfällt, so wird vermutet, entsteht in einem anderen Punkt der Raum-Zeit sogleich das Gegenstück, ein weißes Loch. Diese Theorie könnte das Ausströmen der unglaublichen Energiemengen aus den Quasaren erklären, jenen geheimnisvollen Objekten, die sich scheinbar weit außerhalb unserer Galaxie befinden, und die bis heute noch niemand verstanden hat. War der Urknall, der unser Universum schuf, das weiße Loch, das durch eine Explosion entstand, nachdem ein vorhergehendes Universum in sein schwarzes Loch zusammengefallen war?

Es ist nicht schwer zu verstehen, warum diese wirre, spekulative Kosmologie bei Menschen, die der Religion verbunden sind, Aufregung auslöst. Der Himmel verkündet den Ruhm Gottes, und das Firmament zeigt das Werk seiner Hände, und es ist ebenfalls nicht schwer zu verstehen, warum die Anhänger der fernöstlichen Philosophien, pseudoöstlicher Kulte, Parapsychologie und der unorthodoxen Wissenschaft ebenfalls fasziniert sind. Wenn das Universum *so* verrückt sein kann, so führen sie an, warum sollte man dann beunruhigt sein, wenn der Maharishi, wie kürzlich, erklärt, daß die transzendentale Meditation es einem ermöglicht, zu schweben und unsichtbar zu werden? Die schwarzen Löcher sind die letzten Symbole unergründlicher Geheimnisse. Das öffentliche Interesse an ihnen ist, und davon bin ich überzeugt, kein Hinweis auf ein Interesse an der Wissenschaft, sondern ein eigentümliches Nebenprodukt des Spektrums des Übernatürlichen, das gegenwärtig Nordamerika heimsucht.

Für den Leser ohne Kenntnisse von der Relativitäts- und Quantentheorie – d. h. den durchschnittlichen Leser – ist Asimovs Buch das beste aus dem ganzen Haufen. Der alte Meister hat dieses Buch mit unfehlbarer Klarheit, Humor, Ungezwungenheit und Enthusiasmus geschrieben. Wie alle hervorragenden Science-Fiction-Schriftsteller weiß er genau, wo er die Grenze zwischen ernsthafter Wissenschaft und Phantasie zu ziehen hat. In gleichbleibenden Abständen erinnert er seine Leser daran, daß bis heute noch keine Beweise für die Existenz der schwarzen Löcher erbracht wurden, und daß »fast alles, was einige Astronomen über ein schwarzes Loch vermuten, von anderen Astronomen abgestritten wird«.

Vorsichtig, Schritt für Schritt, skizziert Asimov den notwendigen Hintergrund für das Verständnis der Eigenschaften eines schwarzen Loches. Er beginnt mit der Schwerkraft, dieser ruhigen, alles durchdringenden, nur unzureichend verstandenen Kraft, die die Materie von Galaxien, Sternen und Planeten zusammenhält. Im Mittelpunkt von Körpern, die die Größe eines Planeten haben, reicht der Druck der Schwerkraft nicht aus, die entgegengesetzte elektromagnetische Kraft zu überwinden, die die Moleküle im Kern bindet, und die Materie bleibt unversehrt. Ist der Körper jedoch groß genug (hat er ungefähr die Größe des Jupiters), wird der Druck der Schwerkraft so groß, daß er eine Wasserstoffusionsreaktion auslöst. Der Körper wird zur Sonne.

Eine Sonne kann auf drei verschiedene Arten sterben. Hat ein Stern annähernd die Größe unserer Sonne, wird sich sein Wasserstoff-Brennstoff erschöpfen, der Stern wird sich zu einem roten Giganten ausdehnen und sich dann langsam zu einem weißen Zwerg zusammenziehen. Schließlich wird er zu einem schwarzen Zwerg abkühlen, ein für immer einbalsamierter Körper, der sich niemals verändert, falls er nicht rein zufällig von einem schwarzen Loch verschlungen wird.

Hat ein Stern eine etwas größere Masse als unsere Sonne, ist sein Schicksal interessanter. Er wird wahrscheinlich durch eine Explosion zur Supernova; Teile seiner Masse schrumpfen augenblicklich auf eine Größe zusammen, die kleiner als die der Erde ist. Die Dichte dieses Körpers ist so groß, daß seine Schwerkraft die entgegengesetzte elektromagnetische Kraft überwindet, und sich die Struktur der Materie des Sterns auflöst. Er wird zu einem sich schnell drehenden Neutronenstern.

Die meisten Astronomen sind davon überzeugt, daß Pulsare Neutronensterne sind. Das sind kleine, sternförmige Objekte innerhalb unserer Milchstraße, die absolut regelmäßige Radiosignale aussenden, manchmal auch Signale sichtbaren Lichts. In der Galaxie existieren aller Wahrscheinlichkeit nach Millionen dieser Pulsare, die sich innerhalb der Reichweite unserer heutigen Radio-Teleskope befinden.

Ist ein Stern um vieles schwerer als unsere Sonne, glaubt man, daß er auf so bizarre Weise erlischt, daß sein Schicksal noch immer von einem Schleier des Geheimnisses umhüllt ist. Nachdem die katastrophale Implosion stattgefunden hat, können noch nicht einmal die Neutronen der enormen Kompression durch die Schwerkraft widerstehen. Alle Teilchen werden vollständig zerstört, und die Gesetze der Physik verlieren ihre Bedeutung. Der Stern ist zu einem schwarzen Loch geworden.

1798 hat der französische Mathematiker Pierre Simon de Laplace die schwarzen Löcher ansatzweise vorausgesagt. Sein Vorgänger Isaac Newton glaubte, das Licht bestünde aus Teilchen, die von der Schwerkraft beeinflußt würden. Ist ein Stern groß genug, so führte Laplace aus, wird seine Schwerkraft verhindern, daß das Licht sich von ihm entfernt. Das stimmt nicht ganz. In der Newtonschen Physik würde sich die Geschwindigkeit des Lichtes, das sich einem Stern nähert, ganz gleich, wie schwer dieser ist, so beschleunigen, daß es von einer reflektierenden Oberfläche abprallen und entkommen könnte.

In der Relativitätstheorie kann das Licht auch aus Teilchen (Photonen) bestehen, die durch die Schwerkraft beeinflußt werden; ihre Geschwindigkeit aber ist konstant und kann sich nicht erhöhen. Einige Monate, nachdem Einstein seine allgemeine Relativitätstheorie veröffentlicht hatte, machte der deutsche Astronom Karl Schwarzschild genaue Berechnungen über den heute nach ihm benannten »Schwarzschild Radius«. Das ist der Radius eines Körpers gegebener Masse, unterhalb dessen die Schwerkraft stark genug ist, das Austreten von Licht, Materie oder jeder Art von Signalen zu verhindern. Es ist der kritische Radius, unterhalb dessen die Materie zu einem unsichtbaren schwarzen Loch wird. Für eine Masse gleich der unserer Sonne beträgt der Radius einige wenige Kilometer. Für eine Masse gleich der unserer Erde ist es der Radius einer großen Erbse.

Im Jahre 1939 führten Robert Oppenheimer und sein Student Hartland Snyder einige überraschende Berechnungen durch. Setzt man die Richtigkeit der Relativitätstheorie voraus, existieren keine Gesetze, den schwerkraftmäßigen Zusammenfall einer ausreichend schweren Sonne vor einer Kompression der Sonnenmaterie innerhalb des Schwarzschild Radius und Ausbildung eines schwarzen Loches zu bewahren. Die Berechnungen führen darüber hinaus zu etwas noch Verwirrenderem. Im Kern eines jeden schwarzen Loches muß eine Raum-Zeit-»Singularität« vorhanden sein – ein Begriff, mit dem die Mathematiker einen Punkt bezeichnen, in dem etwas Verhängnisvolles geschieht, das zur Lösung einer Gleichung führt. In diesem Fall zeigen die Berechnungen, daß die Raum-Zeit-Krümmung unendlich wird, d. h. daß sie zu einem einzigen Punkt wird. In diesem Punkt werden auch Schwerkraft und Dichte (Masse pro Volumeneinheit) unendlich.

Wenn eine Raum-Zeit-Singularität tatsächlich auftritt und beobachtet werden kann, wird sie »nackte Singularität« genannt. Bis jetzt hat noch niemand eine nackte Singularität gesehen. Vielleicht erzählen ihre Gleichungen nur einen Teil der Geschichte, und es gibt Kräfte, die wir heute noch nicht verstehen, und die die Existenz der Singularität verhindern. Roger Penrose, ein brillanter theoretischer Physiker an der Universität von Oxford und Chef-Architekt von schwarzen Löchern, glaubt, daß eine Raum-Zeit-Singularität auftreten *kann,* daß aber ein »kosmischer Zensor« sie davon abhält, nackt zu werden. Er versteckt sie sozusagen hinter einem »Ereignis-Horizont«, der verhindert, daß sie in irgendeiner Weise mit dem Universum interagiert.

191

Zwanzig Jahre lang betrachtete man die Berechnungen von Oppenheimer und Snyder lediglich als exzentrische Übungen für die Studenten. Dann aber wurden 1962 die Quasare entdeckt und fünf Jahre später die Pulsare. Plötzlich erkannten die Astrophysiker, daß sie vielleicht Objekte betrachteten, die sich im Endstadium von genau dem verhängnisvollen Zusammenfall befanden, den sie auf dem Papier ausgearbeitet hatten. Am Anfang bestand noch die Hoffnung, daß eine gewisse Einseitigkeit der zusammenfallenden Masse eines großen Sterns die Singularität verhindern könne. Penrose aber bewies das Gegenteil. Die Singularität ist unvermeidbar. Unabhängig von der Größe, Form oder chemischen Zusammensetzung einer Sonne wird sich in ihrem Zentrum, wenn sie genug Masse besitzt, um zu einem schwarzen Loch zusammenzufallen, jene schreckliche Singularität bilden. Was das Loch selbst betrifft, so werden alle strukturellen Besonderheiten, die die Sonne geformt hatten, ausradiert. »Schwarze Löcher haben kein Haar«, so sagt ein Theorem. Das heißt, daß alle schwarzen Löcher, abgesehen von Masse, Drehmoment und elektrischer Ladung, identisch sind.

Es ist möglich, wie Philip Morrison und andere Kosmologen hervorgehoben haben, daß bis heute noch nicht bekannte Gesetze die Bildung schwarzer Löcher verhindern. Es ist wahr, daß es einige Punkte am Himmel gibt, von denen die Astronomen glauben, daß sie hier ein Geschehen beobachten können, das sich nur durch ein schwarzes Loch erklären läßt – vor allem die starke Röntgenstrahlung, die aus der Umgebung eines gigantischen Sterns aus dem Sternbild des Schwans kommt –, für diese Beobachtungen kann es aber auch konventionelle Erklärungen geben. Es gibt keine eindeutigen Beweise, und doch herrscht derzeit die Meinung vor, daß schwarze Löcher existieren. Einige Astronomen vermuten, daß sich im Zentrum einer jeden Galaxie ein gigantisches schwarzes Loch befindet, das sich leise um sich selbst dreht, während es langsam die Sonnen in seiner Nähe verschlingt. Auch heutzutage sind die schwarzen Löcher also rein theoretische Konstruktionen, die hauptsächlich durch die Tatsache gestützt werden, daß die Relativitätstheorie sie fordert, nämlich durch die Regel, daß alles wahrscheinlich existiert, was nicht durch die Theorie ausgeschlossen wird und durch am

Himmel beobachtete Phänomene, für die es keine besseren Erklärungsmöglichkeiten gibt.

Es heißt, entweder sind die schwarzen Löcher real, oder es gibt Löcher in der Relativitätstheorie.

Es ist natürlich kein Fehler, für bestimmte Strukturen theoretische Modelle zu errichten, noch bevor sie tatsächlich beobachtet wurden. Sir Arthur Stanley Eddington machte einmal nur halb im Scherz die Bemerkung: »Man kann eine astronomische Beobachtung erst dann glauben, wenn sie durch eine Theorie bestätigt worden ist.« Eddington, nebenbei gesagt, kam der Konstruktion eines Modells von einem schwarzen Loch ein paar Jahre vor Oppenheimers Berechnungen bemerkenswert nahe.

»Der Stern«, schrieb Eddington, »muß anscheinend immer weiter Strahlung abgeben und sich zusammenziehen, bis sein Radius, wie ich annehme, nur noch ein paar Kilometer beträgt. Dann wird die Schwerkraft stark genug, um die Strahlung zurückzuhalten, und der Stern kann schließlich seine Ruhe finden.« So weit, so prophetisch! Aber Eddington fuhr fort: »Ich fühlte mich zu dem Schluß getrieben, daß dies fast eine ›reductio ad absurdum‹ der relativistischen Degenerationsformel ist. Es können verschiedene Zufälle eintreten, die den Stern retten, aber mir wäre eine noch größere Sicherheit lieber. Ich meine, es sollte ein Naturgesetz geben, das die Sterne daran hindert, sich auf so absurde Weise zu verhalten.«

Noch ist es zu früh, um festzustellen, ob Eddingtons Schlußfolgerung richtig oder falsch ist. In einigen Jahren sind die astronomischen Belege für schwarze Löcher vielleicht überwältigend. Oder es könnte auch andersherum kommen. Heute sind die schwarzen Löcher modisches Spielzeug kluger Astrophysiker. Morgen brechen ihre Modelle vielleicht zusammen und nehmen ihren Platz neben Phlogiston und den Epizykeln von Ptolemäus ein.

Die sensationellste unter neueren Vermutungen lautet, daß unser gesamtes sich ausdehnendes Universum dazu bestimmt ist, in ein schwarzes Loch einzutreten. Wenn im Universum genügend Materie vorhanden ist (ein großer Teil könnte im Innern der schwarzen Löcher verborgen sein), wird die Schwerkraft die Ausdehnung zum Stillstand bringen, und das Universum wird sich in entgegengesetzter Richtung bewegen. Die Kosmologen glauben nicht, daß es irgend etwas gibt, das diesen Zusammenfall davon abhalten könnte, den Kosmos in ein schwarzes Loch zu stürzen. Und wer weiß, was als nächstes geschieht?

Denjenigen Lesern, die sich intensiver mit der Struktur von schwarzen Löchern befassen wollen, sei Robert Walds Buch ›Space, Time, and Gravity‹ (University of Chicago Press, 1977) empfohlen. Robert Wald ist Physiker am Fermi-Institut der Universität von Chikago, und sein Buch basiert auf einer Reihe von Vorlesungen, die er 1976 an dieser Universität gehalten hat. Es umfaßt dieselben Grundlagen wie Asimovs Buch, enthält aber wesentlich mehr fachliche Informationen. Das letzte Kapitel ist eine besonders gute Zusammenfassung der jüngsten Entdeckungen des jungen mathematischen Physikers Stephen Hawking aus Cambridge.

Die Hawking eigene Kombination von Courage, Optimismus und intellektueller Virtuosität ist schon legendär. Seit Jahren ist er durch ein fortschreitendes Nerven- und Muskelleiden fast vollständig gelähmt. Er kann sich zwar in einem motorisierten Rollstuhl ohne fremde Hilfe fortbewegen, aber er kann nicht schreiben und nur unter enormen Schwierigkeiten sprechen. Sein Geist aber arbeitet noch immer mit kristallener Klarheit, und seine Berechnungen verblüffen noch immer seine Kollegen.

Hawkings größte Entdeckung ist die, daß schwarze Löcher nicht schwarz sind. Die Quantentheorie impliziert, daß in dem mächtigen Schwerkraftfeld, das ein schwarzes Loch umgibt, eine ständige Neubildung von Teilchen (jeder Art) und deren Antiteilchen stattfindet. Einige dieser Teilchen fallen in das Loch, andere entkommen als Strahlung. Es besteht Abnahme an Energie und eine konstante Strömung um das Loch, die beobachtet werden könnte.

Ist ein schwarzes Loch groß, ist der Energieverlust langsam und unbedeutend. Hawking glaubt jedoch, daß der Urknall chaotisch genug gewesen sein dürfte, um Milliarden über Milliarden Mikro-Schwarzer-Löcher geschaffen zu haben, von denen jedes kleiner als ein Proton ist, aber eine Masse von ein paar Hundert Millionen Tonnen enthält. Diese »Ur«-Minilöcher würden sich jetzt in ihrem Endstadium der Verdampfung befinden. Sie würden immer heißer und kleiner werden und schließlich in einem ungeheuren Ausbruch von Teilchen und Gammastrahlen explodieren.

Nigel Calders dickes, stattliches Buch ›The Key to the Universe‹ (Viking, 1977) widmet den schwarzen Löchern nur zwei Kapitel, die aber eine exzellente nichtfachliche Zusammenfassung darstellen, und auch die anderen Kapitel sind eine hervorragende Einführung in die jüngsten Theorien über die Materie. Calder ist einer der verläßlichsten britischen Wissenschaftsschriftsteller. Sein Buch, dem eine von ihm verfaßte populäre Fernsehsendung der BBC zugrunde liegt, die er im letzten Januar präsentierte, ist reichlich mit Diagrammen und Photographien einschließlich der Bilder berühmter Physiker, deren Gesichter die Öffentlichkeit nur selten sieht, illustriert.

Calder kann die Quarktheorie ungewöhnlich gekonnt erklären, ebenso wie die Gründe, aus denen sie ihrem nächsten Rivalen, der »Bootstrap«-Theorie, mit großer Geschwindigkeit vorauseilt. Die »Bootstrap«-Hypothese ist die »demokratische« Ansicht, daß keines der Teilchen, aus denen die Materie besteht, fundamentaler ist als ein anderes. Jedes Teilchen ist ganz einfach die Wechselwirkung einer bestimmten Menge anderer Teilchen. Die gesamte Familie hält sich somit selbst mitten in der Luft, wie ein Mensch, der sich an seinen Schnürsenkeln hochzieht, oder ein transzendentaler Meditator, der im Lotussitz ein Stück über dem Boden schwebt.

Die Quarktheorie ist die »aristokratische« Ansicht, daß die Teilchen Kombinationen elementarerer Einheiten sind, die Murray Gell-Mann nach der Zeile »Three quarks for Muster Mark!« in ›Finnegans Wake‹ Quarks nannte. Zuerst hielt man lediglich drei Arten von Quarks für notwendig. ›Up‹, ›down‹ und ›strange‹, zusammen mit ihren Antiteilchen. Die drei Arten werden Aromen genannt. Doch heute bestehen Gründe für die Annahme, daß es ein viertes Aroma, ›charm‹, gibt. Jedes Aroma hat drei Farben. In den USA sind diese Farben natürlich rot, weiß und blau. (Calder benutzt in seinen Tafeln rot, blau und grün, mit türkis, mauve und gelb für die Antifarben.) Zusammen ergeben sich so zwölf Quarks mit ihren zwölf Antiquarks.

Farbe und Charme sind natürlich wunderliche Bezeichnungen, die in keinerlei Beziehung mehr zu ihrer gewöhnlichen Bedeutung stehen, obwohl das Mischen der Quarkfarben (wie Calder zeigt) zuvorkommenderweise dem Mischen tatsächlicher Farben entspricht. Manche Theoretiker glauben, daß es noch weitere Quarkeigenschaften gibt, wie Wahrheit, Schönheit und Güte. Der bekannte pakistanische Physiker Abdus Salam fördert in jüngster Zeit eine »Quark-Befreiungs-Bewegung«, die der Ansicht ist, Quarks bestünden aus »Pre-Quarks« oder »Preonen«. Eine Gruppe junger Physiker aus Peking ist ähnlicher Meinung, nur schließen sie »Stratonen« mit ein, die gleich den chinesischen Schachteln einen unendlichen Satz bilden.

Die Essenzen dieser Debatte werden in Calders Buch gekonnt hervorgehoben. Es führt den Leser sogar bis an den Rand der neuen, aufregenden »Spur-Theorien«, die eines Tages die starken, schwachen und elektromagnetischen Kräfte – und vielleicht sogar die Schwerkraft – in einer fundamentalen Theorie vereinen könnten.

P. C. W. Davies' Buch ›Space and Time in the Modern Universe‹ (Cambridge University Press, 1977) ist, obwohl es ebenfalls einen exzellenten Bericht über schwarze Löcher enthält, hauptsächlich die Zusammenfassung eines britischen Physikers von modernen Theorien über Raum und Zeit. Davies ist lange Zeit von der Frage gequält worden, warum die Geschehen in unserem Universum nur in eine Richtung der Zeit gehen. Sein früheres Buch ›The Physics of Time Asymmetrie‹ war ein reines Fachbuch. Dieser Band nun deckt das gleiche Gebiet ab, bewegt sich aber auf einer für den Laien weitaus verständlicheren Ebene.

Die Zeit besitzt wenigstens fünf verschiedene »Pfeile«:

1. Den Pfeil der psychologischen Zeit – unsere Wahrnehmung des Geschehensflusses von der Vergangenheit hin zur Zukunft.
2. Den Pfeil bestimmter schwacher Wechselwirkungen, an denen K-Mesonen beteiligt sind. Alle anderen Teilchen-Wechselwirkungen sind in dem Sinne »zeitumkehrbar«, daß man bei Betrachtung einer rückwärtslaufenden Filmaufnahme dieser Teilchen keine Anzeichen für eine Umkehrung des Films entdecken kann. Die Geschehen mit K-Mesonen verletzten unerklärlicherweise diese Reversibilität.
3. Den Pfeil der Entropie – die Bewegung von Makrosystemen wie Galaxien hin auf zunehmende Unordnung (vergleichbar mit der Zerstörung der Ordnung in einem Kartenstapel durch Mischen).
4. Den Pfeil der Strahlung von einem Zentrum, wie die sich ausweitenden konzentrischen Kreise, die entstehen, wenn man einen Stein in einen Teich fallen läßt, oder das sich strahlenförmig ausdehnende Licht einer Sonne.

5. Den riesigen Pfeil des sich ausdehnenden Universums.

In welcher Beziehung diese fünf Pfeile zueinander stehen, und ob Universen existieren können, in denen einer oder mehrere (vielleicht alle) Pfeile in die andere Richtung wie die unseres Universums zeigen, ist eine ungewöhnliche Geschichte, die nirgendwo besser erzählt wird als in Davies' Buch.

Fred Hoyles ›Ten Faces of the Universe‹ (W. H. Freeman, 1977) ist die neueste seiner scheinbar endlosen populären Übersichten über moderne Astronomie. Alle sind verschwenderisch illustriert und unterhaltsam geschrieben. Hoyle mag es, seine eigenen Theorien am stärksten hervorzuheben, aber das macht nichts, da seine Spekulationen niemals langweilen. Es muß eine bittere Erfahrung für ihn gewesen sein, zusehen zu müssen, wie man seine geliebte Theorie vom Dauerzustand des Universums verwarf, als die Theorie vom Urknall allgemein akzeptiert wurde, aber dieses Erlebnis scheint seine geistige Energie oder seine Vorliebe für irre Theorien in keiner Weise gemindert zu haben. Hoyles Buch hat über schwarze Löcher weniger zu sagen als die anderen, da es einen breiteren Rahmen steckt. Das Buch enthält Kapitel über die Geologie der Erde, über Biologie und über die Bedeutung der Geburtenkontrolle. (Er sieht im unkontrollierten Anwachsen der Bevölkerung die größte Bedrohung für die Menschheit.)

Die beiden verbleibenden Bücher, die sich gänzlich mit schwarzen Löchern und verwandten Themen befassen, fallen unter die Abteilung ungezügelter Phantasie. Adrian Berry, Wissenschaftsberichterstatter für eine Londoner Zeitung, macht nur den schwachen Versuch, Fakten von begründeten Vermutungen oder begründete von exzentrischen Vermutungen zu trennen. An sein Buch ›The Iron Sun‹ (Dutton, 1977) sollte man am besten wie an eine Science-Fiction-Erzählung von Asimov herangehen. Und in der Tat findet sich viel von dem, was Berry zu sagen hat, schon in Asimovs Erzählungen.

Berry beschäftigt sich hauptsächlich mit der Vermutung, daß jedes schwarze Loch durch ein Wurmloch mit einem weißen Loch in einem anderen Teil des Kosmos oder mit einem weißen Loch in einem vollkommen anderen Kosmos verbunden ist. Vielleicht besteht die »andere« Welt aus Antimaterie, wie die Antiterra in Nabokovs Erzählung ›Ada‹. Die Materie fließt in unsere schwarzen Löcher, um aus den weißen Löchern der anderen Welt als Antimaterie aufzutauchen, während deren Antimaterie in deren schwarze Löcher fließt, um aus unseren weißen Löchern wieder aufzutauchen.

Einige jüngere Berechnungen haben darauf hingewiesen, daß ein Raumschiff in der Lage sein dürfte, senkrecht in ein schwarzes Loch hineinzufliegen und ein Zusammentreffen mit der furchtbaren Singularität zu vermeiden. Berry stellt sich eine Zukunft vor, in der Raumschiffe schwarze und weiße Löcher als Ein- und Ausgang für unmittelbare Reisen über riesige Entfernungen benutzen. Wenn all dies möglich wird, so schreibt er, dann wird die Menschheit in der Lage sein, durch das gesamte Universum zu ziehen und es zu kolonisieren. Science-Fiction-Helden tun dies schon jahrzehntelang, aber Berry putzt sein Buch mit dem neuesten Jargon heraus, und die Lektüre macht Spaß, wenn man den Inhalt nicht allzu ernst nimmt.

John Gribbins Buch über weiße Löcher trägt diese Art der Phantasie in noch größere Höhen. Sein Buch ist in der Tat fast so lustig wie John G. Taylors ›Black Holes‹, das 1973 veröffentlicht wurde. Bei Taylor handelt es sich um jenen mathematischen Physiker der Universität von London, dessen letztes Buch ›Superminds‹ sich mit britischen Kindern beschäftigt, die nach Taylors Überzeugung durch paranormale Kräfte Löffel biegen können, und zwar besser als Uri Geller. Die Psi-Kraft ist nach Taylor wahrscheinlich elektromagnetischer Natur. Sein Buch über schwarze Löcher ist weniger grotesk, aber es benutzt die schwarzen Löcher als Absprungpunkte für okkulte Spekulationen. (Näheres über Taylors spätere Wendung um 180° in Kapitel 8.)

Gribbin, der einen Doktorgrad in Astrophysik innehat, ist Co-Autor des früheren quasi-wissenschaftlichen Buches ›The Jupiter Effect‹. Dieses große Werk gibt die Erklärung dafür, warum »nur geringer Zweifel« bestehen konnte, daß Los Angeles im Jahre 1982 Schauplatz »des gewaltigsten Erdbebens dieses Jahrhunderts« sein sollte. 1982 sollten sich alle neun Planeten auf derselben Seite der Sonne befinden. Jupiters Zug an der Sonne wäre somit durch die anderen Planeten verstärkt worden. Dies hätte ungewöhnliche Sonnenfleckenaktivitäten hervorgerufen, die die Erdatmosphäre in Bewegung versetzen sollten, was wiederum die Kruste der Erde, insbesondere entlang des St. Andreas-Grabens, bewegt hätte. Die Phrase

»es kann nur geringer Zweifel bestehen« hätte eine Warnung für den guten Dr. Asimov sein sollen, bevor er die Einführung zu diesem Buch schrieb.

Die absurdeste Passage in Gribbins neuem Buch ›White Holes‹ (Delacorte, 1977), die Passage über weiße Löcher, stellt Spekulationen darüber an, wie man übernatürliches Löffelbiegen durch Tachyonen erklären kann. Tachyonen sind hypothetische Teilchen, deren Geschwindigkeit schneller als die des Lichtes ist. Es existieren nicht die geringsten Beweise für deren Existenz. Wenn sie aber existierten, würden sie sich, für bestimmte Betrachter, in der Zeit zurückbewegen. Gribbin schreibt:

Vielleicht entsteht durch das Löffelbiegen die Welle des Erstaunens der Zuschauer, die einen Strom von Tachyonen freigibt, der sich in der Zeit zurückbewegt und den Löffel veranlaßt, sich zu biegen, gerade bevor sie entstehen, um die Überraschung zu erzeugen. Wenn ein solcher Prozeß vorsätzlich ausgelöst werden könnte, würde dies telepathische Phänomene als die direkte tachyonische Kommunikation zwischen den Gehirnen erklären, etwas so Gegenständliches aber·wie das Löffelbiegen scheint der gesammelten Anstrengung vieler Gehirne zu bedürfen, außer, nach John Taylor, im Falle von Kindern. Diese Aussage sollte im Lichte des Vorhergesagten keine Überraschung darstellen; Kinder haben eine lebendigere Vorstellungskraft als die meisten Erwachsenen, die vermutlich stärkere tachyonische Schwingungen auslöst. Vielleicht liefert die tachyonische Verbindung sogar einen Anhaltspunkt für Geheimnisse wie Poltergeister!

Schwarze Löcher und verbogene Löffel. Das einzig Heilsame an der Schwarzen-Löcher-Manie ist die Tatsache, daß sie uns daran erinnert, wie wenig die Wissenschaft weiß, und wie riesig der Bereich ist, über den sie nichts weiß. Die schlimme Seite des Schwarze-Löcher-Booms liegt in der Ausnutzung astrophysikalischer Rätsel zur Stützung der Doktrinen pseudowissenschaftlicher Kulte oder in den schäbigen Darbietungen übernatürlicher, das Publikum schröpfender Künstler.

Penrose erforscht und veröffentlicht gegenwärtig eine bizarre mathematische Einheit, die er erfunden und »twistor« getauft hat, und die, wie er hofft, einige dornige Probleme über den Zusammenhang von Schwerkraft und Quantentheorie aufklären wird. Ein »twistor« ist eine Art »spinor«, ein mathematischer Operator, der berechnet, was geschieht, wenn Rotationen kombiniert werden. Penroses »twistors« befinden sich irgendwo in der Mitte zwischen Teilchen und reiner Geometrie. Es würde mich nicht überraschen, wenn irgendein Schreiberling für ›Reader's Digest‹ an einem Artikel mit dem Titel ›Twistors: Kosmische Karriere übernatürlicher Energie?‹ arbeitet. Mit ein wenig Unterstützung von den Medien könnten die »twistors« heißer werden als die schwarzen Löcher.

Nachwort

John Gribbin bestand in einem Brief, der im ›NYR‹ (8. Dezember 1977) veröffentlicht wurde, darauf, daß seine wilden wissenschaftlichen Spekulationen als Scherz aufgefaßt werden sollten:

> Es liegt eine große Gefahr darin, eine einzige Person – wie brillant sie auch sein mag – zu bitten, sieben Bücher gleichzeitig zu besprechen. Es ist möglich, vielleicht sogar wahrscheinlich, daß nicht *alle* dieser Bücher mit der gleichen liebevollen Sorgfalt gelesen werden, die der Kritiker auf sie verwandt hätte, hätte er sich mit jedem einzeln befaßt. Genau das scheint mit Martin Gardners jüngster Besprechung eines ganzen Bündels von Büchern, einschließlich meines eigenen ›White Holes‹, passiert zu sein, und ich wäre sehr dankbar für die Möglichkeit, seine eher befremdlichen Anmerkungen kommentieren zu können.
> Es ist natürlich das Privileg des Kritikers, die Wahl zur Besprechung nicht auf mein neuestes Buch, sondern auf ein Buch fallen zu lassen, das vor drei Jahren zu einem vollkommen anderen Thema veröffentlicht wurde, ›The Jupiter Effect‹. Es freut mich jedoch zu hören, daß Gardner wenigstens eine meiner Veröffentlichungen gelesen hat. Seine Kommentare aber über ›White Holes‹ sind lächerlich.
> Sogar aus den angeführten Passagen zum Löffelbiegen muß jeder intelligente Leser – wie der typische Leser ihres Journals – ohne Zweifel feststellen, daß meine Kommentare über Tachyonen und Löffelbiegen im scherzhaften Ton präsentiert wurden. Mr. Gardner, es ist ein *Scherz*. Darf ich hier den Satz zitieren, der unmittelbar auf den Paragraphen folgt, den Gardner anführt: »So viel zu Science-Fiction...« Sogar der Unintelligente sollte aus diesen Worten, wenn er sie überhaupt gelesen hat, meine Meinung zum Kult der verbogenen Löffel erkennen.

200

Wenn Gardner ernsthafte Bemerkungen über mein Buch zu machen hat, so würde ich diese gerne hören. Doch jetzt, im Hinblick auf die Inkompetenz seiner sogenannten Buchbesprechung ist das wenigste, was Sie meiner Meinung nach tun könnten, jemanden – *irgend jemanden* – zu bitten, das Buch tatsächlich zu lesen und dann eine wirkliche Besprechung abzugeben, die nicht diejenigen Ideen als meine eigene Überzeugung präsentiert, die ich nur dargestellt habe, um mich selbst über sie lustig zu machen.

John Gribbin

Verwirrt von diesem unerwarteten Vorgehen antwortete ich folgendermaßen:

Mr. Gribbin zitiert nur die erste Hälfte des Satzes, von dem er sagt, er beweise, daß der von mir angeführte Abschnitt als Scherz gemeint war. Der vollständige Satz lautet: »Soviel zu Science-Fiction, für die Gegenwart wenigstens.«

Nun reicht dieser Satz nicht für den Nachweis aus, daß die von Gribbin präsentierte Theorie – Tachyonen als Erklärung für übernatürliches Löffelbiegen – als Scherz gedacht war. Der Grund dafür ist einfach. Achtzig Prozent der Theorien, die in ›White Holes‹ besprochen werden, sind »Science-Fiction, für die Gegenwart wenigstens«. Die Bemerkung, daß wir eines Tages in der Lage sein dürften, im Universum umherzufliegen, indem wir schwarze und weiße Löcher als Ein- und Austritt benutzen, ist wildeste Science-Fiction. In der Tat ist das ganze Konzept von weißen Löchern »Science-Fiction, für die Gegenwart wenigstens«.

Betrachtet Gribbin Tachyonen als Scherz? In der Einführung zu seinem Buch schreibt er: »Das Konzept der Tachyonen – jener Teilchen, die schneller sind als das Licht – ist bis jetzt noch nicht allgemein anerkannt worden... Ich frage mich, wie lange es dauern wird, bis dieser neue phantasievolle Sprung von nüchternen Ingenieuren genutzt wird, um Kommunikatoren zu entwerfen, mit denen wir Botschaften übermitteln und empfangen können, die die Galaxie mit einer Geschwindigkeit durchkreuzen, die schneller als die des Lichtes ist?«

Eine Botschaft, die schneller als das Licht ist, zu versenden, heißt, sie in der Zeit zurückzusenden, und dies führt direkt zu einem logischen Widerspruch. Wenn A eine Tachyonen-Botschaft an B in einer anderen Galaxie sendet, und B durch Tachyonen antwortet, dann erhält A die Antwort, bevor er die Botschaft entsandt hat. Gribbin erwähnt diese bekannte Paradoxie, die zeigt, wie nutzlos die Tachyonen (wenn sie existieren) für die Kommunikation sind, an keiner Stelle, aber vielleicht war er sich dessen die ganze Zeit über bewußt, und seine Bemerkungen über Tachyonen sollten als Scherz aufgefaßt werden.

Es ist gut zu wissen, daß Gribbin übernatürliches Löffelbiegen als Scherz betrachtet, und daß seine zahlreichen Seiten über dieses Thema (mit vielen Bezugnahmen auf seinen Kollegen John Taylor, der ein extrem ernstes Buch über den »Geller-Effekt« geschrieben hat) nur existieren, damit er sich über das Löffelbiegen »lustig machen« kann. Doch jetzt bin ich über den Rest des Buches verwirrt. Kann es sein, daß Gribbin auch die weißen Löcher lächerlich machen wollte, und daß sein ganzes Buch ein Scherz ist?

Martin Gardner

Meine Vermutung, daß vielleicht Gribbins ganzes Buch ein Scherz ist, war gut. In zwei späteren persönlichen Briefen klärte Gribbin seine Position. »Ich betrachte die ganze abstrakte theoretische Wissenschaft als Witz.« Er fügt hinzu, daß die Tachyonen für ihn besonders komisch sind.

Ich bezweifele, daß viele Bewunderer seines späteren Buches ›Timewarps‹ (Delacorte Press/Eleanor Friede, 1979) dieses Buch als weiteren Scherz auffaßten. Wie schon vorher deutet nichts im Text darauf hin, daß Gribbin es nicht ernst meint. Er verteidigt die Reinkarnation vehement, führt den Bridey-Murphy-Fall als gutes Beweisstück an, ohne den geringsten Beweis zu liefern, wie Bridey entlarvt wurde. Er preist die Bücher von Michel Gauquelin, jenem Franzosen, der seine eigene seltsame Astrologie betreibt (er bringt Berufe mit dem Planetenstand zum Zeitpunkt der Geburt in Zusammenhang), preist Bücher des okkulten Journalisten Lyall Watson, spricht in hohen Tönen von Jack Sarfattis Theorien (und empfiehlt wärmstens das Buch ›Space-Time and Beyond‹, bei dem Sarfatti als Co-Autor fungierte), betrachtet die Realität von ESP und Präkognition als »bewiesen« (S. 140), findet die Belege für Traum-Telepathie »überzeugend« (S. 142) usw. Von Tachyonen schreibt er, daß die »Waage des Beweismaterials nun zu ihren Gunsten ausschlägt« (S. 109), was, wie er mit Sicherheit wissen muß, vollkommen falsch ist. Das Buch ist voll von Raumschiffen, die durch schwarze Löcher in andere Universen vorstoßen, von denen einige sich in der Zeit zurückbewegen.

Die Geschichte seines Buches ›Jupiter-Effekt‹, das er in Zusammenarbeit mit Stephen Plagemann schrieb, ist ein klassisches Beispiel für die nur geringen Anstrengungen der Redakteure, exzentrische wissenschaftliche Manuskripte von Experten prüfen zu lassen. Das Buch enthält kein einziges Bild, das die Aufreihung der Planeten im Jahre 1982 zeigt. Folglich glaubt der Leser, »Aufreihung« bedeute, die Planeten würden sich in einer annähernd geraden Linie befinden. Und in der reißerischen Broschüre der Library of Science, die dieses Buch aufnahm, hieß es auch wirklich, daß zum erstenmal nach 179 Jahren »alle Planeten perfekt auf einer Seite der Sonne aufgereiht sein werden«.

Die Autoren meinten damit in Wirklichkeit, daß sich die Planeten im selben Halbkreis befinden würden. Sie stehen nirgendwo in einer Reihe. Zu meiner Überraschung erhielt ich 1978 einen weiteren Brief von Gribbin mit dem Inhalt, er und Plagemann hätten die Entdeckung gemacht, daß sich die Planeten im Dezember 1980 noch besser zusammenballen würden; dies war nun ihr bevorzugtes Datum, November 1982 ihre zweite Wahl. Er sagte, ich solle mir keinen Zwang antun, »diese Vorhersage allgemein zu verbreiten«.

Als das Buch zum ersten Mal erschien, zeigte sich kein achtbarer Astronom oder Geophysiker beeindruckt. Die ›Time‹ (7. Oktober 1977) zitierte Bemerkungen von Experten wie »maskierte Astrologie« und »pure Phantasie«.

Eine Untersuchung des Zeitraumes von 179 Jahren vor 1982 zeigte keine ungewöhnlichen seismischen Aktivitäten in den Erdbebengebieten der Erde. Der Astronom George Abell wies darauf hin, daß Jupiter und Saturn so groß sind, daß ihre Masse, zusammengenommen, zwölfmal so groß ist wie die der anderen Planeten zusammen, und doch ist ihr häufiges Hintereinanderstehen mit keinerlei Erdbeben oder Sonnenaktivitäten verbunden. Eine heftige Kritik der Bücher findet sich in zwei Aufsätzen von Jean Meeus: »Comments on the Jupiter Effect« (›Icarus‹, Bd. 26, 1975, S. 257–268) und »Planets, Sunspots and Earthquakes« (›Mercury‹, Juli-August 1979, S. 72–74); »The Jupiter Effect« von D. Anderson (›American Scientist‹ November-Dezember 1974, S. 72); und »The Great Earthquake Hoax« von E. Upton (›Griffith Observer‹, Januar 1975).

Ich fand es erstaunlich, daß das Buch, nachdem es vom Book-of-the-Month-Club abgelehnt worden war, nachdem Fachleute auf seine Wertlosigkeit hingewiesen hatten, von einem *wissenschaftlichen* Buch-Club aufgenommen wurde! Ich fragte einmal eine Redakteurin bei Random House, wer das Buch zum Nachdruck als Taschenbuch gekauft hätte, und ob sie sich mit einem Astronomen über das Buch beraten hätte. Sie sah mich überrascht an. »Nein, warum sollte ich? Gribbin hat einen Doktortitel in Astrophysik.«

Den Höhepunkt dieser Jupiter-Komödie bildete Gribbins Artikel über »Jupiter's Noneffect« in ›Omni‹, Juni 1980. Gribbin lehnt den Effekt vollkommen ab. »Das Buch hat sich jetzt als falsch erwiesen; die gesamte Grundlage der Vorhersage für 1982 ist nicht mehr vorhanden... es gibt heute keinen Grund für die Erwartung einer ungewöhnlichen seismischen Störung im Jahre 1982 aus den im Buch angegebenen Gründen. Das schließt die Möglichkeit großer Erdbeben in diesem Jahr natürlich nicht aus. Wenn Sie aber eine astrologische Vorhersage wünschen, müssen Sie sich, so leid es mir tut, an jemand anderen wenden.«

Was hat seine Haltung geändert? Die Sonne. 1979 nahm die Sonnenaktivität rapide zu, und es wird erwartet, daß sie zum Ende 1980 ihren Höhepunkt überschreitet. »Plagemann und ich hatten ganz klar das falsche Jahr errechnet. Aller Voraussicht nach wird 1982 in seismischer Hinsicht ruhiger sein als 1979 und 1980... Wenn Los Angeles Ende des Jahres immer noch steht, wird der Rest unserer Vorhersage entkräftet sein.«

Gribbin gibt sogar zu, daß seine Kritiker recht hatten. »Ich bin jetzt älter und, wie ich hoffe, weiser.« Es tut ihm leid, daß sich »unausgegorene Kulte« und »verrückte Typen« seinen Ideen angeschlossen hatten. Er glaubt jedoch immer noch, daß Erdbeben mit der Sonnenaktivität in Verbindung stehen, und er schließt seine Entschuldigung mit: »Solange die Sonne in diesem Jahr weiterhin aktiv ist, werde ich, wohlgemerkt, meine Daumen für das Heil von Los Angeles drücken.«

Ich sagte voraus, daß Gribbin für den Fall, daß Los Angeles vor Ende 1982 zerstört werden sollte, einen cleveren Weg finden würde, den Jupiter-Effekt wieder aufleben zu lassen. Und wenn dies nicht geschähe, gut und schön, hatte er uns nicht 1980 erzählt, daß seine Theorie in üblen Ruf gebracht worden war?

KAPITEL 15

Unheimliche Begegnung
der dritten Art

»Unheimliche Begegnung der dritten Art« beginnt mit einem Knall. Zuerst blitzen die Untertitel in einer unheimlichen Stille auf, dann schwillt ein leiser Ton langsam an, wird immer lauter, bis er schließlich explodiert. Ein Symbol für die Explosion, die unser Universum schuf? Die Hoffnung des Produzenten, der Film möge den Zuschauern den Verstand zersprengen?

Man kann noch nicht sagen, ob der junge (30 Jahre alte) Steven Spielberg, der uns schon »Der weiße Hai« bescherte, es wieder geschafft hat, dieses Mal ohne eine einzige nackte Brust und ohne einen einzigen Spritzer Blut. Die blendenden Aufnahmen des Films, die schrille und laute Musik und die annehmbare Darstellung machen es einem schwer zu erkennen, wie schlecht der Film tatsächlich ist, aber das ist natürlich das Geheimnis bei der Herstellung von Knüllern. Douglas Trumbull, der die Spezialeffekte für »2001: Odyssey im Weltraum« schuf, ist in der Tat ein Genie, und es sind seine Beiträge zu »Unheimliche Begegnung der dritten Art«, mit denen für diesen Film geworben wird. Doch leider erstreckt sich unterhalb der visuellen Tricks eine dünne, abgedroschene Handlung, die schon in den Science-Fiction-Heften und in drittklassigen Filmen der 50er Jahre bis zum Erbrechen verarbeitet wurde.

Dies ist leichter zu verstehen, wenn man Spielbergs, von einem Ghostwriter verfaßte Version ›Close Encounters‹ liest, die 1977 von Dell als Taschenbuch gleichzeitig zum Film herausgebracht wurde. Hier auf den nackten Seiten, ohne den mitreißenden Effekt klirrender Töne und aufblitzender Farben, erhält man eine Kostprobe der

Aus ›New York Review of Books‹, 26. Januar 1978

langweiligen Geschichte des Filmes, der klischeehaften Charaktere und der eintönigen Dialoge in ihrer ganzen reinen, klaren, unausgereiften Banalität. Doch sowohl die Erzählung als auch der Film könnten durch einen Umstand zu einem Riesenerfolg werden wie »Krieg der Sterne«. Stärker als jede andere Science-Fiction-Erzählung oder jeder andere -Film reflektieren sie das Ausmaß, in dem die Ufologie eine Pop-Religion geworden ist.

Millionen Amerikaner sehnen sich, ernüchtert von Wissenschaft und Politik, nach der Apokalypse – nach einer mystischen Explosion, die die Probleme der Welt mit einem Schlag lösen und ein neues Zeitalter der Liebe eröffnen wird. Die Protestanten, die ihren evangelischen Glauben noch nicht abgelegt haben oder in der Lage sind, zu ihm zurückzukehren, erwarten zunehmend die Wiederkunft Christi. Billy Graham reitet mehr und mehr auf dem Thema einer hoffnungslos korrupten Welt herum, die sich fest im Griff Satans befindet, aber Gott kann jeden Tag zurückkehren, und er wird es – mit Sicherheit bald – tun. Exzentrische Kulte, die auf dem Nahen des Jüngsten Tages beruhen, haben Hochkonjunktur. Schäbige Bücher wie Hal Lindseys ›Late Great Planet Earth‹ erreichen Millionenauflagen.

Für jene, die an die Wiederkunft oder an die Hoffnung des orthodoxen Judentums auf einen Messias nicht glauben können, gibt es die UFOs. Wenn die Erde von Außerirdischen besucht wird, wenn der Himmel für uns singt, dann müssen die Fremden mit Sicherheit freundlich sein, oder wir hätten mittlerweile das Gegenteil erfahren. Diese kindische Möglichkeit hat die Mär von den fliegenden Untertassen seit dreißig Jahren nicht sterben lassen. Dreißig Jahre! Genau das Alter von Mr. Spielberg.

Unbekannte Dinge sind schon seit jeher am Himmel geschehen, aber die erste Fliegende-Untertassen-»Panik« hat ein genaues Anfangsdatum. Es geschah am 24. Juni 1947. Kenneth Arnold, der mit seinem Privatflugzeug in der Nähe des Mt. Rainier unterwegs war, sah neun scheibenähnliche Objekte, die sich am Firmament bewegten. Ein Angestellter einer Nachrichtenagentur nannte sie »Untertassen«; ein Sturm von neuen Sichtmeldungen folgte, und die Ufologie ward geboren.

Presse und Rundfunk antworteten schnell auf das wachsende öffentliche UFO-Interesse, und wie immer haben Sensationsbücher und Zeitschriftenartikel diese Manie noch zusätzlich angeheizt. Auch einige Vertreter der amerikanischen Regierung und des Militärs nahmen die Untertassen anfänglich ernst, aber nach zwanzig Jahren Nachforschung kam die Air Force am Ende doch zu dem Schluß, daß über unseren Köpfen nichts Außergewöhnliches vor sich geht. Um die Angelegenheit endlich abzuschließen, erhielt Edward U. Condon, ein Physiker von hohem Rang, von der Air Force eine halbe Million Dollar, um den endgültigen »Condon-Report« zu erstellen – ein 1000 Seiten umfassendes Dokument, das in einem Satz zusammengefaßt werden kann. Es gibt kein UFO, das nicht als Jux, Halluzination oder ehrliche Mißidentifikation so natürlicher Objekte wie Meteore, Venus, riesige Ballons, konventionelle Luftfahrzeuge, wiedereintretende Satelliten und atmosphärische Täuschungen erklärt werden kann.

Als der Condon-Report 1968 herauskam, brachte er die Angelegenheit natürlich so wenig zu einem Abschluß, wie der Bericht der Warren-Commission endgültig die Frage beantwortete, wer den Präsidenten ermordet hatte. Und tatsächlich verriß ihn ein führender Okkultismus-Journalist, John G. Fuller, noch vor seiner Veröffentlichung in seinem ›Look‹-Artikel »The Flying Saucer Fiasco«.

Ganz offensichtlich können weder die Air Force noch irgend jemand anderes beweisen, daß uns keine fremden Raumfahrzeuge besuchen. Gibt es eine Zahnfee? Kein Bericht von einem Fall, in dem ein Erwachsener dabei erwischt wird, einem Kind einen Vierteldollar unter das Kopfkissen zu schieben, wird einen unwiderlegbaren, negativen Beweis ergeben. Es wird immer einen kleinen Rest von Fällen geben, in denen die Erwachsenen nicht erwischt werden, und wo das Vorhandensein des Geldes am Morgen ein Geheimnis bleibt. Ganz gleich, von wievielen Beobachtungen sich später zeigt, daß sie natürliche Erklärungen haben, es bleibt immer ein Rest – wie könnte es auch anders sein? – von Fällen übrig, in denen die Informationen für ein Urteil nicht ausreichend sind.

Die Einstellung der wahren UFO-Gläubigen ähnelt auf bemerkenswerte Weise der Einstellung der wahren Spiritismus-Gläubigen zu dessen Blütezeit. Jedesmal, wenn ein Medium entlarvt war, hätte Conan Doyle, der an die tatsächliche Existenz von Feen und auch Geistern glaubte, geseufzt, als wenn er zu einem Kind sprechen würde und darauf hingewiesen, daß einige Medien in der Tat betrügen, aber nicht alle und nicht immer. Es bleibt immer der Rest des Unerklärbaren.

Dr. J. Allen Hynek, Professor für Astronomie an der Northwestern-Universität, ist der Conan Doyle der Ufologie. Er war aufgebrochen, die UFOs zu entlarven, ist jetzt aber fest davon überzeugt, daß hinter der UFO-Panik etwas Paranormales steht – er weiß nur noch nicht, was.

In seinem neuesten Buch ›UFO-Report‹, das 1977 von Dell zusammen mit Spielbergs »Erzählung« herausgegeben wurde, schreibt er:

Ich würde dem Thema UFOs heute keine weitere Minute schenken, wenn ich nicht ernstlich das Gefühl hätte, daß das UFO-Phänomen real ist und daß die Mühen, es zu untersuchen, zu verstehen und schließlich zu lösen, tiefgreifende Auswirkungen haben könnten – vielleicht sind sie sogar das Sprungbrett zu einer Revolution der Einstellung des Menschen zu sich selber und zu seinem Platz im Universum.

Der Titel von Spielbergs Film stammt aus Hyneks 1972 erschienenem Buch ›The UFO Experience‹. Begegnungen der ersten Art sind lediglich Beobachtungen. Begegnungen der zweiten Art sind physische Wechselwirkungen. Begegnungen der dritten Art sind Zusammentreffen mit den Fremden. Spielberg, der schon lange UFO-Enthusiast ist, heuerte Hynek als technischen Berater an. Es versteht sich von selbst, daß Dr. Hynek zum Höhepunkt des Filmes, als es zur Begegnung der dritten Art kommt, persönlich zu sehen ist, wie er zwischen den Zuschauern steht, bedächtig seine Pfeife pafft und sehr unüberrascht aussieht.

›The Hynek UFO Report‹ enthält nichts Substantielles, das Hynek nicht schon viele Male zuvor gesagt hat. Vier Fünftel aller UFO-Meldungen, gibt er fröhlich zu, lassen sich leicht erklären. Aber jener gräßliche Rest! Die Regierung wird erneut beschuldigt, Daten »zurückzuhalten«. Der Condon-Report wird wiederum als riesiger Schwindel bezeichnet, dessen »kalte und klamme« Hand bei der letzten großen UFO-Panik im Herbst 1973 erhoben wurde, als vier Planeten außergewöhnlich hell zu sehen waren, und zwei Fischer aus Pascagoula, Mississippi, die weithin publizierte Behauptung aussprachen, von einer fliegenden Untertasse gekidnapped worden zu sein.

Den UFO-Kult entlarvende Bücher von den besten Wissenschaftlern und Schriftstellern werden als schwache Versuche des »Establishments« abgetan, die Wahrheit unter den Teppich zu kehren. Hynek vergleicht seine Gegner mit jenen, die sich weigerten, durch Galileis Teleskop zu schauen, aus Angst, etwas sehen zu können, was ihr »Glaubenssystem« zerstören könnte.

Den besten Einblick in Hyneks eigenes Glaubenssystem gewinnt man aus einem Interview, das in der Juni-Ausgabe von ›Fate‹ veröffentlicht wurde, einem geschmacklosen, okkultistischen Schundmagazin, das vor dreißig Jahren als erstes Artikel über UFOs als außerirdische Objekte veröffentlichte. Hynek bevorzugte einst die Theorie, daß die UFOs gegenständliche Dinge sind, aber nun neigt er, wie er uns mitteilt, zu der (von Jung vorgeschlagenen) Ansicht, daß es sich um übernatürliche Projektionen handelt. »Vielleicht versteht eine fortgeschrittenere Zivilisation die Wechselwirkung zwischen Geist und Materie... Vielleicht ist es eine naive Vorstellung, daß man etwas Gegenständliches aufbauen muß, es mit Geräuschen und Wucht starten läßt, um riesige Entfernungen zu durchqueren und schließlich hier zu landen... Es gibt andere Existenzebenen – die astrale Ebene, die ätherische Ebene usw.«

»Ich glaube«, fährt er fort, »daß sich die Welt in einer übernatürlichen Revolution befindet, deren sich die meisten von uns nicht bewußt sind. Am wenigsten bewußt darüber sind sich die Wissenschaftler des ›Establishments‹... Die neuen Teile des Puzzles werden uns von der gesamten parapsychologischen Szene geliefert – ESP, Telepathie, die Uri-Geller-Phänomene, übernatürliche Heilung und insbesondere übernatürliche Chirurgie.«

Doch nun wird Hynek von einem scheinbaren Widerspruch beunruhigt. Wenn die UFOs übernatürliche Konstruktionen sind, wie kommt es dann, daß sie gegenständliche Spuren hinterlassen? »UFOs brechen Äste ab, erscheinen auf dem Radarschirm und lassen sich photographieren. Vielleicht sind sie ein Beispiel für Phänomene des Uri-Geller-Typs, bei denen physische Effekte anscheinend ohne physische Ursache auftreten...«

Kommen die Fremden aus Gebieten, die weit hinter Pluto liegen, oder kommen sie aus »parallelen oder verzahnten Welten«? Hynek wünschte, er würde die Antwort kennen.

»Ich begegnete erst kürzlich rein zufällig zwei Fällen von Kontaktpersonen«, berichtete Hynek in ›Fate‹, »in denen die Zeugen
aussagten, zu etwas gezwungen worden zu sein; sie wurden gezwungen, schlafzuwandeln, ihre Betten zu verlassen und zum
wartenden Raumschiff zu gehen. Dort sahen sie die Geschöpfe. Sie
hatten keinen eigenen Willen mehr und litten an sehr schlimmen
Nachwirkungen des Experiments – Ekelgefühlen, Kopfschmerzen
usw. Der moderne Psychiater würde diese Personen als ›gestört‹
bezeichnen. Natürlich sind sie gestört. Aber warum?«

Hyneks Bemerkungen unterstreichen das zentrale Thema von
»Unheimliche Begegnung der dritten Art«. Roy Neary (»near« =
nahe der Großen Wahrheit?), der von Richard Dreyfuss, ebenfalls
Hautpdarsteller in »Der weiße Hai«, gespielt wird, ist Angestellter
einer Elektrizitätsgesellschaft in Muncie, Indiana – der »Durch-
schnittsstadt«, die die Lynds für ihre klassische soziologische Studie
über den durchschnittlichen Amerikaner auswählten. (Zweifellos
haben die Fremden dieses Buch im Kindergarten gelesen.) Als Roy
ausgesandt wird, um einen mysteriösen Stromausfall zu untersuchen,
hat er eine dramatische Begegnung der zweiten Art. Wieder zu
Hause, nimmt ihn die Form eines Berges immer mehr gefangen. Er
sieht ihn zuerst in einem Klacks Rasierschaum, und beim Essen
versucht er, ihn mit Kartoffelbrei nachzubauen, während sich die
Augen seines einen Sohnes mit Tränen füllen. Er glaubt, sein armer
Vater habe nicht mehr alle Tassen im Schrank. Einige Tage später
reißt Neary Büsche aus, um damit einen großen Berg zu verzieren,
den er in seinem Hobbyraum gebaut hat. Seine verzweifelte Ehefrau,
der Prototyp eines starrköpfigen UFO-Skeptikers, packt die Kinder
in ein Auto und verläßt ihn.

Wie der Zufall es so will, sieht Roy eben jenen Berg, den er
modelliert hat, in einer Nachrichtensendung im Fernsehen. Es ist
Devil's Tower, ein steiler Tafelberg in Wyoming. Dort ist es, wie es
scheint, zu einer Zugentgleisung gekommen, und das Gebiet ist
evakuiert worden, weil ein Nervengas die Region verseucht hat. Roy
fühlt sich gezwungen, dorthin zu fahren.

Die junge Witwe Jillian Guiler lebt mit ihrem vierjährigen Sohn
Barry nicht weit von Roy entfernt. Als ein UFO in der Nacht über ihr
Haus fliegt, gehen alle elektrischen Spielzeuge und Geräte im Haus

an und spielen verrückt. (Dies ist, nebenbei gesagt, ein neuer Aspekt in der Ufologie.) Barry, dem der Poltergeist-Spaß Freude bereitet, rennt aus dem Haus. Jill kann ihn schließlich einfangen, aber erst, nachdem beide beinahe von Neary auf dem Highway überfahren worden wären, der mehrere UFOs um eine gefährliche Kurve herum verfolgt.

Einige Nächte später, als die UFOs zurückkehren, ist die Kraft in Jills Haus noch unheimlicher. Sie versucht, die Türen und Fenster zu verriegeln, aber die Kraft zerrt Barry durch den Hundeeingang in der Küche. Dieses Mal haben die Fremden ihn aus nie geklärten Gründen gekidnappt. Nun ist Jill von der Form des Berges besessen. Auch sie sieht ihn in den Nachrichten und kann die Fahrt nach Wyoming nicht verhindern. In der Nähe von Devil's Tower treffen sich Roy und Jill erneut.

Die chemische Katastrophe ist nur der Deckmantel für das Projekt Mayflower. Die Fremden haben über den Computer den Kontakt mit einer internationalen Ufologengruppe aufgenommen, deren Leiter, ein gutaussehender Experte, von dem französischen Filmregisseur Francois Truffaut dargestellt wird. Spielberg hatte hier den in Frankreich geborenen Ufologen Jack Vallee vor Augen, der, zusammen mit Hynek, das 1975 erschienene Buch ›The Edge of Reality‹ verfaßte.

Was zum Teufel geht vor sich? Nun ja, die Fremden wünschen ein Zusammentreffen auf dem Devil's Tower. Fachleute haben auf dem Berg eine Lichtung geschlagen und sie mit Flutlicht, Computern, Filmkameras, fahrbaren Toiletten usw. umstellt. Ein Moog-Synthesizer wird an einen großen Bildschirm angeschlossen, auf dem jeder Ton ein in der Farbe unterschiedliches Dreieck aufleuchten läßt.

Mitarbeiter des Projekts versuchen, Roy und Jill, zusammen mit einer kleinen Gruppe von »Nobodies«, die ebenfalls auf unerklärliche Weise zu diesem Gebiet gezogen wurden, von dort zu vertreiben, aber das Paar entkommt. Mit ungeheuren Anstrengungen können sie sich wieder zur Lichtung durchschlagen und kommen gerade rechtzeitig, um die Lautsprecherdurchsage zu hören: »Nehmen Sie bitte Ihre Plätze ein. Dies ist keine Übung!«

Zum Beweis ihrer Freundlichkeit führen die Fremden eine phantastische Luftshow auf. Als Eröffnung bilden sie am dunklen Himmel

Sterne in Form des Großen Bären. Dann sausen ihre kleinen Schiffe, die anscheinend nur aus farbigen Lichtern bestehen, hier und dort herab, fliegen durcheinander durch und durch den Tafelberg, gerade wie Jonathan Livingston Seagull.

Das Mutterschiff, ein monströses Lichtrad, senkt sich langsam über die Lichtung und hängt dort wie ein riesiger viktorianischer Kronleuchter. Schwinge dich herab, du prächtiger Streitwagen. In der Erzählung erzeugt es ein negatives Schwerkraftfeld, das jedem das Gefühl gibt, 40 Prozent leichter zu sein. Das Mutterschiff ist Spielbergs himmlische Vision, seine ärmliche Nachahmung von Dantes Gottesvision im letzten Canto von Dantes ›Göttlicher Komödie‹. Einige der Anwesenden fallen vor Ehrfurcht tatsächlich auf die Knie.

Auf dem Moog-Synthesizer spielt ein Musiker eine kitschige Fünftonmelodie, die die Fremden den Erdbürgern als eine Art Losung beigebracht haben. Das Mutterschiff bricht in tiefe Orgeltöne aus. Ein Computer tritt in Aktion, und es kommt zu einer idiotischen Jam Session, die Spielberg als »sehr sonderbare Musik« bezeichnet, »– in einem Augenblick melodisch und im nächsten atonal, manchmal knallig, dann ein wenig Country- Western...«.

Pauline Kael nennt dies im ›New Yorker‹ »einen der unvergleichlichen Momente in der Filmgeschichte – geistig beruhigend, magisch und komisch zur gleichen Zeit«. Anscheinend sah sich Mrs. Kael den Film mit großen Augen an, betrachtete ihn als eine unschuldige Phantasie von so »immensem Charme«, daß sie ihn nur mit ›The Wizzard of Oz‹ vergleichen konnte. »Es versucht, uns etwas zu lehren«, sagt ein Techniker in diesem unvergleichlichen Augenblick des Films. »Dies ist der erste Schultag, Leute!«

Wie Dantes, so rollen nun auch Roys Sehnsucht und Wille mit dem göttlichen Rad kosmischer Liebe. Seine Frau und seine Kinder? Wen kümmerts. Truffaut, der Roys Sehnsucht spürt, rekrutiert ihn auf der Stelle, sich einer Gruppe von zwölf Astronauten (die zwölf Jünger?) anzuschließen, die mit Helmen und in roten Overalls darauf warten, an Bord zu gehen.

Das Schiff spuckt eine Gruppe Angehöriger der US-Navy aus. Welche Überraschung! Es ist die Crew der berühmten, vermißten Patrouille von Flug 19, einer Schwadron von fünf Avenger-Bombern, die 1945 im Bermuda-Dreieck verschwanden. Jemand sagt: »Will-

kommen zu Hause, Lieutnant. Hier entlang zur Einsatzbespre-
chung.« Es wäre schwer, diesen Pathos zu überbieten, aber Spielberg
schafft es. »Sie sind nicht einmal gealtert«, ruft ein Zivilist, »Einstein
hatte recht!« Worauf ein Teamleiter antwortet: »Einstein war wahrscheinlich einer von ihnen.«

Und jetzt kommt aus dem Mutterschiff der kleine Barry gewackelt,
dem das Ganze immer noch Spaß macht. Jill rennt nach vorn,
begleitet vom Applaus in diesem Theater.

Langsam erscheinen lange, schmale Geschöpfe. Sie sind kaum zu
erkennen und zeichnen sich als Silhouetten gegen ein blendendes
weißes Licht ab, aber wir können enorme Köpfe ausmachen, lange
Hälse und pfeifenstielartige Arme und Beine von großer Beweglich-
keit. Ihre Kinder folgen ihnen – zwitschernde, liebenswerte kleine
Dinger, die umherschwirren und jeden berühren, »menschliche Leisten, menschliche Gesichter, menschliche Rücken befühlen«. Es ist
ein wahres Gruppentasten. »Wenn die Menschen es nicht wollten,
gingen sie zu jemandem, der es mochte... eine Orgie von Berühren,
Betasten, Fühlen, Streicheln.«

Die dreizehn rotgekleideten Astronauten (denn Roy ist jetzt unter
ihnen) marschieren ernst in das Mutterschiff. Wahrscheinlich werden
sie später zurückgebracht werden, wo immer sie auch hingehen
mögen, vollgestopft mit transzendentaler Weisheit. Das Zeitalter des
Wassermanns ist angebrochen. Jill sieht durch glückliche Tränen
hindurch zu, macht Schnappschüsse mit ihrer Instamatic und ist zu
ausgeflippt, um daran zu denken, daß sie bei Roys Rückkehr wohl
eine alte Frau sein wird und er immer noch zweiunddreißig.

Zum Schluß – eine Nahaufnahme von einem der Fremden. Sein
Gesicht ähnelt einem großen Ballon mit riesigen Puppenaugen. Als
Antwort auf Truffauts nobel verklärtes Antlitz bringt das Gesicht ein
mattes, schiefes Lächeln zustande, bevor er oder sie oder es zum
Mutterschiff zurückkehrt. Der Film endet nicht mit einem Knall,
sondern mit einem albernen Lächeln.

Bevor die tapferen Astronauten an Bord gehen, wird ein behelfs-
mäßiger Gottesdienst abgehalten, bei dem ein Priester »Gott hat
Euch in die Obhut seiner Engel gegeben« anstimmt. Könnte es sein,
daß diese freundlichen Humanoiden die Engel der Bibel sind? Billy
Graham und Father Andrew Greeley werden dies nicht abkaufen,

aber Millionen von Protestanten wird es keine Mühe machen, die veraltete Vorstellung in ihren Gehirnen neben Dämonen und anderen vermodernden Rudimenten der christlichen Mythologie abzulegen.

Und es ist dieses bombastische, quasi-religiöse, nirvanagleiche Finale, das Spielbergs lächerliches Drehbuch wohl davor bewahren wird, die Aktien von Columbia Pictures ins Trudeln zu bringen. Vielleicht aber auch nicht. Vielleicht können genügend gewöhnliche Seelen dort draußen, und sogar in Muncie, den geistigen Schwindel des Ganzen erkennen. Denn es ist nicht Gott, der kommt, die Menschheit zu erretten. Es ist nur eine humanoide Rasse.

»Der Gedanke macht mich an«, verriet Spielberg in ›Newsweek‹, »daß wir, wenn wir sterben, nicht in den Himmel, sondern in den Weltraum kommen, nach Alpha Centauri, und dort bekommen wir eine Laserwaffe und ein Luftkissenauto.« Sagt das nicht alles? Mensch Meier, Leute! Jesus (ein Superhumanoid aus einer anderen Galaxie?) predigte einst (Lukas 10:21): »Ich danke Dir, o Vater, Herr des Himmels und der Erden, daß Du diese Dinge vor den Weisen und Klugen verborgen und sie den Kindlein offenbart hast.« Aus diesem Grund sind die Fremden so interessiert an Barry und so einfachen Leuten wie Neary. Aus diesem Grund werden die weisen Wissenschaftler nicht durch Hyneks übernatürliches Teleskop blicken.

In der Originalversion des Films geht Roy ein Lied aus seiner Kindheit durch den Kopf, kurz bevor er sich an Bord des himmlischen Streitwagens begibt. Sie werden es nicht glauben, aber das Lied stammt aus Walt Disneys ›Pinocchio‹, und seine Strophen zieren noch immer die letzten Seiten der Erzählung.

Wenn du dir wünschst, auf einem Stern zu sein,

Ist es egal, wer du bist.

Alles, was dein Herz begehrt,

Wird in Erfüllung gehen.

Als Roy mit glänzenden Augen wie ein Pfadfinder in das große Geheimnis marschiert, geht ihm eine weitere Strophe durch den Kopf:

Wie ein Blitz aus heiterem Himmel,

Kommt das Schicksal und sieht deinen Wunsch.

Wenn du dir wünschst, auf einem Stern zu sein,
Wird dein Traum in Erfüllung gehen.

Nachdem diese Szene bei einer Probeaufführung in Texas verächtliches Schnauben hervorgerufen hatte, war Spielberg klug genug zu erkennen, daß der Effekt ungefähr der gleiche war, als wenn Roy die Verse von »On the Good Ship Lollipop« von sich gegeben hätte. Ich wette einen Dime, daß sogar Dr. Hynek froh war, Pinocchio gehen zu sehen.

Das Übriggebliebene ist nicht viel besser. Es ist heutzutage modern, Spielberg als ein ungeheuer begabtes, aber unschuldiges Wunderkind mit großen verwunderten Augen zu beschreiben, das in der Ozzy-Welt der modernen Technologie und der Leinwand verloren ist. Es wird interessant sein, schloß ›Newsweek‹, ihn erwachsen werden zu sehen. Ja. Und je mehr er wächst, um so unwahrscheinlicher wird es, daß er einen weiteren Knüller fabriziert.

Nachwort

In seiner Ausgabe vom 23. März 1978 veröffentlichte der ›NYR‹ folgenden Brief von Budd Hopkins:

Die Meister des rhetorischen Kahlschlags müssen nicht nur wissen, wo sie ihre Haubitzen zu plazieren haben, sondern, was noch wichtiger ist, wie sie ihre Feinde weithin sichtbar als Marionetten an die Kette legen. In seinem Artikel »The Third Coming« vom 26. Januar führt uns Martin Gardner eine nahtlose Demonstration dieser Fähigkeit vor. Er mag den Film »Unheimliche Begegnung der dritten Art« nicht und benutzt ihn zur Attacke gegen das kürzlich erschienene Buch ›The Hynek UFO Report‹, einem von drei Punkten, die in seinem Artikel besprochen werden sollen. Der Autor Dr. J. Allen Hynek wird einfach vorgestellt als »Professor für Astronomie an der Northwestern-Universität... Er war aufgebrochen, die UFOs zu entlarven, ist jetzt aber fest davon überzeugt, daß hinter der UFO-Panik etwas Paranormales steht – er weiß nur noch nicht, was.« Dann feuert Gardner seine Haubitzen ab, ein informelles, wenig überzeugendes Zeitschrifteninterview mit Hynek, das woanders veröffentlicht wurde, ist dabei Ziel seiner Attacke. Gardner präsentiert ebenfalls als Beweis für die Torheit des UFO-Phänomens diese Information: »... nach zwanzig Jahren Nachforschung kam die Air Force am Ende zu dem

Ergebnis, daß über unseren Köpfen nichts Außergewöhnliches vor sich geht.«

Es hätte den unschuldigen Leser wahrscheinlich interessiert, daß eben jener Prof. Hynek zwanzig Jahre lang der wissenschaftliche Berater der Air Force in Sachen UFOs war, daß er einen Teil dieser Jahre als führender offizieller Entlarver verbrachte – man erinnere sich an »Sumpfgas«, eine seiner weniger genialen Erklärungen? – und daß er das UFO-Phänomen eben wegen genau der zwingenden Beweise, die er bei seiner zwanzigjährigen Forschung bei der Air Force zusammengetragen hat, heute sehr ernst nimmt.

Weiterhin hätte Gardner uns etwas über das Thema des von ihm besprochenen Buches sagen können. ›The Hynek UFO Report‹ ist eine Studie und statistische Analyse der Air Force eigenen Akten über UFOs, ein Überblick über die 13 134 Berichte, die in den zwanzig Jahren zusammengetragen wurden, als Hynek dort als Berater diente. Als solches ist das Buch ein von einem Mitarbeiter verfaßtes, eng auf ein Thema konzentriertes und wichtiges Dokument. Das Verschweigen des eigentlichen Themas des kritisierten Buches und das Nichterwähnen der einzigartigen Referenzen und der Ausgangsposition des Autors sind schlimm genug, aber es ist absurd, wie Gardner einen Film, den er nicht mag, dazu benutzt, etwas so Komplexes und Vielschichtiges wie das UFO-Phänomen zu attackieren. Es ist in etwa so, als ob man die Banalität von Stanley Kramers ›The Defiant Ones‹ dazu benutzen würde, die Bürgerrechtsbewegung der Südstaaten in Mißkredit zu bringen oder Méliès' Filme und H. G. Wells Fiktionen antreten ließ, um die komplizierten Projekte der NASA zu besprechen.

Fehlinformation und rhetorische Fingerfertigkeit sind in Gardners Besprechung im Überfluß vorhanden: »(der) Condon-Report... (der) in einem Satz zusammengefaßt werden kann. Es gibt kein UFO, das nicht als Jux, Halluzination oder ehrliche Mißidentifikation...« Tatsache ist, daß aber 25 Prozent der von Condons Wissenschaftlern untersuchten UFO-Meldungen nicht identifiziert werden konnten. Die Schlußfolgerungen zu dem einzelnen Fall sind, wenn man sie nacheinander genau betrachtet, besonders enthüllend, wie in folgendem Beispiel: »Obwohl konventionelle oder natürliche Erklärungen nicht ausgeschlossen werden können, scheint deren Wahrscheinlichkeit in diesem Fall gering und die Wahrscheinlichkeit, daß wenigstens ein echtes UFO eine Rolle spielt, ziemlich hoch zu sein.« Und wieder: »Es scheint, als ob diese Beobachtung sich allen konventionellen Erklärungen widersetzt!« Und eine hervorragende sophistische »Lösung«: »Diese ungewöhnliche Beobachtung sollte darum der Kategorie

216

eines fast sicheren natürlichen Phänomens zugeordnet werden, das so selten ist, daß es anscheinend noch niemals zuvor oder nicht mehr danach gemeldet wurde« – mit anderen Worten, ich mag die Implikationen dieser Meldung nicht, und so erfinde ich ein »natürliches« anstelle eines beunruhigenden, möglichen »unnatürlichen« Wunders.

Gardners Artikel vermittelt auch den Eindruck eines Konsensus unter den Wissenschaftlern, daß das UFO-Phänomen unter ihrer Würde ist, aber auch dieser Konsensus ist eine rhetorische Erfindung. Vor kurzem erhielten die 2611 Mitglieder der American Astronomical Society einen Fragebogen zum UFO-Thema. Über die Hälfte antworteten; 53 Prozent meinten, das UFO-Phänomen verdiene »wahrscheinlich« oder »bestimmt« wissenschaftliche Nachforschungen. (17 Prozent sagten »wahrscheinlich nicht«, und lediglich 3 Prozent sagten »bestimmt nicht«.)

Gardners Angriff beinhaltet den Versuch, das UFO-Phänomen mit allem, angefangen von der christlichen Theologie bis hin zur Zahnfee, in Verbindung zu bringen, das Problem aber ist, daß die Astronauten Slayton, Cooper und McDivitt Beobachtungen von UFOs und nicht von der Zahnfee gemeldet haben. Präsident Carter hat, soviel ich weiß, niemals behauptet, einen Engel gesehen zu haben, obwohl er während seiner Amtszeit als Gouverneur von Georgia eine Akte über UFO-Meldungen anlegen ließ. Meines Wissens nach ist noch keine umfassende wissenschaftliche Untersuchung zur Erforschung von Elfen oder Geistern durchgeführt worden, und die oben erwähnten mehreren Hundert Astronomen würden auch nicht vorschlagen, daß eine solche Untersuchung »wahrscheinlich« oder »bestimmt« durchgeführt werden sollte. Mr. Gardner findet es bequem, Spielbergs Film und nicht die von Hynek präsentierten Air-Force-Daten als Darstellung des UFO-Problems zu betrachten. Er hätte den Film schwänzen und das Buch lesen sollen.

Budd Hopkins

Ich antwortete darauf:

Budd Hopkins eklatantestes Stück verbaler Verwirrung ist genau das, was ich in meiner Buchbesprechung zu klären versuchte. Die Aussage, daß ein Objekt am Himmel »nicht identifiziert« wurde, ist eine Sache, dieses Objekt aber ein außerirdisches Raumfahrzeug zu nennen, ist eine ganz andere Sache. UFO-Fans weisen immer darauf hin, daß Astronauten UFOs gemeldet haben. Das klingt beeindruckend, bis einem klar wird, daß es lediglich bedeutet, daß sie die Beobachtung von etwas gemeldet haben, das sie nicht identifizieren konnten. In diesem Sinne hat eigentlich fast jeder, einschließlich Jimmy Carter, UFOs gesehen. Auch ich habe, im Alter von ungefähr zehn Jahren, ein schreckliches gesehen, als ich in einer

Sommernacht in Oklahoma wach lag und aus dem Fenster blickte. Meine Vermutung ist, daß ich einen Feuerball sah (er teilte sich in zwei Hälften, von denen jede weiter durch den Himmel zog), aber wie kann ich mir dessen sicher sein? Hinter Hopkins' Einwand gegen meine Zusammenfassung des Condon-Reports steht sein Versuch, den Unterschied zwischen »nicht identifiziert« und »außerirdisches Raumfahrzeug« in den Hintergrund zu drängen. Ich habe nicht gesagt, daß der Report behauptet, alle Daten seien erklärt worden. Ich habe mir beträchtliche Mühe gegeben, Gründe dafür anzugeben, warum es in der Natur des Falles liegt, daß es viele Beobachtungen gibt, bei denen die Informationen für eine hundertprozentig genaue Erklärung nicht ausreichen. Doch daraus folgt so wenig, daß diese UFOs fremde Raumfahrzeuge sind, wie aus einem nicht identifizierten Geräusch in einem Radioteleskop folgt, daß die Fremden uns ein Signal geben wollen.

Meine Behauptung, daß unter den Wissenschaftlern der Konsensus besteht, daß UFOs keine fremden Raumschiffe sind, wird von den Astronomen, die auf den von Hopkins angeführten Fragebogen antworteten, der Lüge gestraft. Eine Kritik dieser Umfrage von Philip Klass und John Robinson findet sich in der Herbst/Winter-Ausgabe 1977 von ›Zetetic‹, zusammen mit Antworten von P. A. Sturrock, dem Ufologen, der die Umfrage erstellte. Von denen, die sich die Mühe machten, das Multiple-Choice-Quiz zu beantworten, meinten 23 Prozent, »das UFO-Problem verdient bestimmt wissenschaftliche Nachforschungen«, 30 Prozent entschieden sich für »wahrscheinlich«, 17 Prozent für »wahrscheinlich nicht«, und 3 Prozent kreuzten »bestimmt nicht« an.

Hätte ich mich an diesem Quiz beteiligt, hätte ich ohne Zögern »bestimmt« angekreuzt. Niemand bezweifelt, daß es ein »UFO-Problem« gibt. Ich glaube, daß es wie alle langanhaltenden Glaubensmanien einer ernsthaften Untersuchung durch Psychologen und Soziologen bedarf. Hopkins fügt nicht hinzu, daß ein anderer Teil des gleichen Fragebogens den Astronomen die Wahl zwischen acht Erklärungen für UFOs anbot. Neunzig Prozent meinten, sie hätten eine »nüchterne/irdische« Erklärung, 7 Prozent wählten »einen Grund, der nicht genau bestimmt werden kann«, und 3 Prozent entschieden sich für die außerirdische Technologiehypothese. Und siehe da. 3 Prozent waren wahre Gläubige wie Dr. Hynek, und 3 Prozent meinten, es wäre reine Zeitverschwendung, die UFO-Meldungen zu untersuchen.

Hopkins' Ausnutzung dieser Umfrage zur Erzielung des Eindrucks, daß 53 Prozent der amerikanischen Astronomen Dr. Hyneks wirre Anschauungen teilen, ist ein gediegenes Beispiel dafür, wie die Ergebnisse der Umfrage

218

von den Gläubigen verdreht wurden, ein Umstand, über den sich Sturrock selbst in seiner Antwort an die Kritiker beschwerte.

Martin Gardner

Während ich dies tippe, ist »Unheimliche Begegnung der dritten Art« erneut in die Kinos gekommen. Spielberg hat fünfzehn Minuten weggenommen und zwanzig Minuten an alten Herausschnitten hinzugefügt, hauptsächlich, um Szenen im Innern des Mutterschiffs vorzuführen und eine weitere Folge anzudeuten. Ich habe die geänderte Version noch nicht gesehen.

Ich habe Hynek zusammen mit Edgar Mitchell, Betty Hill, George Barski und Robert Jastrow am 30. Dezember 1977 als Gäste der Stanley-Seigel-Show im Fernsehen gesehen. Mitchell sagte, er halte es für »wahrscheinlich«, daß die UFOs hier sein »könnten«, um der Menschheit zu helfen. Hynek war noch vorsichtiger. Er gab zu, daß »Unheimliche Begegnung der dritten Art« überdramatisch war, aber er pries Spielbergs Kenntnisse in der Ufologie und behauptete, daß alles im Film Gezeigte auf tatsächlichen Berichten beruhe.

Betty Hill, deren Begegnung (zusammen mit ihrem inzwischen verstorbenen Mann) die Grundlage für John G. Fullers Buch war, erzählte ihre haarsträubende Geschichte zum x-ten Male. Sie zeigte den modellierten Kopf eines der Geschöpfe, die sie »an Bord des UFOs geschleppt« hatten und behauptete, daß der Puppenkopf im Film darauf basiere. Einer der Fremden sprach zu ihr in Englisch, und sie hat ein zerrissenes Kleid als Beweis dafür, daß sie mit ihnen kämpfte. Man sah sowohl Mitchell als auch Hynek an, daß ihnen unbehaglich zumute war, als sie ihre Geschichte herunterrasselte, obwohl keiner von beiden eine einzige kritische Bemerkung machte.

Barski, ein älterer Gentleman und Inhaber eines Spirituosengeschäftes, erzählte die Geschichte seiner Begegnung der zweiten Art. Er beobachtete lediglich aus seinem Auto, wie zehn oder mehr Geschöpfe aus einem zylinderförmigen UFO mit einer Schaufel Erdproben nahmen. Sie waren ca. einen Meter groß und sahen, wie er sagte, wie Kinder in Overalls aus.

Jastrow wies darauf hin, daß intelligente Wesen, wenn sie irgendwo anders im Universum existieren, uns wahrscheinlich Millionen von Jahren voraus sind, und daß es darum höchst unwahrscheinlich ist, daß sie Kindern in Overalls ähneln sollten. Der Ärger mit all diesen Geschichten von Kontaktpersonen ist, bemerkte er vernünftigerweise, daß die Kreaturen niemals in einer fortschrittlichen Lebewesen entsprechenden Weise reden oder handeln. Ich würde sagen, ihr Reden und Handeln entspricht genau der Vorstellung, die einfältige Menschen von Wesen aus einer anderen Welt haben.

Die Freundschaft zwischen Hynek und Vallee kühlte 1979 plötzlich ab, aber lassen Sie mich zuerst zurückgreifen und Vallees sonderbare Karriere zusammenfassen. Seine beiden ersten Bücher über das Thema Ufologie

›Anatomy of a Phenomenon‹ (Regnery, 1965) und ›Challenge to Science‹ (Regnery, 1966) tendierten zu der damals unter UFO-Fans vorherrschenden Anschauung, daß UFOs fremde Raumschiffe seien. Die Einführung zum zweiten Buch, das Vallee zusammen mit seiner Frau Janine schrieb, stammt von Hynek.

Vallee wurde 1967 US-Bürger und lebt jetzt in der Nähe von San Francisco, wo er die Infomedia Corporation leitet. Er besitzt einen französischen Universitätsabschluß in Astrophysik und einen Doktortitel in Computer-Wissenschaften von der Northwestern-Universität.

1969 brachte Regnery Vallees drittes Buch ›Passport to Magonia‹ heraus. Es markiert seine erste große Wende im geistigen Bereich. UFOs, behauptet er, sind wahrscheinlich *keine* gegenständlichen Raumfahrzeuge. Es ist eher wahrscheinlich, daß sie paranormale Phänomene sind, wie Jung annahm. Vallee vergleicht sie explizit mit den Feen, die jedermann in den Tagen Conan Doyles zu sehen schien.

Vallees nächstes Buch, ›The Invisible College‹ (Dutton, 1975), stellt sein Konzept eines »Kontrollsystems« vor. UFOs sind Mythen, die von unbekannten paranormalen Kräften geschaffen werden. Der Titel des Buches bezieht sich auf ein im Untergrund arbeitendes Netz von Leuten, die unter Vallees Leitung die UFOs ernsthaft untersuchen. Die gleiche paranormale Hypothese bestimmt ›The Edge of Reality‹ (Regnery, 1975), das Vallee in Zusammenarbeit mit Hynek verfaßte. »Es existiert ein gegenständliches Objekt«, sagte Vallee in einem Interview, das in ›Fate‹ (Februar 1978) veröffentlicht wurde. »Es mag eine fliegende Untertasse, eine Projektion oder etwas ganz anderes ein.« Was immer es auch sein mag, es »hat die Fähigkeit, eine Beeinträchtigung des Realitätssinns zu erzeugen oder reale Sinneseindrücke durch künstliche zu ersetzen... Eine unbekannte Art der Täuschung mag ebenfalls eine Rolle spielen.«

Täuschung! Dieser kühne Gedanke kommt in Vallees neuestem Buch ›Messengers of Deception‹ (And/Or Press, 1979) zur vollen Blüte. In diesem dümmlichen, paranoiden Werk stellt Vallee die Hypothese auf, UFOs seien das Ergebnis vorsätzlicher menschlicher Täuschungen durch hohe Regierungsvertreter, vielleicht sogar ein Gemeinschaftswerk der bedeutendsten Regierungen der Welt, ähnlich den Täuschungen, die sie im Zweiten Weltkrieg gegen Hitler benutzten. Der Zweck der Verschwörung ist es, überall auf der Welt Irrationalismus zu verbreiten, einen Irrationalismus, der die Humanität zu Fall bringt und zu einem neuen finsteren Mittelalter führen könnte. Die UFOs kommen nicht aus dem Weltraum. Sie werden hier auf der Erde von einer fortgeschrittenen »Psychotronischen Technologie« geschaffen. Sie sind real und können alle Arten physischer Dinge tun, wie z. B. Vieh verstümmeln. Was genau ist ein UFO? »Ich weiß nicht, was es ist«, sagte Vallee zu Christopher Evans in einem ›Omni‹-Interview (Januar 1980). »Es scheint eine Menge elektromagnetischer Energie in Form von Mikrowellen auf engem Raum und ein intensives farbiges Licht zu sein.«

Hynek kauft ihm diese irdische Verschwörungstheorie nicht ab. Er ist besonders über Vallees Andeutung erbost, daß Vertreter des Großen Komplotts zahlreiche UFO-Organisationen und -Kulte, einschließlich seinem eigenen Center für UFO Studies unterwandert haben! Das war etwas zu viel für ihn. Hynek verriß die Verschwörungstheorie in seinem Artikel »Messengers of Deception, Or Who's Manipulating Whom?« in ›Second Look‹ (Mai 1979).

Hynek sagt, auch er wisse nicht, was UFOs sind. In seinem Vortrag mit dem Titel »What I Really Believe About UFOs« (›Proceedings of the First International UFO Congress‹, zusammengestellt und herausgegeben von Curtis G. Fuller, Warner Paperback, 1980) behauptet Hynek im wesentlichen folgendes: Es gibt starke Beweise, daß UFOs gegenständliche Raumschiffe sind, die von außerirdischen Intelligenzen gesteuert werden, und es gibt genausostarke Beweise dafür, daß sie übernatürliche Phänomene sind, die von außerdimensionalen Intelligenzen in einer parallelen Realität gesteuert werden. Hynek schlägt eine dritte Möglichkeit vor: sie sind sowohl gegenständlich als auch übersinnlich, sowohl materiell als auch geistig.

Hynek sagt, er »unterstütze« keine dieser Theorien. Sie wurden 1977 auf dem Kongreß, auf dem Hynek sprach, heiß debattiert, ein Kongreß, für den dieses großartige »wissenschaftliche Journal«, ›Fate‹, die Schirmherrschaft übernommen hatte. Die Protokolle dieser Veranstaltung sind, wenn man nicht gerade ein UFO-Gläubiger ist, lustiger als ein Buch von Velikovsky. Hynek wollte keinen seiner Zuhörer kränken, aber er ließ keine Zweifel an seiner Überzeugung, daß die UFOs ein tiefes Geheimnis für die Wissenschaft repräsentieren, und daß wir uns in einer Lage befinden, die der Galileis ähnelt, als dieser versuchte, die Sonnenflecken zu ergründen. Wir stehen auf der Schwelle zu einem großen wissenschaftlichen Durchbruch, obwohl Hynek nicht weiß, wie dieser aussehen wird. Die Menschen künftiger Jahrhunderte werden, so behauptet er, auf uns zurückblicken und sagen: »Sie waren wirklich dumm in jenen Tagen. Sie wußten nicht einmal, was UFOs waren.« Doyle fühlte genau das gleiche hinsichtlich seiner Geister und Feen, aber anstatt daß die Leute nun zurückblicken und sagen, wie dumm die Skeptiker doch waren – sie verstanden Feen und Ektoplasma nicht einmal –, blicken sie zurück und wundern sich, wie dumm Doyle war.

Was die dummen Skeptiker wie Carl Sagan, Phil Klass und mich selbst betrifft, die in der UFO-Manie lediglich ein sozial-psychologisches Phänomen sehen, wir sind die, wie Vallee es ausdrückt, »nützlichen Idioten«, die von den diabolischen Regierungen und militärischen Kräften (welche es auch sein mögen) manipuliert werden, die hinter der großen UFO-Täuschung stehen. Glaubt Vallee wirklich an all dies? Ich wünschte, ich könnte nein sagen und ihn einen interessanten Scharlatan nennen, aber ich fürchte, die Antwort lautet ja.[1]

Bei Charles Berlitz bin ich mir nicht ganz so sicher. Mit ›Das Bermuda-Dreieck‹ machte er zum ersten Male eine Menge Geld, und er versucht es nun wieder mit dem Buch ›The Roswell Incident‹ (Grosset & Dunlap, 1980), in dem er und sein Co-Autor uns alles über die 1947 nahe Roswell in Neu-Mexiko abgestürzte fliegende Untertasse erzählen. Die Air Force bleibt bei ihrer Aussage, daß es sich lediglich um einen mit Instrumenten bestückten Wetterballon gehandelt habe, aber Berlitz weiß es besser. Es ist ein Raumfahrzeug aus dem Weltall gewesen, und der CIA versteckt die Wrackteile und die Leichen der Außerirdischen in einem geheimen Lager in Virginia. Ja, Virginia, die Fremden sind genau dort, und wir »sitzen am Rande der größten Neuigkeit des zwanzigsten Jahrhunderts...«

›Discover‹ bemerkt (in der Buchbesprechung des neuesten ufologischen Stusses im Oktober 1980): »Jedermann, der glaubt, daß ein solches Geheimnis sechs verschiedene Regierungen hindurch in einer geschwätzigen Stadt wie Washington geheimgehalten werden konnte, verdient Charles Berlitz.«

Anmerkung

1. Ein eingeschränktes Ja. Im Vorwort zur Bantam-Taschenbuchausgabe von ›Messengers of Deception‹ enthüllt Vallee, daß der von ihm so oft angeführte Major Murphy eine fiktive Gestalt ist. »Ich habe ihn erfunden, weil ich fühlte, daß die Notwendigkeit bestand, eine kontroverse und neuartige Perspektive über das gesamte UFO-Problem einzuführen.«

KAPITEL 16

Vier Bücher
über die Katastrophentheorie

»Alle Dinge«, sagte Charles Pierce, »schwimmen in einem Kontinuum.« Bei welcher Wellenlänge wird Blau zu Grün? Wann wird aus einem Kind ein Erwachsener? Leben Viren? Denken Kühe? Es ist auch offensichtlich, daß es diskrete »Dinge« gibt, die in diesem Spektrum schwimmen und manchmal von einem Teil eines Spektrums in ein anderes springen. Der Tag wird langsam zur Nacht, aber ein Lichtschalter schafft augenblicklich Dunkelheit. Man kann sich vorstellen, daß ein Flußpferd über nicht wahrnehmbare Veränderungsstufen zu einem Veilchen wird, aber wer, wie Charles Fort einmal fragte, würde einer Dame einen Flußpferdstrauß schicken?

Die abstrakte Welt der reinen Mathematik zeigt die gleiche verrückte Mischung aus Kontinuum und Diskretheit. Die ganzen Zahlen erhöhen sich durch Sprünge, die reellen Zahlen aber bilden ein Kontinuum, das so dicht ist, daß die Frage nach der einer ganzen Zahl folgenden reellen Zahl sinnlos ist. Zwischen 2 und 2,000...1, wobei die Punkte, sagen wir, eine Million Nullen repräsentieren, gibt es ein unzählbare, unendliche Menge weiterer reeller Zahlen. Stetige Funktionen lassen sich oft als Kurven mit wohldefinierten Maxima und Minima und mit Singularitäten, die spitzer als die Spitze eines Speeres sein können, graphisch darstellen.

Die Stetigkeit und Nichtstetigkeit in der Mathematik stimmt, aus Gründen, die die Philosophen beschäftigen, mit unglaublicher Genauigkeit mit der realen Welt überein. Man addiere zwei Katzen und zwei Katzen. Siehe da, man bekommt vier Katzen. Wendet man die Infinitesimalrechnung auf die ruhige Bewegung von Erde, Sonne und

Aus ›New York Review of Books‹, 15. Juni 1978

Mond an, kann der abrupte Beginn einer Sonnen- oder Mondfinsternis mit phantastischer Genauigkeit vorausgesagt werden.

Die Annahme, die Infinitesimalrechnung befasse sich nur mit glatten, reibungslos verlaufenden Vorgängen, ist ein naiver Irrtum. Wie die reale Welt, so ist auch sie von Abgerissenheiten und Plötzlichkeiten durchlöchert. Man werfe einen Ball. Auf dem Gipfel seiner Flugbahn tritt er in eine Singularität ein, in der er den abrupten Wechsel von einer Verhaltensweise (Steigen) zu einer anderen (Fallen) vollzieht. In der Sprache der Infinitesimalrechnung nähert sich die Ableitung, die den Grad seiner vertikalen Veränderung mißt, dem Wert Null. Kompliziertere Geschehen mögen viele Variablen enthalten, von denen jede einzelne sich langsam und unmerklich ändert, und doch wird das System einen kritischen Punkt erreichen, in dem es plötzlich von einem Zustand in einen anderen überspringt. Jahrhundertelang haben die Mathematiker solche Singularitäten mit Hilfe der Infinitesimalrechnung berechnet, aber erst Mitte der 60er Jahre kam René Thom, ein anerkannter Topologe am Institut des Hautes Études Scientifiques in der Nähe von Paris zu einer neuen aufsehenerregenden Theorie.

Thom nannte seine Diskontinuitäten »Katastrophen«. Seine Arbeit auf diesem Gebiet und die Arbeit seiner Nachfolger wurde schnell als »Katastrophentheorie« (engl. catastrophe theory) oder kurz CT bekannt.

Thoms fundamentale Entdeckung war, daß es unter bestimmten, genau definierten Bedingungen, nur sieben Typen elementarer Katastrophen gibt. Jede enthält nicht mehr als vier Variablen und kann in einem von den Physikern sogenannten ›Phasenraum‹ (in der CT ist es ein »Verhaltensraum«) von vier bis sechs Dimensionen dargestellt werden. In diesen abstrakten Räumen wird die Veränderung in einem System durch die Bahn eines einzigen Punktes graphisch dargestellt, der sich über eine glatte »Verhaltens-Oberfläche« bewegt. Die Katastrophe tritt ein, wenn der Punkt durch die Struktur gezwungen wird, von einer Fläche der Oberfläche zu einer anderen zu springen.

Thoms sieben Typen sind topologisch definiert, was bedeutet, daß die tatsächliche Größe jeder Variablen irrelevant ist. Die Topologie ist ein Zweig der Geometrie, der sich mit den Eigenschaften beschäf-

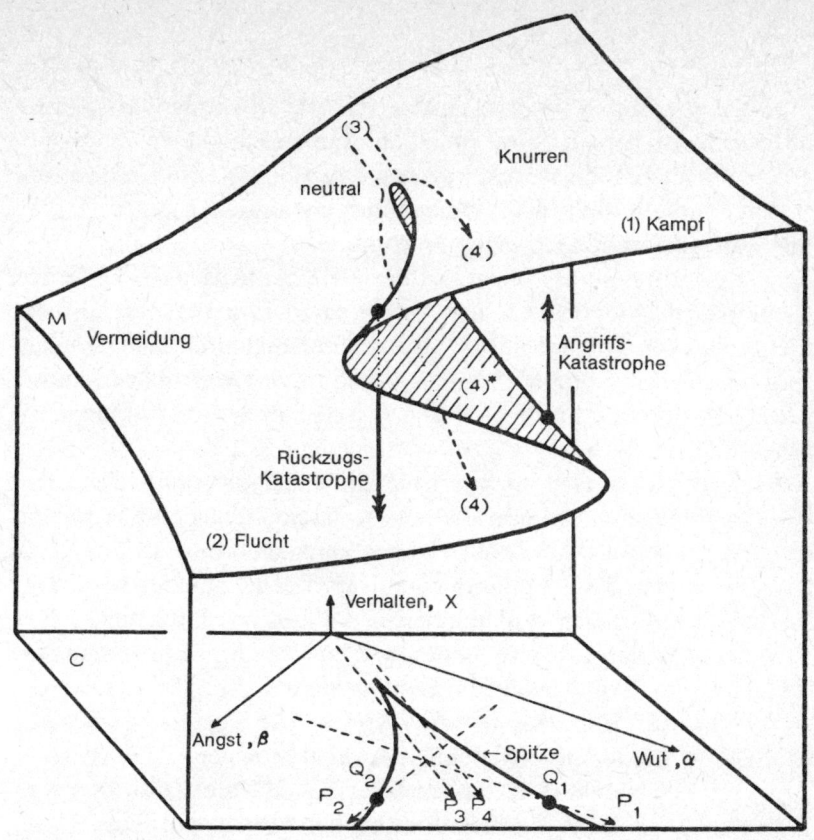

Zeemans Spitzen-Katastrophen-Modell eines provozierten Hundes. Die Falte in der Verhaltensfläche M wird als Spitze auf die Kontrollfläche C übertragen, wo die horizontale Achse Wut gegen Angst und die vertikale Achse den Wechsel von neutralem Verhalten zu Angriff oder Flucht repräsentiert. Wenn der Hund provoziert wird, wird sein Verhalten durch einen Punkt dargestellt, der über die Verhaltensfläche wandert. Sein Pfad wird als Trajektorie auf die untere Kontrollfläche übertragen.

Der Punkt startet bei 3. Da der Hund immer stärker provoziert wird, wird der Punkt wahrscheinlich die Kampffläche rechts oder die Fluchtfläche links betreten. Unter bestimmten Bedingungen aber, wenn Angst und Wut eher gleich stark sind, kreuzt der Punkt den Rand der Falte, wo er gezwungen wird, plötzlich entweder nach unten zum Fliehen óder nach oben zum Kämpfen zu springen. Auf der unteren Fläche stellen sich diese Trajektorien als Pfade P1 und P2 dar. Die Punkte Q1 und Q2, in denen eine Trajektorie die Spitze schneidet, sind die Katastrophenpunkte, in denen sich das Verhalten des Hundes plötzlich ändert.

tigt, die unverändert bleiben, ganz gleich, wie eine Figur auf kontinuierliche Weise verzerrt wird. Man denke an eine auf einen Gummibogen gezeichnete Figur. Auch wenn man den Bogen auseinanderzieht, zusammenpreßt oder biegt, bleiben die topologischen Eigenschaften der Figur unverändert: wenn z. B. Punkte auf einer Linie mit 1, 2, 3, 4, ... beschriftet sind, können sie diese Reihenfolge nicht verlieren. Es gibt keine Möglichkeit, den Bogen so zu verzerren, daß 3 nicht mehr zwischen 2 und 4 liegt. Die sieben elementaren Katastrophen sind wie Karten ohne Maßstab, die auf einen Gummibogen aufgezeichnet wurden. Auf ihre Art sind sie so schön wie die fünf Platonischen Körper.

Ein geworfener Ball illustriert die einfachste der sieben Katastrophen. Thom nannte sie eine »Falten«-Katastrophe, da man sie auf ein gewöhnliches Stück Papier aufzeichnen kann, das entlang einer Geraden, die durch die Singularität der Kurve geht, gefaltet wird. Das Verhalten des Balles wird durch einen Punkt veranschaulicht, der sich entlang dieser Kurve bewegt. Wenn er die Falte schneidet, springt er vom Aufsteigen zum Herunterfallen über.

Die nächste Katastrophe, die »Spitze« ist weniger trivial. Ihr Modell ist dreidimensional: eine zweidimensionale Fläche ist so in den dreidimensionalen Raum eingebettet, daß die Falte als spitze Kurve auf der Karte erscheint, wenn das Modell auf eine Ebene projiziert wird. (Ein bekanntes Beispiel für eine Spitze ist die helle, wie die Spitze eines Herzens geformte Linie, die man manchmal bei besonders schrägem Lichteinfall auf der Oberfläche einer Tasse Kaffee beobachten kann. In der Zeichnung unten wird die Spitze auf dem Boden des Diagramms dargestellt.) Das Modell für die »Schwalbenschwanz«-Katastrophe ist vierdimensional. Die »Schmetterlings«-, die »hyperbolische Nabel«- und die »elliptische Nabel«-Katastrophe sind fünfdimensional. Die »parabolische Nabel«-Katastrophe erfordert sechs Dimensionen. Es gibt unendlich viele Katastrophen in höheren Dimensionen, aber alle mit vier oder weniger Variablen sind zu einer dieser sieben topologisch äquivalent.

Thom diskutiert seine Arbeit und deren biologische Tragweite in dem bemerkenswerten Buch ›Structural Stability and Morphogenesis‹, das 1972 (von W. A. Benjamin, Reading, Mass.) auf Französisch veröffentlicht wurde. Das Vorwort stammt von dem verstorbenen

C. H. Waddington, dem britischen Genetiker, der als erster der bedeutenden Wissenschaftler die CT mit Begeisterung begrüßte. E. Christopher Zeeman, der Leiter des Mathematischen Instituts der Universität von Warwick war ein weiterer britischer Freund Thoms, der sich begeistern ließ. Etwas jünger als Thom, hatte auch er sich auf Topologie spezialisiert; seine Doktorarbeit hatte er über Knotentheorie geschrieben. In nur wenigen Jahren, aber nach vielen Veröffentlichungen und Vorlesungen über die CT wurde Zeeman der führende Sprecher der Theorie. 1977 veröffentlichte Addison-Wesley sein Buch ›Catastrophe Theory: Selected Papers 1972–1977‹.

Und jetzt geschah etwas Merkwürdiges in der Geschichte der modernen Mathematik. Das Ereignis kann – Zeeman selbst tat es einmal in aufgelegter Stimmung – als Katastrophe dargestellt werden. Was im Normalfall eine unbedeutende fachliche Entdeckung in der Topologie gewesen wäre, wurde jäh zu einem missionierenden Kult.

Alles begann 1975 in England mit einem wahren Publicityrummel. Die BBC-Fernsehsendung ›Horizon‹ bejubelte die CT als großen wissenschaftlichen Durchbruch. ›New Scientist‹, eine populäre wöchentliche Zeitschrift, zeigte auf der Titelseite eine bildliche Darstellung der Theorie, die, wie Alexander Woodcock und Monte Davis in ihrem Buch ›Catastrophe Theory‹ (Dutton, 1978) schreiben, den Anzeigen für einen aus Hollywood stammenden Katastrophen-Film ähnelte. In den Vereinigten Staaten bekam die Theorie ihren ersten großen Auftrieb durch einen zweiseitigen ›Newsweek‹-Artikel von Charles Panati, dem Journalisten des Paranormalen, der uns jene große wissenschaftliche Anthologie ›The Geller Papers‹ bescherte. Panati betonte die Anwendungsmöglichkeiten der CT auf das menschliche Verhalten, zitierte Zeemans klangvolle Erklärung: »Die Katastrophentheorie ist ein wesentlicher Schritt hin zu dem Ziel, die ungenaue Wissenschaft genau zu machen«, und verkündete, daß die CT die wichtigste Entwicklung in der Mathematik seit der Infinitesimalrechnung sei. Zeemans ›Scientific American‹-Artikel über die Katastrophentheorie vom April 1976 trug noch mehr zum Ansehen der Bewegung bei.

Wie ich es sehe, liegen dieser außergewöhnlichen Interessenwoge drei führende Größen zugrunde. »Am Anfang war Thom«, so drücken Tim Poston und Ian Stewart es in ihrem Buch ›Catastrophe

Theory and Its Applications‹ (Fearon-Pitman, 1978) aus. Sein Buch ist eine faszinierende Mischung aus Mathematik, weitreichender Wissenschaft, verschwommener Metaphysik, undurchschaubarer Spekulation und glänzender Propaganda. Obwohl bescheiden in seiner Erwartung hinsichtlich sofortiger Anwendung, bot Thom die CT als neue »Sprache« für die Wissenschaft, als neues »Paradigma« an, das schließlich revolutionäre Konsequenzen haben würde.

Der zweite Faktor für den jähen Aufstieg der CT war die charismatische, geistreiche Persönlichkeit Zeemans. Er belustigte seine Studenten mit seiner »Katastrophenmaschine« – einer rotierenden Pappscheibe mit zwei befestigten Gummibändern –, mit der er das Verhalten einer Spitze demonstrierte. 1975 führte er die erste große Schlacht für die Theorie, indem er sie auf die Unruhen in Englands Gartree-Gefängnis von 1972 anwandte. Seine Begeisterung war so ansteckend wie die Unzufriedenheit der Gefangenen. Schon bald schlug eine kleine Gruppe seiner Anhänger, von denen einige seine Studenten waren, die Katastrophentrommel mit dem Eifer von Straßensängern der Heilsarmee.

Der dritte Faktor war die Wechselwirkung zwischen der Terminologie der CT und dem Wesen jener Zeit. Das Wort »Katastrophe« spiegelt apokalyptische Hoffnungen und Ängste wider. Man denkt an Atombomben, kosmischen Urknall, schwarze Löcher, politischen Terror, Flugzeugabstürze, Erdbeben, Sturmfluten, Feuersbrünste, Revolutionen, Begegnungen der dritten Art und die Wiederkunft Christi. Katastrophentheorie! Welcher PR-Experte hätte einen besseren Namen erdenken können? Hätte Thom sie »Diskontinuitätstheorie« genannt, würden wahrscheinlich nur die Mathematiker etwas von deren Existenz wissen.

Aus der Tatsache, daß jeder abrupte Wechsel, der von einem Zusammenfluß von sich allmählich ändernden Größen durch ein Katastrophenmodell beschrieben werden kann, folgt, daß die CT in jeden Zweig der Wissenschaft eindringen kann. In der Optik ist sie höchst erfolgreich auf Brennlinien angewandt worden – Kurven, die, wie die Kaffeetassen-Spitzen, durch Reflexion oder Brechung entstehen. Ein Regenbogen ist eine farbige Brennlinie, die sich durch eine triviale Falten-Katastrophe darstellen läßt. Die geriffelten weißen Linien, die man am Grunde eines Swimming-Pools erkennt, sind

Brennlinien. Einer der frühen Triumphe der CT war der Beweis, daß diese sich ständig verändernden Linien nicht wie Risse in getrocknetem Schlamm sind, sondern längliche Dreiecke mit spitzen Ecken. Die CT läßt sich auf alle Arten plötzlichen Biegens anwenden, z. B. auf das Sichverbiegen von Trägern beim Einsturz einer Brücke. Eine bekannte Neuheit namens Springende Scheibe wird von Woodcock und Davis als Beispiel für eine Spitzen-Katastrophe präsentiert. Die leicht verbeulte Metallscheibe wird erwärmt, und dann wird die Beule mit dem Daumen in die andere Richtung gedrückt. Legt man die Scheibe auf den Boden, ist sie solange stabil, bis die Beule durch Abkühlen wieder zurückspringt, und die Scheibe mehrere Meter durch die Luft fliegt. Zauberkünstler kennen einen ähnlichen Trick mit einem Tischtennisball. Man muß ein winziges Loch in den Ball machen, so daß der Druck des Daumens eine kleine Beule in der Oberfläche des Balls hervorruft. Legt man den Ball dann auf eine leichte Schräge, bleibt er durch die unsichtbare Beule in der Balance. Da die Luft langsam in den Ball zurückkehrt, verschwindet die Beule, und der Ball rollt plötzlich herunter.

Jede Phasenverschiebung oder jedes simple Schwellenphänomen in der Physik führt zur CT: das plötzliche Gefrieren oder Kochen von Wasser, die plötzlichen Druckwellen, die entstehen, wenn eine Peitsche geschlagen wird oder ein Flugzeug die Schallmauer durchbricht usw. Ein Erdbeben ist ein ganz offensichtliches Beispiel. Biologische Phänomene, auf die Zeeman und andere versucht haben, die CT anzuwenden, sind überall zu finden: die Veränderung von Eiweiß beim Kochen eines Eies, die plötzliche Teilung einer Zelle, das Aussenden eines Nervenimpulses, das Schlagen des Herzens, Mutationen, Insektenplagen, die schnelle Entwicklung einer neuen oder das Verschwinden einer alten Art, die Differenzierung embryonaler Zellen, der Orgasmus.

Beim tierischen Verhalten wimmelt es nur so von Katastrophen. Zeemans liebstes Beispiel ist das spitzenförmige Verhalten eines allmählich provozierten Hundes. Die entgegengesetzten Triebe Wut und Angst heben sich nicht gegenseitig auf. Es entsteht kein neutrales Verhalten. Laut Zeeman und dem Spitzen-Modell geht das Verhalten des Hundes in eine von zwei Richtungen, die entweder zu jähem Angriff oder zu plötzlicher Flucht führt (siehe Abbildung S. 225).

Die Katastrophisten sind eifrig dabei, psychologische Phänomene jener Art zu untersuchen, die von der Gestalt-Schule hervorgehoben werden: die Umkehrung der Perspektive bei optischen Täuschungen, Wutausbrüche, Tränenausbrüche, die schnelle Entscheidung zu Hochzeit oder Scheidung, Nervenzusammenbrüche, das »Aha«-Erlebnis beim kreativen Denken. Als Archimedes nackt die Straße hinunterlief und »Eureka!« ausrief, feierte er eine zerebrale Katastrophe. Zeeman hat den Schmetterling auf Psychosen namens ›anorexia nervosa‹ (Magersucht) angewandt. John Allen Paulos von der Temple-Universität schreibt ein Buch über die CT und Humor – der allmähliche Aufbau eines Witzes bis zur Pointe, die explosives schallendes Gelächter auslöst. Ich kann nicht widerstehen, hier einen Abschnitt zu bringen, den ich in ›Psychologic‹ von William James fand, und der von der katastrophalen Entscheidung handelt, an einem kalten Morgen aufzustehen:

Wir wissen, wie es ist, an einem kalten Morgen in einem Raum ohne Heizung aus dem Bett zu kommen, und wie sich alles in uns gegen diese Tortur sträubt. Wahrscheinlich haben die meisten Menschen irgendwann schon einmal eine Stunde lang so dagelegen, unfähig, sich für die Lösung des Problems zu wappnen. Wir denken daran, wie spät wir schon dran sind, wie die Pflichten des Tages darunter leiden werden; wir sagen:»Ich *muß* aufstehen, das ist ja entwürdigend«, usw., aber das warme Kissen fühlt sich noch zu köstlich an, die Kälte draußen zu grausam, und der Entschluß verblaßt und wird wieder und wieder aufgeschoben, gerade als er schon davor stand, den Widerstand zu durchbrechen und in die entscheidende Tat umgesetzt zu werden. Nun, wie stehen wir unter diesen Umständen überhaupt *jemals* auf? Wenn ich meine eigene Erfahrung verallgemeinern darf, dann stehen wir viel öfter ohne Kampf oder Entscheidung auf. Wir merken plötzlich, daß wir aufgestanden *sind*. Eine glückliche Bewußtseinslücke tritt ein; wir vergessen sowohl die Wärme als auch die Kälte; wir kommen ins Träumen über irgendeine Sache, die mit dem neuen Tag zusammenhängt, wobei uns der Gedanke durchzuckt:»Hallo, ich darf hier nicht länger liegenbleiben« – ein Gedanke, der in diesem glücklichen Augenblick weder entgegengerichtete noch lähmende Vorstellungen auslöst und konsequenterweise sofort die nötigen motorischen Effekte hervorruft. Es war unser akutes Bewußtsein von Wärme und Kälte in der Periode des Kampfes, das unsere Aktivität zu dem Zeitpunkt lähmte und die Vorstellung vom Aufstehen im Zustand eines *Wunsches* und nicht dem eines *Willens* beließ. In dem Augenblick, in dem diese hemmenden Gedanken verschwanden, setzten die Auswirkungen der ursprünglichen Idee ein.

Auch die Sozialwissenschaften konnten nicht entkommen. CT-Modelle werden angewandt auf Börsenkräche, gewerkschaftliche Streikentscheidungen, jähen Wandel der öffentlichen Meinung über irgend etwas, panikartiges Verhalten von Menschenmassen, Revolutionen, die Änderung des sozialen Status durch Heirat, den Untergang Roms. Der jähe Anstieg der Börsenkurse am 14. April letzten Jahres war eine ökonomische Katastrophe. Rober Holt, Politologe an der Universität von Minnesota, glaubt, daß der Anfang und das Ende des Ersten Weltkrieges mit Hilfe des Katastrophenmodells nutzbringend analysiert werden können. ›Behavioral Science‹ widmete der CT seine Septemberausgabe 1978.

Kein Mathematiker, und das sollte festgehalten werden, leugnet die Eleganz von Thoms Modellen oder bestreitet ihren Wert als beschreibende Metaphern. Es ist jedoch eine Sache, die Natur auf neue Weise zu beschreiben und eine ganz andere, Modelle anzuwenden, die zu bedeutungsvollen Erklärungen und Vorhersagen führen. Es ist nicht schwer zu verstehen, warum das Fehlen solcher Ergebnisse, besonders bei der Anwendung der CT auf die Geisteswissenschaften, zu einer zweiten Katastrophe führt – einer bitteren Gegenreaktion von seiten der Mathematiker und der Wissenschaftler. Gina Bari Kolatas harter Artikel in ›Science‹ im Jahre 1977 (Bd. 196, 15. April, S. 287 ff.) war der erste Bericht über eine Gegenreaktion in Amerika. Beim Schreiben des Artikels »Catastrophe Theory: The Emperor Has No Clothes« fand Gina Bari Kolata heraus, daß eine große Anzahl berühmter Mathematiker keine sehr hohe Meinung von der angewandten CT hatte. Sie wiesen darauf hin, daß es natürlich traditionelle Zweige der Mathematik gibt, wie z. B. die Theorie von den Druckwellen und die Quantenmechanik, die komplexe natürliche Diskontinuitäten ganz gut anpacken. Die Anwendung der CT auf die Biologie und das menschliche Verhalten liefert kaum mehr als die

Beschreibung einer vertrauten Struktur in einer neuen farbigen Terminologie. Die neuen Beschreibungen sind zu vage und unquantitativ, um zu lohnenden Einsichten zu führen. Sie sagen uns nichts, meinten die Kritiker, was wir nicht ohnehin schon wüßten.

Man denkt an Kurt Lewin, den deutschen Gestaltpsychologen, der in den dreißiger Jahren so verliebt in topologische Diagramme war, daß er sie auf Hunderte von menschlichen Verhaltensmustern anwandte. Viele ließen sich zeitweilig, wie von der CT, von Lewins »topologischer Psychologie« bekehren, und es entstand sogar eine Schule der topologischen Soziologie. Ich habe mir kürzlich einige der Pros und Kontras dieser Debatte wieder durchgelesen und war überrascht, wie sehr die Rhetorik der in der heutigen CT-Kontroverse ähnelt. Sogar der Verhaltensraum der CT findet seine Entsprechung in Lewins »Lebensraum«. Seine Diagramme schienen zu jener Zeit vielversprechend zu sein, aber es wurde bald klar, daß sie kaum mehr boten als nutzlose Neudarstellungen des Offensichtlichen.

Und genau das ist die Kritik, die heute gegen die noch komplizierteren Diagramme der CT gerichtet wird. »Ich sehe nicht, daß das Anpassen der Oberfläche einer Spitze an ein diskontinuierliches Phänomen ein gewaltiger konzeptioneller Durchbruch ist«, hat der Topologe John Guckenheimer, einer der gemäßigteren Kritiker, es ausgedrückt. Stephen Smale (der wie Thom die Field-Medaille, die höchste Auszeichnung, die ein Mathematiker erringen kann, gewann) erklärte: »In einem gewissen Sinne lehne ich die Katastrophentheorie vollkommen ab. Sie ist mehr Philosophie als Mathematik, und sogar als Philosophie läßt sie sich nicht auf die wirkliche Welt anwenden.« Marc Kac, ein weiterer bedeutender Mathematiker, nannte Zeemans ›Scientific American‹-Artikel »den Höhepunkt wissenschaftlicher Verantwortungslosigkeit«.

Hector Sussmann und Raphael Zahler, beide von Rutgers, sind die freimütigsten Kritiker der CT. Sie leugnen nicht, daß die CT in den physikalischen Wissenschaften viele nützliche Anwendungen findet, sie stehen ihrer Anwendung auf die Biologie und die Sozialwissenschaften aber zweifelnd gegenüber. »Die Befürworter der CT«, so erklärten sie kürzlich, »haben die Öffentlichkeit mit einer Flut von Behauptungen überhäuft, aber die Realität kann diese nicht erhärten. Die großen Errungenschaften der Katastrophentheorie sind

nichts weiter als Selbsttäuschungen. Wir finden, daß die Befürworter... systematisch fundamentale mathematische Fehler machten, zu
Schlüssen kamen, die entweder falsch, vage, bedeutungslos oder
trivial waren oder empirische Beweise fehldeuteten.« Eine lange und
detaillierte Attacke gegen die angewandte Katastrophentheorie von
Sussmann und Zahler wird in der kommenden Ausgabe (Bd. 37) von
›Synthese‹ erscheinen.

These, Antithese. Es ist zu früh, um zu wissen, welche Gestalt
(wenn überhaupt) die Synthese annehmen wird, aber die meisten
Mathematiker stehen heute auf der Seite der Kritiker. Laien, die
keine Kenntnisse von der CT haben, aber an diesem erbitterten
Tumult interessiert sind, sollten das kleine Buch ›Catastrophe Theory‹ von dem Biologen Woodcock und dem Wissenschaftsschreiber
Davis lesen. Es ist allgemeinverständlich geschrieben, und obwohl
die Autoren überzeugte Verteidiger der angewandten CT sind, versuchen sie doch, eine faire Darstellung der Gegenseite zu geben. Sie
stimmen zu, daß die CT in der Physik bis jetzt nur wenigen Einwänden begegnen konnte, doch sie sind optimistisch. »Eines Tages«, so
schreiben sie, »mögen die Ausdrücke ›Spitzen-Situation‹ oder
›Schmetterlings-Kompromiß‹ so selbstverständlich sein wie heute
›Ansicht von der fehlenden Profitrate‹ oder ›Quantensprung‹.«

Im Gegensatz zu dem allgemeinverständlich geschriebenen Dut-
ton-Buch ist der von Poston und Stewart stammende Band ein
gewichtiges, 491 Seiten umfassendes Lehrbuch, das hauptsächlich für
Wissenschaftler bestimmt ist, die in der Infinitesimalrechnung bewandert und daran interessiert sind, die CT auf ihr eigenes Forschungsgebiet anzuwenden. Das Buch ist nett illustriert, klar geschrieben und
befindet sich, in Anbetracht der geringen Geschwindigkeit, mit der
sich Abhandlungen über die CT ausbreiten, erstaunlicherweise auf
dem neuesten Stand. In einer wertvollen Bibliographie werden mehr
als 400 Veröffentlichungen aufgeführt.

Die Hälfte des Buches beschäftigt sich mit der mathematischen
Seite der CT, die andere Hälfte mit ihrer Anwendung. Die Betonung
liegt auf der Anwendung in der Physik, unter besonderer Berücksich-
tigung von Gebieten, in denen sich die CT von ihrer früheren, rein
qualitativen Analyse hin zu quantitativen Methoden bewegt. Es gibt
Abschnitte über die Anwendung der CT auf die Stabilität von Schif-

fen (mit einigen neueren Ergebnissen über Wasserfahrzeuge mit senkrechten Außenwänden, wie z. B. Bohrinseln), Düsenknall, Fließmechanismen, Ozeanwellen, Thermodynamik, Magnetismus und Laserphysik. Der biologischen Anwendung wird nur wenig Aufmerksamkeit gewidmet, obwohl die Autoren der Meinung sind, daß die CT auf diesem Gebiet eine bedeutende Rolle spielen wird. Im letzten Kapitel werden die Verhaltenswissenschaften diskutiert. »Wenn es mathematische Methoden gibt, die das Anwachsen dieser Weisheiten unterstützen«, so sagt der letzte Satz des Buches voraus, »dann wird die Katastrophentheorie ein Teil davon sein.«[1]

Poston und Stewart machen sich nicht die Mühe, detailliert auf die Kritik von Sussmann und Zahler einzugehen. Keiner von beiden erscheint im Register, obwohl von ihrem kommenden Artikel in ›Synthese‹ gesagt wird, er habe »eine gewisse traurige Berühmtheit, seine Nützlichkeit aber würde durch wiederholte Fehler gemindert«. Durch das gesamte Buch hindurch wird die CT als kraftvolles Werkzeug behandelt, das am Ende in allen Wissenschaften von Nutzen sein wird. Die Widmung des Buches lautet: »Für Christopher Zeeman, zu dessen Füßen wir sitzen, auf dessen Schultern wir stehen« – eine seltsame Position, die nicht sehr stabil zu sein scheint.

Für jeden, der an der Anwendung der CT auf die Biologie und die Sozialwissenschaften interessiert ist, ist die Sammlung von Zeemans Artikeln unentbehrlich. Das Buch ist ein Photo-Offset der Originalartikel plus eine Bibliographie und ein Register. Thoms Buch, das die ganze Sache ins Rollen brachte, liest man am besten, nachdem man sich mit den Grundgedanken der CT vertraut gemacht hat. Seine eigenartige Mischung aus technischer Mathematik, Wissenschaft und philosophischen Überlegungen wird wahrscheinlich entweder Bewunderung, Verachtung oder Frustration über seine Undurchschaubarkeit hervorrufen.

Obwohl Thom nicht leicht zu verstehen ist, ist der Kern seiner Vorstellung doch klar genug. Sie steht in genauem Gegensatz zu einer berühmten Aussage Paul Diracs, den Thom folgendermaßen wiedergibt: »Der Hauptgegenstand eines physikalischen Systems ist nicht das Liefern von Bildern, sondern das Formulieren der die Phänomene beherrschenden Gesetze und die Anwendung dieser Gesetze auf die Entdeckung neuer Phänomene. Existiert ein Bild, um so besser;

aber ob ein Bild existiert oder nicht, ist eine Angelegenheit von zweitrangiger Bedeutung.«

Für Thom ist das Bild von erstrangiger Bedeutung. »Ich bin sicher«, so schreibt er, »daß der menschliche Verstand nicht von einem Universum befriedigt wäre, in dem alle Phänomene durch einen logischen, aber vollkommen abstrakten mathematischen Prozeß bestimmt werden. Sind wir dann nicht im Wunderland?« Einen paradoxen Zustand einfach nur zu beschreiben, wie z. B. in so vielen Gebieten der Quantenmechanik, und es dabei zu belassen, das ist für Thom wie »das Sinken in resignierende Verständnislosigkeit« – eine Gewohnheit, die wissenschaftlichen Fortschritt erstickt, da sie zu Gleichgültigkeit führt. Wir müssen, drängt Thom, ständig nach geometrischen Modellen suchen. »Das Dilemma, das durch alle wissenschaftlichen Erklärungen entsteht, ist dies: Magie oder Geometrie.« Auf einer tieferen Ebene ist sogar erfolgreiche Geometrie in dem Sinne Magie, daß sie auf wundersame Weise auf die Außenwelt paßt. Und jede erfolgreiche Magie, fügt Thom hinzu, ist Geometrie.

Die CT wird von Thom somit als ein neuer Weg betrachtet, das im Modell darzustellen, was ein unendlicher Komplex und im Grunde genommen unfaßbare Realität ist. Er glaubt, daß wir, indem wir uns von den quantitativen Modellen entfernen und die Topologie hoher und sogar unendlich-dimensionaler Räume benutzen, zum ersten Mal in der Geschichte eine Methode haben, durch die wir letztendlich alles darstellen können. »Es besteht kein Zweifel, daß diese Modelle auf der philosophischen Ebene von unmittelbarem Interesse sind«, schreibt Thom. »Sie liefern das erste, streng monistische Modell eines Lebewesens, und sie reduzieren das Paradoxon der Seele und des Körpers auf einen einzigen geometrischen Gegenstand. Wie auf der Ebene der biologischen Dynamik kombinieren sie Kausalität und Endgültigkeit zu einem rein topologischen, aus verschiedenen Blickwinkeln betrachteten Kontinuum.«

»Was nun?« überschreiben Poston und Stewart ihr letztes Kapitel. Es ist denkbar, daß die CT, wie die Informationstheorie und die Spieltheorie, zu einem wertvollen Werkzeug für die Verhaltensforschung werden kann. Es ist aber auch möglich, daß sie wie Lewins topologische Bilder als eine weitere unausgereifte Anstrengung, die Geometrie auf Gebiete anzuwenden, in denen dies entweder trivial oder falsch ist, dazu bestimmt ist, in Vergessenheit zu geraten. Wahrscheinlicher ist jedoch, daß sie eine Bahn einschlagen wird, die sich irgendwo dazwischen topologisch windet.

Anmerkung

1. Poston und Stewart waren sich des Humors in dieser Widmung wohlbewußt. Poston informierte mich später, daß sie der Meinung gewesen waren, ihre verrenkte Position in der Widmung eines Buches an einen Knotentheoretiker wäre angemessen gewesen.

Nachwort

In Anbetracht der Natur einer Besprechung erhielt ich daraufhin ungewöhnlich viele herzliche Briefe von Tim Poston und Ian Stewart und von Monte Davis. Davis meinte, mein Vergleich von der CT mit Kurt Lewins Modellen wäre nicht passend, da Lewin kein Mathematiker war, und es in seiner eher planlosen Anwendung einer »abgeschwächten und sogar dann noch unmodernen Topologie« keine neuen mathematischen Inhalte gab. Alle drei bekundeten ihre Ansicht, daß die meisten Mathematiker weder für noch gegen die CT wären, sondern eine »Abwarten-und-Tee-trinken«-Haltung eingenommen hätten; sie waren vielleicht ein bißchen von Zeemans Enthusiasmus in Verlegenheit gebracht worden und doch zur gleichen Zeit über den ärgerlichen Ton der CT-Kritiker erschüttert. Ich war Davis gefolgt und hatte die sieben elementaren Katastrophen mit den Platonischen Körpern verglichen. Davis hielt die vier Kegelschnitt-Kurven für eine bessere Analogie, besonders da der Übergang von, sagen wir, einem Kometen aus einer elliptischen in eine hyperbolische Bahn eine Katastrophe ist.

Kurz nach dem Erscheinen meiner Buchbesprechung sah ich ein Fernsehspiel von Tom Stoppard über die politische Kontrolle tschechoslowakischer Professoren. In einer Szene hält ein Windmacher-Professor einen Vortrag über die Anwendung der CT auf die Ethik. Vor langer Zeit schon haben Philosopen und Theologen die Spieltheorie befürwortet, und ich glaube, es ist nur eine Frage der Zeit, wann protestantische Theologen, eifrig darauf bedacht, auf dem laufenden zu sein, die CT auf die Bibel anwenden werden. Vielleicht kann mit Hilfe der CT erklärt werden, warum Jehova die Entscheidung traf, alle Männer, Frauen, Kinder und Tiere der Erde, außer Noah und seiner Familie, so plötzlich zu ertränken. Die Spitze von Golgatha? Der Schwalbenschwanz der Auferstehung?

Anstatt ein Buch über die CT und Witze zu schreiben, produzierte John Paulos einen kleinen Band allgemeinerer Natur mit dem Titel ›Mathematics and Humor‹ (University of Chicago Press, 1980). Kapitel 5 heißt »A Catastrophe Theory Model of Jokes and Humor«. Die Witze sind hervorragend. Aber abgesehen davon, daß wir daran erinnert werden, daß die Pointe eines Witzes jenen verrückten Krampf auslöst, den wir Lachen nennen, fand ich Paulos' Anwendung der CT auf seine Witze einzigartig nichteinleuchtend und fast so komisch wie die Witze selbst.

KAPITEL 17

Zwei Bücher
über sprechende Affen

Erinnern Sie sich an den Wirbel, der in den sechziger Jahren um sprechende Delphine gemacht wurde? Das Gehirn eines Delphins ist größer als das unsrige; könnte es daher sein, daß die Tümmler das gleiche oder sogar ein noch größeres Intelligenzpotential haben als wir? John C. Lilly versuchte ernsthaft, diesen klugen kleinen Walen Englisch beizubringen und glaubte eine Zeitlang tatsächlich, er hätte Delphinen das Nachahmen der menschlichen Sprache beigebracht. Ähnlich den schwarzen Rassen Afrikas, so sagte Lilly einmal, stehen die Tümmler auf der Schwelle zur westlichen Zivilisation, eine Revolution mit unvorhersehbaren Konsequenzen. Er warnte: »Wir wissen nicht, wie die Delphine vorgehen werden, wenn sie unseren Kalten Krieg verstehen lernen.«

Nachdem Lilly zu der Überzeugung gelangt war, daß mehrere seiner Tümmler in Florida Selbstmord begangen hätten, gab er seine wässerigen Nachforschungen auf und wanderte in den Dschungel von Parapsychologie und fernöstlichem Mystizismus ab. Er berichtete von phantastischen Begegnungen mit außerirdischen Intelligenzen. Er erzählte Reportern, daß die Delphine ESP benutzen, um den menschlichen Geist zu »infiltrieren«. Letztendlich wurde fast jedermann klar, was die »etablierten« Biologen schon lange wußten: Lillys Nachforschungen waren hoffnungslos fehlerhaft, und der Verstand der Wale ist, obwohl wunderbar und einzigartig, so doch, wenn überhaupt, nicht größer als der Verstand eines Schweines oder eines Elefanten. Die liebenswerten Delphine schwammen weg aus Presse und Fernsehen und hinterließen einen Stoß gedankenloser Bücher

Aus ›New York Review of Books‹, 20. März 1980

und Fernsehdokumentationen und den wohl schlechtesten Film (›The Day of the Dolphin‹), bei dem Mike Nichols Regie führte.

Als der Delphin-Rummel verblaßte, gewann ein neuer Medien-Enthusiasmus schnell an Boden. An der Universität von Nevada war es Allen und Beatrice Gardner gelungen, einem weiblichen Schimpansen im Kleinkindalter, der den Namen Washoe trug, ASL (American Sign Language = Amerikanische Zeichensprache) beizubringen. Zum ersten Mal in der Geschichte, so wurde lautstark verkündet, beherrsche ein niederer Primat eine Sprache, in der er sich mit Menschen verständigen kann.

»Sprechen« und »Sprache« sind natürlich verschwommene Begriffe mit einem breiten Bedeutungsspektrum. Ein Eichelhäher »spricht« mit anderen Vögeln, wenn er sie vor einer Katze warnt. Eine Katze »spricht«, wenn sie durch Streichen um die Wade um Futter bittet. Hunde kommunizieren durch Bellen, Knurren, Winseln, Wedeln mit dem Schwanz und durch das Hinterlassen symbolischer Botschaften an der Straßenlaterne. Und trotzdem war die Welt höchst erstaunt über Washoes Fähigkeit, Hunderte von Zeichengesten zu verstehen und, was noch größeres Aufsehen erregte, die Zeichen auf eine Weise zu kombinieren, daß man ein rudimentäres grammatikalisches Verständnis annehmen konnte.

Die bekannteste Situation, in der Washoe einen Satz erfand, ereignete sich, als ihr Lehrer Roger Fouts sie mit auf ein Ruderboot genommen hatte, und ein Schwan vorbeiglitt. Fouts machte die Zeichen »Was ist das?« Washoe, die die Zeichen für Wasser und Vogel kannte, antworte mit »Wasser-Vogel«. Washoe beherrschte noch viele weitere Zwei-Wort-Kombinationen: ›Washoe Entschuldigung‹, ›Roger kitzeln‹, ›du trinken‹ usw.

Schon bald brachten andere Forscher jungen Schimpansen auch andere visuelle Sprachen bei. In Kalifornien symbolisierte David Premack Wörter mit Plastikplatten von unterschiedlicher Form und Farbe. Seine Star-Schülerin Sarah wurde fast so berühmt wie Washoe. Wie Washoe schien Sarah bedeutungsvolle Sätze zu kreieren. Davids Frau Anne schrieb ein Buch mit dem Titel ›Why Chimps Can Read‹.

Duane Rumbaugh aus Georgia schlug eine andere Richtung ein. Er baute einen Computer mit einer Konsole aus Tasten mit bestimmten

Mustern, die Wörter darstellten. Einem Schimpansen namens Lana wurde das Sprechen in dieser Computersprache »Yerkish« beigebracht; Yerkish wurde nach dem ›Yerkes Primate Center‹ in Atlanta benannt, an dem Rumbaugh arbeitete. Auch Lana konnte anscheinend Zeichen zu bedeutungsvollen Folgen kombinieren. Sie nannte eine Gurke eine ›grüne Banane‹ und eine Orange einen ›orangefarbigen Apfel‹.

Die Leistungen von Washoe, Sarah und Lana werden, so wird behauptet, jetzt von Kokos sagenhaften linguistischen Darbietungen übertroffen. Koko ist ein weiblicher Gorilla, der seit 1972 von der Psychologin Francine (»Penny«) Patterson in Stanford unterrichtet wird. Man erkennt leicht, warum Penny – jung, hübsch, mit langem blonden Haar – einen solchen enormen Bekanntheitsgrad erlangt hat. Was könnte noch dramatischer sein als Farbphotographien von der Schönen und dem Biest, die die Köpfe zusammenstecken und versunken miteinander tuscheln? Penny Patterson schrieb eine Titelgeschichte (das Titelphoto von Koko wurde von Koko selbst aufgenommen) für ›National Geographics‹ (Oktober 1978) mit dem Titel »Conversation with a Gorilla«. Das Paar zierte auch das Titelblatt des ›New York Times Magazine‹ (12. Juni 1977). In dem Film ›Koko, A Talking Gorilla‹, einer bewegenden Dokumentation, die im letzten Dezember in Manhattan vorgestellt wurde, macht Koko ihre Sache als Gorilla sehr gut, ansonsten aber ist der Film zum größten Teil Blödsinn.

Es gibt noch einen weiteren Grund für Pennys wachsenden Ruhm. Ihre Behauptungen hinsichtlich der Intelligenz von Affen übersteigen die der anderen Lehrer. Zum einen liebt es Koko, Reime aufzustellen: ›Squash wash‹ (Kürbis waschen), ›do blue‹ (mach blau), ›bear hair‹ (trage Haar) usw. (Sie hatte die englische Aussprache der Wörter dadurch gelernt, daß Penny diese wiederholt hatte, und daß sie einen von dem Stanforder Mathematiker Patrick Suppes entworfenen Schreibmaschinen-Systhesizer benutzte.) Einmal erfand Koko das Gedicht: ›Flower pink, fruit stink – fruit pink stink‹ (Blume pink, Frucht stinkt – Frucht pink stinkt). Hier sind einige Beispiele für Kokos Fähigkeit, kluge Metaphern zu erfinden: ›Elefantenbaby‹ (für eine Pinocchio-Puppe), ›Augenhut‹ (Maske), ›Fingerarmband‹ (Ring), ›weißer Tiger‹ (Zebra), ›falscher Mund‹ (Nase).

Ein Reporter fragte Koko, wen sie lieber mochte, Penny oder deren Mitarbeiter. Laut Penny blickte Koko von einem zum anderen und zeigte dann diplomatisch ›schlechte Frage‹. Bei einer anderen Gelegenheit fragte Penny: »Wovor hast du Angst?« Koko: »Angst Alligator.« Koko hatte niemals einen lebenden Alligatoren gesehen. Penny meint, dies zeige, wie die Forscher neue Fakten über Affen erfahren können, da sie ihnen nun Fragen stellen könnten.

Eugene Lindner (die ein populäres Buch über sprechende Affen verfaßte) behauptet in einem weithin gelobten Artikel (»Talk to the Animals«, Omni, Januar 1980), daß Koko auf die Frage, wohin man nach dem Tode komme »bequemes Loch tschüss« antwortete. Als Penny sich einmal darüber aufregte, wieviel Spielzeug Koko kaputt gemacht hatte, brummelte sie: »Warum kannst du dich nicht wie andere Kinder benehmen?« Koko machte, wie Eugene Lindner sagte, das Zeichen für »Gorilla«.

Eine große Anzahl von Fachleuten auf dem Gebiet tierischen Verhaltens steht diesen außergewöhnlichen Behauptungen von Anfang an sehr skeptisch gegenüber, ihre kritischen Äußerungen aber erscheinen nur in Fachzeitschriften. Doch jetzt wurde das Geheimnis an die Öffentlichkeit gebracht. Es wurden zwei Bücher, ein populärwissenschaftliches und ein fachliches, veröffentlicht, die überzeugend dafür eintreten, daß sich das Verständnis der Affen hinsichtlich der Zeichenfolgen in keiner Weise grundlegend vom Verständnis eines Hundes hinsichtlich Befehlen wie »sitz und gib Pfötchen« oder »geh und hol die Zeitung« unterscheidet.

Sowohl auf dem Umschlag von ›Nim‹ (Knopf, 1979) als auch in der Werbung für dieses Buch deutet der Verlag nur an, daß das Buch praktisch alle früheren Arbeiten über sprechende Affen heftig kritisiert. Sogar der Autor Herbert Terrace, Psychologe an der Universität von Kolumbia, spielt seine Zweifel zu Beginn seines Buches herunter, doch dafür gibt es einen Grund. Als er anfing, mit Nim Chimpsky, einem männlichen Schimpansen im Babyalter, der seinen Namen zu Ehren von Noam Chomsky bekommen hatte, zu arbeiten, hegte er große Hoffnungen, die früheren Ergebnisse bestätigen zu können. Sein Buch ist ein mit großartigen Farbphotographien ausgestatteter, zwangloser Bericht über die vier Jahre, die er und seine zahlreichen Mitarbeiter damit verbrachten, Nim ASL beizubringen.

Erst in Kapitel 13, als Nim schon in seinen Geburtsort in Oklahoma zurückgekehrt ist, geht Terrace ein Licht auf.

Vollkommen ernüchtert wurde er, als er sich seine eigenen umfangreichen Videobänder ansah. Hier sind einige von seinen Schlußfolgerungen:

Es ging nur selten ein Zeichensprachen-Gespräch von Nim aus. Neunzig Prozent aller von ihm gegebenen Zeichen waren Antworten auf Gesten der Lehrer.

Die Hälfte von Nims Zeichen imitierten teilweise oder vollständig die Zeichen des Lehrers. In vielen Fällen waren die Lehrer beim Durchsehen der Bänder überrascht, wie oft sie unbewußt ein Zeichen gegeben hatten, daß Nim bemerkt hatte.

Wenn Nim etwas haben wollte, griff er zuerst einmal danach. Er benutzte die Zeichensprache nur, wenn er etwas nicht erreichen konnte. Auch initiierte er sie nur, wenn er Belohnungen wie Futter, Umarmung oder Kitzeln erwartete.

Die meisten Sätze Nims bestanden aus zufälligen Zeichenkombinationen, die für gewöhnlich ›mich/mir‹, ›Umarmung‹ und ›Nim‹ enthielten – Zeichen, die fast mit allen anderen Zeichen zusammenpaßten und, wie er gelernt hatte, mit großer Wahrscheinlichkeit positive Reaktionen auslösen würden.

Im Gegensatz zu Kindern, die sprechen lernen, unterbrach Nim seine Lehrer ständig. Er begriff niemals die Wechselseitigkeit des Gesprächs. Die Forscher haben die Unterbrechungen dem Eifer des Affen zum Sprechen zugeschrieben.

Nim machte wesentlich öfter den Fehler, Zeichen ähnlichen Aufbaus als Zeichen ähnlicher Bedeutung zu verwechseln.

Als Nim damit begann, Sätze über zwei oder drei Wörter hinaus auszudehnen, fügte er einfach eine Reihe unsinniger Wörter an, die für gewöhnlich frühere Zeichen wiederholten. Zum Beispiel: »Geben Orange mir geben essen Orange mir essen Orange geben mir essen Orange geben mir du.« Dies steht im Gegensatz zu den längeren Äußerungen von Kindern, die auch den Sinn von kürzeren Sätzen erweitern.

Nim wandte die Zeichensprache nur dann bei anderen Schimpansen, die auch ASL gelernt hatten, an, wenn ein Lehrer ihn dazu überredet hatte.

242

Nim Chimpsky überzeugte Terrace schließlich davon, daß Noam Chomsky, der bekannteste unter den skeptischen Linguisten, recht hatte. Obwohl Affen ein bemerkenswertes Gedächtnis besitzen, das sie in die Lage versetzt, Hunderte visueller Zeichen zu beherrschen, ist Terrace der Ansicht, daß es noch keine Beweise dafür gibt, daß sie jedwede Art von Syntax verstehen. Dies mag natürlich auch auf sehr kleine Kinder zutreffen, aber Kinder gehen schnell dazu über, Sätze zu formen, die ein festes Verständnis für deren Bildungsregeln erfordern. Die Tatsache, daß ein Affe lernt, ein paar Zeichen zusammenzusetzen, gibt uns, wie Terrace behauptet, keinen Grund für die Annahme, daß sich seine Handlung grundlegend von der einer Taube unterscheidet, die gelernt hat, daß sie ihr Futter bekommt, wenn sie mit ihrem Schnabel in einer bestimmten Reihenfolge auf vier verschiedenfarbige Knöpfe hackt, wobei die Lage der Knöpfe ohne Bedeutung ist.

Als Terrace sich die Videobänder anderer Forscher anschaute, fand er die gleichen beunruhigenden Verhaltensweisen. In vielen Fällen, in denen ein Film zur öffentlichen Anschauung und zur Anhebung des Fonds freigegeben wurde, waren Episoden herausgeschnitten worden, so daß die anfänglichen Anstöße nicht zu sehen waren. Die Nova-Dokumentation ›The First Signs of Washoe‹ befolgt diese Praktik durchgängig. Ungeschnittene Versionen der gleichen Episoden zeigten, daß jede einzelne von Washoes aus mehreren Zeichen bestehenden Aussagen auf ähnliche Zeichen der Lehrer folgten.

»Can an Ape Create a Sentence?« lautet der Titel von Terraces Bericht in ›Science‹ (23. November 1979). Seine widerwillige Antwort heißt: nein. »Affen können viele einzelne Symbole erlernen (wie auch Hunde, Pferde und andere nichtmenschliche Arten), aber es gibt keinerlei Anzeichen dafür, daß sie den konversationellen, semantischen oder syntaktischen Aufbau der Sprache beherrschen.« Von den früheren Forschern scheint bis jetzt nur Rumbaugh von Terraces Analyse beeindruckt worden zu sein. Seine eigene Arbeit habe ihn, wie er der ›New York Times‹ (21. Oktober 1979) erzählte, zu einer ähnlichen Überzeugung geführt.

Das von dem Linguisten und Semiotiker Thomas A. Sebeok und der Anthropologin Donna Jean Umiker-Sebeok herausgegebene

Buch ›Speaking of Apes‹ (Plenum, 1980) ist eine dringend notwendige Anthologie wichtiger Artikel von beiden Seiten der sich verdichtenden Kontroverse über die Sprachfähigkeit von Affen. Es ist unmöglich, eine so große Anzahl unterschiedlichster Artikel zu behandeln, und so werde ich mich hauptsächlich auf den langen Einführungsartikel »Questioning Apes« von den Sebeoks konzentrieren. Beide sind an dem von Thomas Sebeok geleiteten ›Research Center for Language and Semiotik Studies‹ der Universität von Indiana beschäftigt. Ihre Einführung ist die schwerwiegendste veröffentlichte Anklageerhebung gegen frühere Arbeiten über sprechende Affen.

In der Psychologie gibt es den Begriff »Versuchsleiter-Erwartungseffekt«, der all die heimtückischen Möglichkeiten der Forscher, Daten durch ihre starke Überzeugung unwillentlich zu verfälschen, abdeckt. Die Sebeoks rufen uns zuerst den offensichtlichen Weg ins Gedächtnis, daß nämlich ein, auf welchem Gebiet auch immer tätiger, Wissenschaftler die unbewußte Motivation hat, positive Resultate zu erzielen. Je überzeugender die Ergebnisse sind, um so schneller klettert er die Karriereleiter hinauf, und um so wahrscheinlicher wird er Finanzierungsquellen für seine Arbeit auftun. Die Mitarbeiter haben die starke Motivation, den Arbeitgeber, der ihre Gehälter zahlt, zufriedenzustellen; und oft treibt ein Erfolg auch ihre eigene Karriere voran. Ist das Werk umstritten, besteht bei den Forschungsteams die Tendenz, eine Insider-Gruppe zu bilden, die Outsidern gegenüber tiefes Mißtrauen hegt. Sie werden zu einer, wie die Sebeoks es ausdrücken, »hingebungsvollen Gruppe enthusiastischer Arbeiter, einer Gruppe, die eine eng verknüpfte soziale Gemeinschaft mit einem festen Kern aus gemeinsam geteilten Überzeugungen und Zielen im Gegensatz zu Außenstehenden bildet...« Es fällt einem in der Tat schwer, sich vorzustellen, daß ein Skeptiker von einem solchen Team als Mitglied aufgenommen wird.

Innerhalb dieses Rahmens sehen die Sebeoks eine Reihe kurioser Möglichkeiten, wie die Ergebnisse über sprechende Affen leicht in Richtung der eigenen Überzeugung verdreht werden. Man ziehe z. B. den »Kluger-Hans-Effekt« in Betracht. Der Ausdruck stammt aus einer klassischen Arbeit des deutschen Psychologen Oskar Pfungst aus dem Jahre 1907. Diese Untersuchung beschäftigt sich mit einem in jenen Tagen berühmten Pferd, das schwierige Fragen, einschließlich Rechenaufgaben, durch Scharren auf dem Boden beantworten konnte. In den meisten Fällen solcher darbietenden Tiere (es gab auch »gelehrte« Hunde, Schweine und sogar Gänse) gibt der Lehrer dem Tier ein geheimes verschlüsseltes Zeichen zum Aufhören, wie z. B. ein leichtes Schniefen, aber im Falle von Hans war Pfungst in der Lage, durch geniale Tests zu beweisen, daß das Pferd gelernt hatte, auf unterschwellige Hinweise von seiten der Zuschauer zu antworten.

Die sich mit sprechenden Affen beschäftigenden Forscher haben versucht, den »Kluger-Hans-Effekt« auszuschließen, aber die Sebeoks zeigen überzeugend, daß der Effekt allgegenwärtig ist. Es gibt keine Belege dafür, lautet ihre Behauptung, daß erfolgreiche Lehrer jemals gelernt hatten, unbewußte Gesichtsbewegungen, Atemrhythmik, Körperspannung und -entspannung usw. zu kontrollieren. Einige Reaktionen, wie z. B. die Größe der Pupille, sind wahrscheinlich unkontrollierbar. Pfungst berichtete, daß es ihm trotz aller Anstrengungen nicht gelang, keine Hinweise an Hans zu übermitteln.

Vor Fremden sind die Darbietungen sprechender Affen selten sehr gut. Die Gläubigen erklären dies mit der emotionalen Zuneigung des Affen zu einem bestimmten Lehrer. Man kann diesen Umstand aber ebensoleicht durch die Annahme erklären, daß die Affen im Laufe der Jahre eine besondere Sensibilität für unbewußte Reaktionen entwickeln, die dem geliebten Menschen eigen sind, und die sie natürlich nicht wahrnehmen können, wenn ein Fremder mit ihnen zu sprechen versucht. Könnte es sein, so fragen die Sebeoks, daß die besten Lehrer jene sind, deren unbewußte Zeichen am ausdrucksvollsten sind? Eine Untersuchung der ungeschnittenen Filme zeigt, daß die Lehrer der Affen, mit den Worten des Autors gesagt, »alles haben, nur kein versteinertes Gesicht«. Sogar Photographien offenbaren offensichtliche Zeichen. Die Sebeoks erwähnen einige schlimme Beispiele auf den Photographien, die Penny Pattersons Artikel in ›National Geographic‹ und Mrs. Premacks Buch illustrieren.

Was das berühmte Washoe-Schwan-Beispiel betrifft, weisen sowohl Terrace als auch die Sebeoks auf einen Umstand hin, der sofort hätte offensichtlich sein müssen. Washoe mag ganz einfach das Zeichen für »Wasser« gegeben haben, bemerkte dann einen Vogel und zeigte »Vogel«. Es ist unwahrscheinlich, daß Fouts seine Begeisterung verbergen konnte. Wenn Washoe diese soziale Belohnung beobachtet hat, würde sie dieses Doppelzeichen in Zukunft mit einem Schwan assoziieren.

Es existieren keine handfesten Beweise, daß jemals ein Affe ein zusammengesetztes Zeichen durch das Begreifen seiner Einzelteile erfand. Im Verlauf verschiedener Jahre wird ein Affe Zeichen auf Tausende zufälliger Arten zusammensetzen. Es wäre erstaunlich, wenn er nicht gelegentlich auf eine glückliche Kombination träfe, die eine sofortige Kluger-Hans-Antwort auslöst. Kein Lehrer hat sich je die Mühe gemacht, alle von Affen produzierten Nonsens-Kombinationen aufzuzeichnen, jeder glückliche Treffer aber wird durch Zeichen der Zustimmung verstärkt und geht in die Aufzeichnungen, Berichte, Bücher und Vorträge des Lehrers ein.

Auch wenn ein Affe sich ein Zeichen eingeprägt hat, macht er bei dessen Wiedergabe häufig Fehler. Die Sebeoks weisen darauf hin, daß die Lehrer für diesen Fall eine Reihe von Entschuldigungen parat haben. Der Fehler wird zu einem Scherz, einer Lüge oder einer Beleidigung. Penny Patterson neigt in besonderem Maße zu dieser Art subjektiver Bewertung. Sie bat Koko, das Zeichen für Trinken zu machen. Koko berührt ihr Ohr. Koko scherzt. Sie bittet Koko, ein Spielzeug unter eine Tasche zu legen. Koko hält es hoch. Koko nimmt sie auf den Arm. Sie fragt Koko, was sich auf süß reimt. Koko macht das Zeichen für rot, eine Geste, die der für süß sehr ähnlich ist. Koko macht Wortspielerei mit Gesten. Sie bittet Koko zu lächeln. Koko runzelt die Stirn. Koko offenbart ein »Verständnis für Gegensätze«. Penny zeigt auf eine Photographie von Koko und fragt: »Wer Gorilla?« Koko zeigt »Vogel«. Koko ist unartig.

Der Artikel in ›National Geographic‹ gibt eine Kreidezeichnung von Koko wieder, die die Überschrift »Representional Art« trägt. Ihre schwarzen Schnörkel stellen nach Pennys Aussage Spinnen dar. Ein orangener Krakel ist Kokos Glas. Eine ähnliche, wenn auch nicht so stark ausgeprägte Tendenz zur Übervermenschlichung des Verhaltens eines Affen infiziert alle früheren Arbeiten. Sie unterscheidet sich kaum von der festen Überzeugung sentimentaler Haustierhalter, eine geliebte Katze oder sogar ein Papagei verstehe fast jedes an ihn gerichtete Wort.

Es ist natürlich möglich, daß die Affen eine schwach ausgeprägte

246

Begabung zur Bildung bedeutungsvoller zusammengesetzter Zeichen besitzen, aber sollten wir, worauf die Sebeoks bestehen, bei dem Prinzip von Occams Rasiermesser nicht zuerst eine einfachere Erklärung akzeptieren? Bis heute existieren keine Gründe für die Annahme, daß Kokos bemerkenswerte Äußerungen mehr sind als Erwiderungen auf unbewußte Zeichen von Pennys Seite oder die von Penny aus Tausenden von Nonsens-Kombinationen ausgesiebten Zusammenstellungen, die für *sie,* nicht für Koko, einen Sinn ergeben. Eine objektive Beurteilung eines Ausdrucks wie »schlechte Frage« kann ohne ein Videoband von dieser Szene nicht geleistet werden, denn nur durch eine solche Aufnahme kann sichergestellt werden, daß die Details korrekt wiedergegeben wurden. Auch muß man wissen, wie viele der spontanen, vorher nicht eingeübten Zwei-Wort-Kombinationen des Affen keinen Sinn ergeben haben. Im anderen Fall haben wir es lediglich mit einer Sammlung von Anekdoten zu tun.

Einige Forscher, insbesondere Premack, haben versucht, den Kluger-Hans-Effekt durch Doppel-Blindversuche auszuschließen, und tatsächlich fiel die Sprachfähigkeit der Affen auf die Ebene der Wahrscheinlichkeit zurück. Um diese geringe Abweichung vom Zufall ist viel Wind gemacht worden, aber die Sebeoks geben zahlreiche Möglichkeiten an, wie bestimmte Überzeugungen und die Anstrengungen, eben diese Überzeugungen auszuschließen, hineingerutscht sein können. Wir werden nicht darüber informiert, welcher Kontrolle die Photographen unterstanden. In den Berichten wird oft versäumt, das Beiwohnen Dritter festzuhalten, deren zufällige Anwesenheit zu unwichtig erschien, um erwähnt zu werden. Ein-Weg-Fenster eliminieren zwar visuelle, nicht aber auditive Hinweise. Die Einzelheiten über zufallserzeugende Verfahren und über die beim Erzielen von Punkten befolgten Regeln sind nur spärlich.

Es gibt Religionen – im Westen insbesondere die Katholische Kirche und der konservative Protestantismus –, die dem Glauben folgen, menschliche Wesen hätten, im Gegensatz zu den Tieren, eine unsterbliche Seele. Mortimer J. Adler schrieb vor einigen Jahren ein Buch mit dem Titel ›The Difference of Man and the Difference It Makes‹, in dem er sich über thomistische Behauptungen näher äußert, nach denen sich der menschliche vom tierischen Verstand hauptsächlich durch das Verständnis der Syntax unterscheidet. Zu der Zeit, als Adler sein Buch schrieb, war der Wirbel um die sprechenden Delphine in vollem Gange, und Adler machte viel Wind um den Umstand, daß seine These widerlegt werden würde, sollte es uns je gelingen, uns mit einem Wal zu unterhalten. Sollte es eine Neuauflage dieses Buches geben, können Sie sicher sein, daß Adler sich über Tümmler zurückhaltend äußern und sein dialektisches Feuer auf Affen konzentrieren wird.

Man sollte sich noch einmal klarmachen, daß diese von der Offenbarung noch verstärkte Art metaphysischer Einwände gegen sprechende Affen nicht hinter der Meinung von Chomsky, Terrace, den Sebeoks oder anderen Hauptkritikern steht. Was sie sagen, ist viel einfacher. Die Menschen und Affen unserer Tage sind die obersten Äste des Evolutionsbaumes. Übergangsarten, die in den Jahrtausenden, in denen die menschlichen Wesen die Fähigkeit zu sprechen erwarben, lebten, stehen der Wissenschaft nicht mehr zum Studium zur Verfügung. Chomsky glaubt, daß die Evolution den Menschen im Gegensatz zu den niederen Primaten mit einer Sprachfähigkeit ausstattet, die eng mit der vererbten Struktur seines Gehirnes zusammenhängt.

Haarspaltereien über die Bedeutung von »Sprache« bringen uns nicht weiter. Wie Chomsky in seinem Beitrag zur Sebeok-Anthologie sagt, ist dies eine konzeptionelle, keine wissenschaftliche Frage. Definiert man Fliegen, so schreibt er, als das Sich-Erheben in die Luft ohne besondere Ausstattung und das Landen in einigem Abstand, dann kann ein Weitspringer ungefähr 9 m weit fliegen. Hühner können dies etwas besser – sie schaffen ungefähr 30 m.

Angenommen, fährt Chomsky fort, wir beschriften die vier Farben, auf die die Taube pickt, mit vier Wörtern: ›Bitte gib mir Futter‹. »Wollen wir nun wirklich behaupten, daß Tauben eine rudimentäre Art von Sprachfähigkeit besitzen? Das ähnelt der Frage, ob Menschen fast so gut fliegen können wie Hühner, obwohl diese das Fliegen längst nicht so gut beherrschen wie Wildgänse. Die Frage ist weder klar noch interessant genug, um eine Antwort zu verdienen.

Die zentrale empirische Frage läßt sich leicht formulieren. Haben Affen die Fähigkeit, visuelle Zeichen so miteinander in Verbindung zu bringen, daß die Aussage, sie benützten eine Syntax, gerechtfertigt ist? Ja, behauptet der größte Teil der Forscher und viele Außenstehende. Die amerikanische Anthropologin Jane H. Hill schließt ihren Beitrag zu ›Speaking of Apes‹ mit: »Es ist unwahrscheinlich, daß irgendeiner von uns in seinem ganzen Leben noch einmal einen wissenschaftlichen Durchbruch erleben wird, der in seiner Bedeutung so tiefgreifend ist wie der Moment, als Washoe... ihre Hand hob, das Zeichen ›komm – gib (mir)‹ machte und von einem Menschen verstanden wurde.«

Nein, sagen einige Forscher und eine wachsende Anzahl Außenstehender. Wenn nicht, schließt Chomsky, dann kann man von einer Untersuchung der Zeichengebung der Affen nicht erwarten, daß sie mehr Licht auf die menschliche Sprache wirft, als eine Untersuchung über das menschliche Springen Licht auf die Mechanik des Vogelfluges werfen kann oder umgekehrt. Man kann zwei Tauben beibringen, einen Ball zu schlagen, schreibt Ms. Hill, wobei sie einen bekannten Aphorismus anführt, aber handelt es sich dann um Tischtennis? Sie hält es für ungerecht, diese Skepsis auf die Forschung über sprechende Affen zu übertragen. Chomsky ist entgegengesetzter Meinung.

Niemand kann die Hoffnung ausschließen, daß sich bei Weiterführung dieser Forschungsrichtung unter besseren Kontrollen herausstellt, daß Affen in der Tat ein schwaches Syntaxbewußtsein besitzen. Wenn dem so ist, dann werden die Forscher einen Trumpf in der Hand haben, wenn auch keinen großen. Im Augenblick jedoch scheint sich die Situation nur geringfügig von der zu unterscheiden, mit der die Biologen vor hundert Jahren konfrontiert waren. Darwin faßte die Lage in einem Abschnitt über die Sprache in ›Die Abstammung des Menschen‹ folgendermaßen zusammen:

Da die Stimme mehr und mehr benutzt wurde, wurden die Stimmen durch das Prinzip des vererbten Gebrauchseffekts gestärkt und perfektioniert; und das wiederum wirkte auf die Sprachfähigkeit. Aber die Beziehung zwischen dem fortgesetzten Gebrauch der Sprache und der Entwicklung des Gehirns ist ohne Zweifel von weit größerer Bedeutung gewesen. Noch bevor auch nur die primitivste Form der Sprache in Erscheinung trat, müssen die geistigen Fähigkeiten unserer Vorfahren wesentlich höher entwickelt gewesen sein als die jedes beliebigen Affen.

Anmerkungen

1. Zwei jämmerliche Beispiele dieses »jämmerlichen Trugschlusses finden sich in dem Buch ›The Language Barrier: Beasts and Men‹ (Holt, 1968) von Thomas Manns Tochter Elizabeth Mann Borgese, in dem sie von ihren Erfahrungen mit einem Hund, einem Elefanten und einem Schimpansen berichtet, und in dem Buch ›Look Who's Talking‹ (T. T. Crowell, 1978) von Emily Hahn.

Nachwort

Penny Pattersons Antwort auf meine Buchbesprechung erschien im ›NYR‹ am 9. Oktober 1980:

Als Zielscheibe vieler Ihrer höhnischen Bemerkungen möchte ich hiermit auf Martin Gardners Besprechung von ›Nim‹ und ›Speaking of Apes‹ antworten. Gardner behauptet, daß die gesamte Forschung über Zwei-Weg-Kommunikation mit Tieren eine Marotte ist und benutzt die beiden Buchbesprechungen zur Unterstützung seines Standpunktes. Als aktive Forscherin auf diesem Gebiet möchte ich erwähnen, daß der Versuch, einer Sache den Nimbus zu nehmen, auch die eigene Sache entlarven kann. Indem sie Beispiele aus dem Kontext heraus anführen und sie der unterstützenden experimentellen Dokumentation berauben, machen sich die Sebeoks und Gardner einer der ältesten Formen journalistischer Täuschung schuldig. Wir legen unseren Berichten nicht, wie die Anklage der Sebeoks lautet, »lediglich eine Sammlung von Anekdoten« zugrunde. Wir bemühen uns, die Grenze zwischen menschlichem und nichtmenschlichem Sprachgebrauch zu umreißen und die Unterschiede ebenso wie die Ähnlichkeiten zu bestimmen.

Die Aussage, daß der Zeichensprachgebrauch eines Gorillas praktisch mit dem eines Kindes identisch ist, ist falsch; und ebensofalsch ist die Aussage, daß der Zeichensprachgebrauch eines Gorillas unkreativ, repetitiv und erzwungen oder Folge unbewußter Hinweise ist.

Das erste Buch, das in dieser Besprechung behandelt wird, ist ›Nim‹ von Herbert Terrace, das die These vertritt, daß »es noch keine Beweise dafür gibt, daß Affen jedwede Art von Syntax verstehen«. Terrace kennt ganz offensichtlich meine Veröffentlichung experimenteller Beweise (die auf unbewußte Hinweise hin kontrolliert wurden) für das Begriffsvermögen eines Gorillas hinsichtlich neuer Zeichen und gesprochener englischer Wortfolgen nicht (AAAS Selected Symposium 16, 1978).

250

Gardner äußert, daß Terrace über die Fähigkeiten des Schimpansen Nim völlig ernüchtert wurde, als er seine eigenen umfangreichen Videobänder studierte. Diese »umfangreichen Videobänder« sind 3½ Stunden lange Aufnahmen, für die Nim eine Kostprobe seines Könnens unter künstlichen Bedingungen und hohem Druck geben mußte, ein Umstand, der sehr wahrscheinlich zu den vielen von ihm beobachteten Unterbrechungen und Imitationen beitrug. Terraces ausgedehnte Schlußfolgerungen über die Sprachfähigkeit von Gorillas basieren auf (50) Filmsekunden, die für den öffentlichen Medienkonsum produziert wurden.

Das zweite von Gardner besprochene Buch ist ›Speaking of Apes‹, herausgegeben von Donna Jean und Thomas Sebeok. Gardner scheint alle ihre Behauptungen völlig unkritisch zu akzeptieren. Ich möchte hier verschiedene kritische Punkte besprechen.

Die Kommentare der Sebeoks sind Meinungen und Vermutungen, keine sachlichen Aussagen. Sie haben meine Daten nicht überprüft und haben weder Erfahrung in der Forschungsarbeit mit Affen noch Sachkenntnisse über die amerikanische Zeichensprache.

Nichtverbale Hinweise sind in der menschlichen Kommunikation so allgegenwärtig wie in der Kommunikation zwischen Affe und Mensch. Mit Spekulationen wie »... daß die besten Trainer diejenigen sind, deren unbewußte Zeichen am ausdrucksvollsten sind«, kommentieren die Sebeoks, »die Lehrer der Affen haben alles, nur kein versteinertes Gesicht«. Mimik und Ausdruck sind integraler Bestandteil der Zeichensprache – sie haben gelegentlich auch grammatikalische Funktion. Ein Lehrer mit einem »versteinerten Gesicht« wäre weder für ein Kind noch für einen Affen ein gutes Vorbild bei der Aneignung der Zeichensprache. Entgegen der Behauptung der Sebeoks ist es leicht, unbewußte Hinweise wie Pupillengröße oder Blickrichtung durch das Tragen von Sonnenbrillen mit Spiegelglas unter Kontrolle zu bringen. Wir haben diese und eine Vielzahl anderer Kontrollen eingesetzt. Das Ergebnis war, daß der Gorilla weiterhin und unvermindert spontane und passende Zeichen machte. Live-Beobachtungen und Durchsicht der Videoaufnahmen zeigen, daß die Gorillas in Testsituationen, in denen sie zu einer Entscheidung zwischen Gegenständen oder anderen Materialien forciert wurden, fast ausnahmslos eher auf die Materialien blickten, statt in unseren Gesichtern nach Hinweisen zu suchen. Wenn wir vorsätzlich falsche Hinweise geben, indem wir eine bestimmte Haltung einnehmen, etwas berühren, uns gegen etwas lehnen oder in Richtung des falschen Gegenstandes schauen, antworten die Gorillas auf die Fragen, nicht auf die Hinweise. Wir haben bestimmte Situationen und unsere möglichen Hinweise so umstrukturiert, daß wir die Gorillas vorsätzlich in die falsche Richtung lenken. Anstatt wie gewöhnlich zu fragen: »Wo ist dein Ohr?« usw., fragt der Experimentator: »Ist das dein Ohr?«, zeigt dabei auf seine Nase und blickt auf die Nase des Gorillas. In einem kürzlich durchgeführten Test antwortete der Gorilla Michael jedesmal mit einer Korrektur des Fragers; den Hinweisen folgte er nicht.

Die Sebeoks enthüllen ihr Unwissen über die Struktur der Zeichensprache erneut in ihren Argumenten, mit denen sie eine Abwandlung der Zeichen als Fehler abtun wollen. Fehlerhafte Wiedergabe von Zeichen ist weder bei Menschen noch bei Tieren, die die Zeichensprache benutzen, zufällig. Eher wird eine begrenzte Menge von Parametern variiert, und viele der möglichen Variationen treten niemals auf. Weder Koko noch Michael machten beim Gebrauch von Zeichen wie ›trinken‹ routinemäßig Fehler. Die Fehler sind begrifflicher Natur – ›essen‹ oder ›nippen‹ mögen da von sich gegeben werden, wo ›trinken‹ passend wäre, aber das Zeichen für ›trinken‹ treibt nicht, wie die Sebeoks behaupten, rein zufällig im Zeichen-Raum umher. Artikulationsfehler treten bei Zeichen auf, bei denen Lage, Aufbau und Bewegung ähnlich sind, und werden auch als solche aufgezeichnet. Als Koko das ›Trinken‹-Zeichen zu ihrem Ohr anstatt zu ihrem Mund führte, veränderte sie dessen Artikulation in einer Weise, die keinem der standardisierten Fehlermuster entspricht. Koko hatte so etwas noch niemals zuvor getan, und auch danach hat sie nie wieder den Daumen ihrer geballten Hand an ihr Ohr gelegt. Die Sebeoks nehmen nun an, daß Koko dieses Zeichen nicht beherrscht, da sie sich geweigert hatte, es an diesem speziellen Tag bei diesem speziellen Mitarbeiter zu benutzen, obwohl der Lehrer das Zeichen sogar wiederholt gezeigt (»Hinweise gegeben«) hatte; ›trinken‹ war jedoch ein Zeichen, das Koko mehrere Jahre lang täglich zuverlässig benutzt hatte. Als Koko schließlich die Aufgabe erfüllte, begleitete ein Grinsen das verdrehte Zeichen. Kokos Humor basiert wie der eines kleinen Kindes auf diskrepanten Aussagen über überlernte Beziehungen. Wenn die Verdrehung aus dem Zusammenhang heraus betrachtet wird und die obigen Einschränkungen über Artikulationsfehler nicht beachtet werden, dann läßt sich das Zeichen »trinken in das Ohr« vielleicht am besten als Fehler interpretieren. Aber bei Kenntnis von dem Situationszusammenhang, von Kokos Verhalten vor und während des Vorfalls, der Anwendungsgeschichte des Zeichens und dem Fehlermuster, der Natur kindlichen Humors und dem Temperament eines Gorillas (was die Sebeoks alles nicht in Betracht ziehen) wäre es falsch, eine solche Antwort als Fehler einzuordnen.

Das Kapitel über die Sebeoks enthält zahlreiche (fast fünfzig) falsche Aussagen, unlogische Schlußfolgerungen, in die Irre führende unvollständige Zitate und ähnliche falsche Bemerkungen. (Gardners Buchbesprechung basiert einzig und allein auf dem ersten Kapitel, jedoch auf keinerlei Materialien von Tierforschern.) Besonders eine der Falschaussagen beeindruckte erwiesenermaßen einen Reporter der ›Time‹. Er fragte mich ein halbes Dutzend Male, ob ich Kokos unpassende Antworten als Fehler in einem Blindversuch ihres Wortschatzes gezählt hätte. Die Sebeoks behaupten, daß die Arten von Antworten, die Koko gegeben hatte, um dem Doppel-Blindversuch aus dem Wege zu gehen, in den vier Kategorien der von mir aufgelisteten Fehler nicht enthalten wären, so daß »wir annehmen können, daß sie in der Tat in der Trefferquote von sechzig Prozent nicht enthalten sind«. Ich traute meinen Augen nicht, als ich dies las – diese Antworten sind natürlich in der Fehlerliste enthalten, die sich auf genau der gleichen Seite befindet wie ein Zitat, das sie diesem Bericht entnommen haben!

Gardner behauptet: »Kein Lehrer hat sich je die Mühe gemacht, alle von Affen produzierten Nonsens-Kombinationen aufzuzeichnen...« Ich halte routinemäßig alle von Koko gegebenen Zeichen dreifach fest: schriftliche Aufzeichnungen und Beipiele auf Band und Videoband. Die meisten von Kokos Kommunikationszeichen passen zu der Situation, in der sie auftreten. (Gardner nennt dies »glückliche Treffer«.)

Laut Gardner ist eine meiner außergewöhnlichen »Behauptungen« die, daß Koko die Fähigkeit hat, mit Hilfe der Zeichen Reime auf englische Wörter zu bilden. Der volle Kontext von Kokos »»Flower pink, fruit stink, fruit stink pink««-Reim bestand in einer Unterhaltung bei einer Broccoli-Mahlzeit mit zwei Lehrern, von denen einer antwortete: »Du reimst, ›neat‹«, worauf Koko erwiderte: »Love meat sweet.« Nach diesem Vorfall wurde ihre Reimfähigkeit getestet. Koko erfüllte erfolgreich eine Aufgabe, bei der von ihr verlangt wurde, Zeichen zu produzieren, deren englische Übersetzung sich mit der englischen Übersetzung anderer Zeichen reimt. Koko erwiderte z. B. »»do«« auf das vom Experimentator gesprochene Wort »»blue«« und »»wash«« auf »»squash««. Man bemerke, daß diese Wortpaare *keine* Beispiele für Kokos Reime sind, wie Gardner fälschlicherweise annimmt, sondern Antworten auf Testfragen. Sie demonstrierten ebenfalls die Fähigkeit, aus einer Reihe von Gegenständen jene auszuwählen, deren englische Bezeichnungen sich reimen, oder deren Bezeichnungen sich mit einem vom Experimentator ausgesprochenen Wort reimen.

Eine weitere meiner »außergewöhnlichen Behauptungen« ist, laut Gardner, die, daß Koko Äußerungen erzeugt, die in dem Sinne innovatorisch sind, daß sie Metaphern gleichen. Nachdem wir diese neuen beschreibenden »Sätze« zahlreiche Male dokumentiert hatten, testeten wir die Fähigkeit des Gorillas, passende Metaphern zu erfinden, mit einem Test, der von dem Harvard-Psychologen Howard Gardner erdacht wurde. Bei diesem ausgeführten Blindversuch mußte der Gorilla bestimmten Farbpaaren entgegengesetzte Adjektive (wie laut–leise und hart–weich) zuordnen. Die Leistung beider Gorillas (zu 90 Prozent metaphorische Entsprechungen) bewegte sich auf dem Niveau siebenjähriger Kinder (82 Prozent).

Gardners großes Finale besteht aus einem Zitat aus einem Buch Darwins, das 1871 veröffentlicht wurde, und das als Bewies dafür dienen soll, daß die von Terrace und den Sebeoks gelieferten Verkündungen über Affen mit der Evolutionstheorie übereinstimmen. Zu jener Zeit aber konnten nur sehr wenige Gorillas in der Gefangenschaft am Leben erhalten werden, und es wurden auch keine Versuche unternommen, deren geistige Fähigkeiten zu prüfen. Darwins Aussage basierte auf der fälschlichen Vorstellung, daß Sprache gleichbedeutend mit Lautäußerungen ist.

Man kann die Evolution der Sprache nicht von einem Sessel in Indiana aus verfolgen. Durch die Erforschung der kognitiven Fähigkeiten des engsten Verwandten des Menschen kommen wir der Entdeckung, wie die Sprachfähigkeit unserer Vorfahren vor fünf Millionen Jahren aussah, als sich die Evolutionspfade von Menschen und Gorillas trennten, vielleicht einen Schritt näher.

Zusammenfassung:

Es wurden Blind- und Doppel-Blindversuche durchgeführt, und die Leistung der Gorillas liegt in bedeutendem Maße über der Wahrscheinlichkeitsebene.

Die Gorillas machen spontane und passende Zeichen auch zu sich selbst und anderen Artgenossen.

Die Gorillas machen auch Fremden gegenüber Zeichen.

Die Gorillas antworten auf Fragen auch dann mit passenden Zeichen, wenn wir versuchen, sie durch nichtverbale Hinweise in die Irre zu führen.

Gelegentlich initiieren die Gorillas eine Kommunikation in Zeichensprache; der Großteil ihrer Äußerungen ist bedeutungsvoll.

Francine Patterson
Präsident, The Gorilla Foundation
Woodside, Kalifornien

Sowohl Terrace als auch die Sebeoks antworteten auf diesen Brief (›NYR‹, 4. Dezember 1980):

In ihrer Erwiderung auf Martin Gardners Besprechung meines Buches ›Nim‹ stellt Francine Patterson meine negativen Schlußfolgerungen hinsichtlich der linguistischen Fähigkeit eines Affen in Frage. Sie tut dies, ohne die Fakten genauer zu betrachten, die dazu führten, meine ursprüngliche Interpretation, in der ich Nims mehrteilige Zeichenfolgen als Sätze deutete, zu revidieren.

Nims Zeichen und die anderer Gorillas scheinen ihre Motivation mehr aus dem Verlangen nach einem bestimmten Gegenstand oder nach der Teilnahme an einer bestimmten Aktivität als aus dem Wunsch nach einem Informationsaustausch um seiner selbst willen zu ziehen. Der Affe versucht zuerst einmal, das, was er haben will, auf direktem Wege – ohne Zeichen – zu erhalten. Wenn er von seinem Lehrer daran erinnert wird, daß er erst das entsprechende Zeichen geben muß, tut der Affe dies oft solange, bis der Lehrer den Wunsch erfüllt. Die kritische Frage ist nun, ob der Affe Sätze erzeugt oder aber seine Hände ganz einfach solange bewegt, bis er das Gewünschte bekommt.

Sorgfältige Untersuchungen der Äußerungen des Affen begünstigen letztere Interpretation. Man betrachte z. B. einen typischen Austausch, bei dem der Lehrer ›du spielen Katze?‹ zeigt und Nim ›ich Nim Katze spielen‹ antwortet. Zwei Zeichen des Lehrers wurden mit zwei Zeichen für allgemeine Zwecke kombiniert, Zeichen, die ich auf Grund ihrer universellen Bedeutung als »beliebig verwendbare Karten« bezeichne. Diese und andere Merkmale des Diskurses eines Affen mit seinem Lehrer wurden durch mühevolle Einzelbildanalysen der Videobänder entdeckt. Im Gegensatz zu den Sätzen eines Kindes beliefen sich Nims Kombinationen auf eine unstrukturierte Mischung von Zeichen. Einige imitieren die vorher gemachten Äußerungen des Lehrers; andere werden unsystematisch aus einer kleinen Gruppe »beliebig verwendbarer Karten«-Zeichen gewählt.

Francine Patterson weist diese Interpretation der Zeichenfolgen eines Affen mit der Begründung zurück, daß Videoaufnahmen in Länge von dreieinhalb Stunden nicht genügend Material liefern, und daß die von uns zusammengestellten Daten Artefakten waren, die durch den Druck entstanden, den der Lehrer ausübte, um Nim zum Zeigen zu bewegen. Beide Argumente stehen im Widerspruch zu Aussagen und Daten, die in Francine Pattersons Dissertation (Stanford University, 1979) erschienen, ein Dokument, das mich als Francine Pattersons gründlichste Veröffentlichung über Kokos Zeichen beeindruckt.

Die Psycholinguisten sind sich allgemein darüber einig, daß die Sprachbildung im Gegensatz zum Sprachverständnis eines Kindes den aufschlußreichsten Beweis für dessen grammatikalische Kompetenz liefert. Man betrachte Francine Pattersons Beurteilung von Kokos Zeichengebung. »Der Großteil von Kokos Äußerungen war nicht spontan, sondern wurde durch Fragen ihres Lehrers und ihrer Betreuer herausgefordert. Meine Interaktionen mit Koko zeichneten sich oft durch häufige Fragen wie ›Was ist das?‹ aus« (S. 153).

Francine Pattersons Dissertation enthält fünf einstündige Protokolle von Videoaufnahmen, auf denen Koko sich mit ihren Lehrern durch Zeichensprache verständigt (die einzigen Protokolle dieser Art, die bis heute veröffentlicht wurden). Ich fand keine Beweise dafür, daß Koko die Zeichen auf eine andere Weise benutzt als Nim. Genau wie Nim dazu neigte, lange Äußerungen wie ›geben Orange ich geben essen Orange ich essen Orange geben ich essen Orange geben ich du‹ produzierte, brachte auch Koko Äußerungen von unstrukturierten Zeichen wie ›Dreck rot durstig durstig Mund durstig‹ (S. 339) und ›bitte Milch bitte ich mögen Apfel Flasche‹ (S. 345) hervor.

Erst wenn Francine Patterson Daten zur Unterstützung ihrer Ansicht liefert, daß ich meine Videobänder, auf denen Nim seinen Lehrern Zeichen gibt, unter »künstlichen Bedingungen und hohem Druck... ein Umstand, der sehr wahrscheinlich zu den vielen... Unterbrechungen und Imitationen beitrug«, erhalten habe, sehe ich eine Möglichkeit, diese Behauptung zu bewerten. Ich schlage ebenfalls vor, daß Francine Patterson eine Diskursanalyse von Kokos Zeichen liefert, wie sie in einem Dokumentarfilm, in dem auch sie mitspielte, gezeigt wurden (›Koko, a Talking Gorilla‹, New Yorker Films). Diejenigen Szenen des Films, in denen sowohl Koko als auch seine Lehrerin zu sehen sind, hinterließen bei mir (und bei vielen anderen Zuschauern) den klaren Eindruck, daß die Lehrerin die meisten Zeichen initiierte, und daß Kokos Zeichen zum größten Teil Imitationen der Äußerungen der Lehrerin waren.

Die Tatsache, daß sich Kokos Leistung in einem Test über das Verständnis neuer Äußerungen in der Zeichensprache und in gesprochenem Englisch oberhalb der Wahrscheinlichkeitsebene bewegte, ist kein Beweis grammatikalischer Kompetenz. Wie ich schon an anderer Stelle (›Journal of the Experimental Analysis of Behavior‹, Bd. 31, S. 161–175) anführte, kann die Art von Aufgaben, die in diesem Test gestellt wurden, mit Hilfe nichtgrammatikalischer Strategien gelöst werden.

Ein Großteil des Briefes ist der Verteidigung der von Martin Gardner sogenannten außergewöhnlichen Behauptungen über Kokos Zeichengebung gewidmet. Obwohl diese nicht direkt mit Francine Pattersons Kommentaren über meine Schlußfolgerungen zusammenhängen, so werfen sie doch Fragen auf über ihre Kriterien zur Charakterisierung von Kokos Zeichengebung als Sprache. In Francine Pattersons Beschreibung von Kokos Fähigkeit zu reimen, Metaphern und abstrakte Begriffe wie ›weil‹

und ›vorstellen‹ zu benutzen, fehlt vollkommen die Erwähnung eines Trainings, das nötig wäre, diese Art linguistischer Fähigkeiten zu etablieren. Ebenfalls mit keinem Wort erwähnt wird die Antwort auf die Frage, wie ein Gorilla, der keine menschlichen Phoneme erzeugen kann, englische, sich reimende Wörter zu identifizieren lernt. Die Behauptung, daß ein Gorilla bei der Erzeugung von Metaphern so kompetent ist wie ein siebenjähriges Kind, kann ohne Kenntnis der Trainingsmethode, die benutzt wurde, dem Gorilla einen metaphorischen Gebrauch der Sprache nahe zu bringen, nicht beurteilt werden. Ohne diese Informationen bleibt einem der Eindruck, daß Francine Patterson ganz einfach auf die Handbewegungen des Gorillas das projiziert, was ein Kind in einer ähnlichen Situation tun würde. Dieser und weiterer Aspekte, die Francine Patterson aus den »linguistischen« Errungenschaften ihrer Gorillas zieht, kann man nur durch eine rigorose Beschreibung ihrer Trainings- und Testgeschichte Herr werden.

H. S. Terrace

Francine Pattersons Brief, schon an sich chaotisch genug, kompliziert die Angelegenheit noch, indem er unterschiedslos an Herbert Terrace und die beiden Unterzeichner, deren Bücher besprochen werden, und an Martin Gardner, der sie besprach, gerichtet zu sein scheint. Ihr Brief enthält ungeordnete Zitate, die, wie z. B. im ersten Abschnitt, den Sebeoks zugeschrieben werden; einige davon stammen in der Tat nicht aus unserem Buch, sondern von Martin Gardner. Bezeichnend für ihre Beanstandungen sind eine Reihe bizarrer Leugnungen dramatischer Behauptungen, die, unseres Wissens nach, niemand – und ganz bestimmt keiner von uns beiden – aufgestellt hat. Ein Beispiel für Letzteres ist Francine Pattersons empörte Zurückweisung: »Die Aussage, daß der Zeichensprachgebrauch eines Gorillas praktisch identisch mit dem eines Kindes ist, ist falsch...« Kein Gelehrter, noch nicht einmal der enthusiastischste Schreiberling hat je auf dem Gegenteil bestanden. Francine Pattersons gewinselte Antwort: »Sie haben sich nicht mit meinen Daten beschäftigt«, ist sachlich nicht richtig. Tatsache ist, daß wir jeden Fetzen von Information, den sie – so wie es nun einmal ist – durch normale wissenschaftliche Kanäle an die Öffentlichkeit gebracht hat, begutachtet und unter der Annahme, daß sie es war, die deren Veröffentlichung autorisierte, alle verfügbaren Verbreitungen ihrer Daten überprüft haben.
Wir bekamen ihre Dissertation nach vielen Verzögerungen erst, als das Buch ›Speaking of Apes‹ schon gesetzt war; daher werden wir uns mit ihr in unserem Artikel »Clever Hans and Smart Simians, The Self-Fulfilling

Prophecy and Kindred Methodological Pitfalls« kritisch auseinandersetzen, der sich augenblicklich noch im Druck befindet und in Kürze, d. h. Anfang 1981, in einer führenden anthropologischen Zeitschrift erscheinen soll. Vorwegnehmend müssen wir hier jedoch darauf hinweisen, daß dort grundlegende und sehr störende Diskrepanzen zwischen ihren in der These dargelegten Daten und denen in ihren veröffentlichten Artikeln bestehen. Francine Patterson behauptet in ihrem Brief: »Nichtverbale Hinweise sind in der menschlichen Kommunikation so allgegenwärtig wie in der Kommunikation zwischen Affe und Mensch... Entgegengesetzt zur Behauptung der Sebeoks ist es leicht, unbewußte Hinweise wie Pupillengröße oder Blickrichtung durch das Tragen von Sonnenbrillen mit Spiegelglas unter Kontrolle zu bringen.« Und in der Tat sagt Sebeok auf S. 420 von ›Speaking of Apes‹ praktisch das gleiche. Francine Patterson hat sich früher jedoch nie die Mühe gemacht, von derartigen Kontrollmaßnahmen zu berichten und vernachlässigt es noch immer, weitere Fehlerquellen zu berücksichtigen, von denen wir viele in unserer Untersuchung aufgezählt haben. Welche Übungsmethoden und Testsituationen sie genau einsetzte, wird in ihren Berichten für gewöhnlich nicht erwähnt, und sie verlangt von uns, ihre Behauptungen über die Leistung ihrer Affen in gutem Glauben zu akzeptieren. Wenn die experimentellen Bedingungen genauer dargelegt werden, sind die Kontrollen oft so schwach, daß der Glaube unmöglich gemacht wird. Ihre oberflächliche Aussage über die Bedeutung nichtverbaler Hinweise widerlegt ihre kontinuierliche Handhabung des Kluger-Hans-Effekts als unbedeutende Unannehmlichkeit, anstatt ihn – im Angesicht der überwältigenden wissenschaftlichen Beweise, die seinen durchdringenden Einfluß bezeugen – als globale Bestätigung der Übervermenschlichung zu erkennen, auch in Situationen, in denen der Experimentator zu seinem Versuchsobjekt ein weniger emotionales Verhältnis hat als Francine Patterson, nach allem was man hört, zu ihrem Gorilla.

Francine Patterson tadelt uns wegen unserer »Unwissenheit hinsichtlich der Struktur der Zeichensprache«, aber die Sache ist umgekehrt. Sie hat keinerlei Beweise dafür geliefert, daß die Gesten ihres Affen tatsächlich ›Zeichen‹ sind, in der fachlichen Bedeutung dieser semiotischen Grundeinheit, wie Petitto und Seidenberg wirkungsvoll hervorbringen (›Brain & Language 8‹ 162–83, 1979). Terraces Ergebnisse, die jetzt durch eine Diskursanalyse der in Francine Pattersons Dissertation dargelegten Daten ergänzt wurden, bestätigen unseren lange gehegten Verdacht, daß die groben Gesten des Gorillas, die ›Zeichen‹ zu nennen sie weiterhin für richtig hält, kaum mehr sind als »Andeutungen« ohne jegliche »Bedeutung« im menschlichen Sinn.

Francine Pattersons wiederholte Überinterpretation des Verhaltens ihres Versuchsobjekts als Scherz, Entschuldigung, Wortspielerei und jetzt sogar englische Reime (!) sind eindeutige Beispiele für die Vermenschlichung der Natur, mit der wir uns in unserer Untersuchung in voller Länge beschäftigt haben. Im Falle des Zeichens für Trinken, auf das sie sich in ihrem Brief konzentriert, würden wir immer noch gerne wissen, welche andere Handstellung von Koko bei der fraglichen Geste gemacht wurde. Angenommen, der Lehrer hatte, wie Francine Patterson berichtet, schon geraume Zeit versucht, Koko dazu zu bringen, dieses Zeichen zu machen. Wir dürfen nun annehmen, daß der Affe seine Hände während der Sitzung tatsächlich in verschiedene Richtungen und mit verschiedenen begleitenden Gesichtsausdrücken bewegte. Wie wurden all die anderen »Zeichen« und Ausdrücke interpretiert? Die Möglichkeiten sind bei diesem Mangel an Informationen, die jeder nachdenkende Mensch verlangen würde, unbegrenzt. Francine Patterson würde immens davon profitieren, die Prinzipien der Biologie – insbesondere die Schriften von Jacob von Uexküll und seine Umweltlehre – und die besten zeitgenössischen linguistischen Theorien – z. B. Noam Chomskys ›Rules and Representations‹, Kapitel 6 – und nicht nur einige Dressur-Manuale für den Zirkus – zu beherrschen.

Francine Patterson beschwert sich über »zahlreiche« falsche Bemerkungen in unserem Einführungskapitel. In ihrem Brief jedoch bietet sie nur ein Beispiel, das zufällig falsch ist. Wir können hier nicht unsere detaillierte Kritik an der warnenden Methode des sogenannten ›Doppel-Blind‹-Versuchs wiederholen, ein magisches Hilfsmittel, an das Francine Patterson auf rührende Weise zu glauben scheint, das aber, wie wir und eine Reihe anderer aufgezeigt haben, allzuoft beschämend unzulänglich ist. Es soll ein einziges Beispiel aus Francine Pattersons Arbeit angeführt werden. Die Beschreibungen und die Illustrationen in ihren veröffentlichten Artikeln zeigen, daß der Kasten, den sie für den Doppel-Blind-Versuch benutzte, klein genug war, um von Koko nach Belieben hin- und herbewegt zu werden. Francine Pattersons experimenteller Aufbau für einen solchen Versuch schließt bestimmte Ratestrategien auf seiten des Affen und des »blinden« Experimentators nicht aus, wenn man die geringe Anzahl der zur Verfügung stehenden Stimuli und die Vertrautheit von Affe und Mensch mit diesem Material, ebenso wie mit dem gegenseitigen Gesichtsausdruck, den Körperbewegungen und dergleichen in Betracht zieht. Es sollte schließlich noch darauf hingewiesen werden, daß Francine Patterson diese Doppel-Blindversuche nur selten benutzt. Wir haben lediglich von einer Versuchsreihe, die im September 1975 durchgeführt wurde, veröffentlichtes Material gefunden. Koko, so gab Francine Patterson in den Berichten zu, arbeitete unter diesen Bedingungen nur höchst widerwillig mit.

Francine Patterson behauptet, daß man »die Evolution der Sprache nicht von einem Sessel in Indiana aus verfolgen kann«. Wir dagegen sind der Ansicht, daß man ein Gedankenexperiment auf keinem Gebiet der Wissenschaft von seiner technischen Realisierung trennen kann, da die Natur nur durch sachkundige und sorgfältige Anwendung beider Kriterien verstanden werden kann. Francine Pattersons Mangel an methodologischer Erfahrung läßt sich präzise auf ihre Unwissenheit hinsichtlich fundamentaler theoretischer Fortschritte in den Nachbargebieten zurückführen. Andere Psychologen, die sich in diesen Themen auskennen, werden ein Urteil darüber zu fällen haben, wieweit sie das Opfer einer Selbsttäuschung geworden ist, und warum sie, obwohl sich einige der prominenteren »Pongisten« öffentlich von dieser Forschungsrichtung lossagten, gegen das Gewicht einer entgegengesetzten Meinung und entgegen den Gesetzen der Wahrscheinlichkeit dabei bleibt, das Irrlicht zu verfolgen, daß Affen sprachgleiche Fähigkeiten haben. Jene, die die tausendjährige Geschichte des Kluger-Hans-Phänomens nicht kennen, sind dazu verdammt, es mit dieser oder jener Tierart unendlich viele Male zu wiederholen, wobei es keine Rolle spielt, ob es sich dabei um Vögel, Pferde, Schweine, Tümmler, Menschenaffen oder, wie kürzlich, um die erstaunlichen Schildkröten von Milwaukee handelt.

Jean Umiker-Sebeok
Thomas A. Sebeok

Nachwort

Für den Fall, daß sie glauben, ich hätte die Zitate von John Lilly erfunden, können sie sich in Lillys verschiedenen Büchern über Delphine und in Interviews, die in ›Psychology Today‹ (Dezember 1971) und in ›Village Voice‹ (19. April 1976) von der Echtheit dieser (und anderer sogar noch grotesker) Zitate überzeugen. Die Ansicht, daß Delphine durch ESP mit Menschen kommunizieren, ist heute Gemeinplatz unter den Gläubigen, und es existieren sogar Organisationen, die auf der Suche nach Finanzierungsmöglichkeiten für die Untersuchung von ESP bei Walen sind. Das überrascht kaum. J. B. Rhine glaubte fest daran, daß Lady Wonder, ein dressiertes Pferd, seine Gedanken lesen konnte, und viele der Top-Parapsychologen sind davon überzeugt, daß dressierte Tiere wie der kluge Hans weniger auf visuelle oder auditive Hinweise reagierten als auf ESP.

Als der Besitzer von Hans starb, wurde das Pferd von Karl Krall aus Elberfeld erworben, der verschiedenen anderen Pferden die Kunststücke von Hans beibrachte. Sein dickes Buch über dieses Thema ›Denkende Tiere‹ wurde 1912 in Leipzig veröffentlicht. Maurice Maeterlincks Buch ›Der fremde Gast‹ enthält ein unglaublich naives Kapitel über Kralls Pferde. In seinem Artikel über diese Pferde in ›Fate‹ (April 1980) nahm D. Scott Rogo dummerweise an, der Umstand, daß Krall ein blindes Pferd dressiert hatte und den anderen Pferden die Augen verband, würde alle Hinweise ausschließen! Rogo erwähnt mit keinem Wort die erschöpfende Widerlegung von Kralls Behauptungen durch Stefan von Maday und sein Buch ›Gibt es denkende Tiere?‹ (Leipzig, 1914).

Vor und nach Hans hat es Berichte über Tiere gegeben, die in der Manege mathematische Aufgaben lösten, Antworten buchstabierten usw. – nicht nur von Pferden (wie ich schon bemerkte), sondern auch von Hunden und Schweinen; im späten achtzehnten Jahrhundert gab es in London sogar eine »gelehrte Gans«, und im frühen neunzehnten Jahrhundert verblüfften zwei »wißbegierige Vögel« England mit ihren Gedankentricks. In verschiedenen Dressurbüchern wurden die Hinweismethoden für solche Manegentiere beschrieben. Die Hinweisgebung geschieht für gewöhnlich durch einen Ton, der zu schwach ist, um vom menschlichen Ohr wahrgenommen zu werden. Es gibt viele raffinierte Möglichkeiten, einen solchen Ton zu erzeugen; man kann den Ton z. B. mit den Nägeln von Daumen und Mittelfinger erzeugen oder leicht mit der Nase schniefen. Die Parapsychologen, notorisch uninformiert über diese Dinge, tendieren dazu, beim Trainer nach offensichtlichen Hand- oder Körperbewegungen zu suchen. Die Untersucher von ESP bei Tieren kommen nur selten auf die Idee, daß die Signalgebung in dem Fall, daß der Besitzer eines »übersinnlichen« Tieres den Raum verläßt, von einem Freund übernommen werden kann, der als erstaunter Zuschauer agiert. Zwei neuere Bücher, die sich mit ESP bei Pferden beschäftigen, sind ›Talking with Horses‹ (1975) und ›Thinking with Horses‹ (1977) von Henry N. Blake, herausgegeben von Souvenir Press, London.

Als ich die Besprechung der Bücher über sprechende Affen schrieb, hatte ich Pfungsts Buch über den klugen Hans noch nicht gelesen. Jetzt besitze ich ein Exemplar dieses Buches (Holt, Rinehart and Winston brachten 1965 eine Neuauflage heraus), und ich muß sagen, daß ich von der Gründlichkeit von Pfungsts Testmethoden überrascht bin. Er vertritt überzeugend die Hypothese, daß der Besitzer und Dresseur von Hans, der pensionierte Mathematiklehrer Wilhelm von Osten, dem Pferd keine bewußten Hinweise gegeben hat, daß das Tier aber auf unbewußte Bewegungen der Person, die ihm die Frage stellte, antwortete. Bei dem Hinweis handelte es sich in erster Linie um eine leichte Aufwärtsbewegung des Kopfes, die, auch auf Verlangen, besonders schwer zu unterdrücken ist, und die immer dann auftritt, wenn ein dressiertes Pferd die richtige Anzahl von Malen mit seinem Huf auf den Boden geklopft hat. Die Bewegung wurde durch einen breitkrempigen Hut, den von Osten gewöhnlich trug, noch verstärkt.

Pfungst offenbart nur wenig Vertrautheit mit den Täuschungsmanövern, die von den Dresseuren »denkender« Tiere angewandt werden, und am Ende des Buches hatte ich den Eindruck, daß von Osten weniger unwissend war, als Pfungst glaubte oder vielleicht in der Öffentlichkeit behaupten wollte. Auf jeden Fall scheint wenig Zweifel zu bestehen, daß Hans eher dazu dressiert worden war, auf visuelle Hinweise, die von den meisten Leuten unbewußt gegeben werden, als auf geheime Signale zu achten. Das würde auch erklären, warum Pfungsts Werk noch nie wiederholt worden ist. Die Dressur von Hans war vielleicht einzigartig, und wir werden solange auf eine Wiederholung warten müssen, bis jemand willens ist, Jahre damit zu verbringen, ein Tier in ähnlicher Weise zu dressieren. Welcher Dresseur würde sich die Mühe machen, wo es doch viel einfacher ist, dem Tier beizubringen, auf einen vorsätzlichen, aber kaum wahrnehmbaren Hinweis zu antworten? Die Tatsache, daß von Osten die schwierigere Möglichkeit wählte, unterstützt Pfungsts Ansicht, daß von Osten über seine Rolle ahnungslos war, obwohl es einem schwerfällt zu glauben, daß von Osten die Ergebnisse der Tests, die so klar und deutlich die Art der Hinweise aufzeigen, nicht akzeptiert hätte. Auf jeden Fall beendete er wütend die Experimente und blieb bis zu seinem Tode dabei, daß Hans der »inneren Sprache« fähig war, die Syntax verstehen, und mathematische Aufgaben lösen konnte.

Die gegenwärtige Kontroverse zwischen den Forschern auf dem Gebiet sprechender Tiere und ihren skeptischen Gegnern wird immer härter. Die ›Time‹ schließt ihren Bericht über diese Kontroverse (10. März 1980) mit folgender Aussage von Chomsky: »Die Möglichkeit, daß sich die Sprachfähigkeit der Affen erweisen wird, ist ungefähr so wahrscheinlich wie die Möglichkeit, daß irgendwo eine Insel existiert, auf der eine flügellose Vogelart darauf wartet, daß der Mensch ihr das Fliegen beibringt.« Siehe auch die Artikel in ›Science News‹ (10. Mai 1980), ›Science-80‹ (Juli/August 1980) und ›Science‹ (Bd. 207, 21. März 1980; Bd. 208, 20. Juni 1980).

Im Roosevelt Hotel in Manhattan wurde vom 6. bis 7. Mai 1980 eine »Konferenz über das Kluger-Hans-Phänomen, »Die Kommunikation zwischen Pferden, Walen, Affen und Menschen«, abgehalten. Allen und Beatrice Gardner waren als Sprecher aufgestellt, erschienen aber nicht, da sie annahmen, Sebeok hätte die Konferenz organisiert, und sie hätten wohl keine großen Chancen. Von den führenden Forschern zeigten sich nur die

Rumbaughs. Auf der Konferenz kam es zu wütenden Wortgefechten, und jede Seite beschuldigte die andere der Lüge. Die Trainerin eines Affen, der Zeichensprache kundig, stand auf, um gegen die Theorie der unbewußten Hinweise zu protestieren. Als sie sprach, machten ihre Hände permanent und unbewußt die Zeichen zu ihren Worten. Mir wurde gesagt, daß die Protokolle dieser Konferenz 1981 von der New York Academy of Sciences, die dieses Treffen unterstützte, als eines ihrer Jahrbücher veröffentlicht werden sollen.

Garry Hanauers Artikel in ›Penthouse‹ (November 1980) ist ein Beispiel für die jüngere Propaganda für Penny. Dazu werden hervorragende Photographien von der nackten Koko geliefert.

Register

CIP-Kurztitelaufnahme der Deutschen Bibliothek

Gardner, Martin:
Kabarett der Täuschungen : unter d. Deckmantel d. Wiss. / Martin Gardner.
[Übers. Gerd Bartmann]
– Berlin; Frankfurt/Main; Wien: Ullstein, 1983.
  Einheitssacht.: Science, good, bad and bogus ⟨dt.⟩
  ISBN 3-550-07718-1